读客经管文库

长期投资自己，就看读客经管。

优衣库

经济衰退期的二十年增长奇迹

销售额增长160倍，利润增长1500倍！

[日] 月泉 博 著　曹逸冰 译

ユニクロ

世界一をつかむ経営

文汇出版社

图书在版编目（CIP）数据

优衣库：经济衰退期的二十年增长奇迹／（日）月泉
博著；曹逸冰译. -- 上海：文汇出版社，2022.4

ISBN 978-7-5496-3742-3

Ⅰ．①优… Ⅱ．①月… ②曹… Ⅲ．①服装－零售商

店－商业经验－经验－日本 Ⅳ．①F717.5

中国版本图书馆CIP数据核字（2022）第036364号

优衣库：经济衰退期的二十年增长奇迹

作　　者／［日］月泉　博
译　　者／曹逸冰

责任编辑／若　晨　　王　骏
特约编辑／贾育楠
封面设计／吴　琪

出版发行／文汇出版社
　　　　　上海市威海路 755 号
　　　　　（邮政编码 200041）

经　　销／全国新华书店
印刷装订／三河市龙大印装有限公司
版　　次／2022 年 4 月第 1 版
印　　次／2023 年 11 月第 2 次印刷
开　　本／880 mm×1230 mm　1/32
字　　数／152 千字
印　　张／8.5

ISBN 978-7-5496-3742-3
定　　价／59.00 元

侵权必究
装订质量问题，请致电010-87681002（免费更换，邮寄到付）

目　录

逆势增长二十年

日本的经济在1989年的最后一个股票交易日达到顶峰。日经平均指数创下38915点（12月29日收盘价）的纪录。现在看来，大盘指数之高真是令人目瞪口呆。然而，进入1990年，泡沫经济崩溃，股价暴跌。那一年终收盘时仅为23848点。在短短一年时间里，股市缩水四成。

自此，日本经济再无生气，众多企业在无尽的不景气与业绩不振中苦苦挣扎，束手无策。而且，日经平均指数继续下挫。代表日本经济实力的众多大盘股，年交易数量不及往年的1/4。日本经济的长期低迷令人唏嘘不已，分析者称，日本陷入了"失去的20年"。

为什么会变成这样？本书并非经济分析类书籍，不便探究其原因。但1990年后经济与市场发生了翻天覆地的变化，而日本政府及众多企业没能做出及时的准备，想必这才是经济低迷的根本原因。

是什么发生了变化？发生了怎样的变化？

回答这两个问题的关键词便是"通货紧缩"与"成熟化"。

"失去的20年"，从经济学角度解释就是"连续20年的通货紧缩"。而促成通货紧缩的结构性因素，正是20世纪90年代后的全球经济一体化，外加日本市场与消费者的成熟化，而且成熟化的速度比其他国家都要快。

　　如果企业一味接受"潮流"（通货紧缩与成熟化），当然会持续亏损。反之，如果能迅速适应这种变化，就能趁其他人一蹶不振的时候独领风骚，实现高效的"一人通货膨胀"。

　　最具代表性的例子莫过于日本迅销（Fast Retailing）[1]，该公司旗下拥有日本最大规模的休闲服装连锁店——优衣库。

　　表0-1中可以看出优衣库的"一人通胀"。近20年间，日经平均指数虽有震荡，但总体一直处于下滑的趋势，而优衣库的销售额与其形成鲜明对比，可谓节节攀升。

　　优衣库1990年销售额约为52亿日元，经营利润约8000万日元。到了20年后的2010年，它的销售额竟有8148亿日元，经营利润1237亿日元。换句话说，在其他企业为"失去的20年"痛苦挣扎时，优衣库的销售额增长了约160倍，而经营利润整整增长了1500倍。何其惊人！

1　2005年11月，日本迅销株式会社转为集团持股公司，将优衣库分离成旗下子公司。

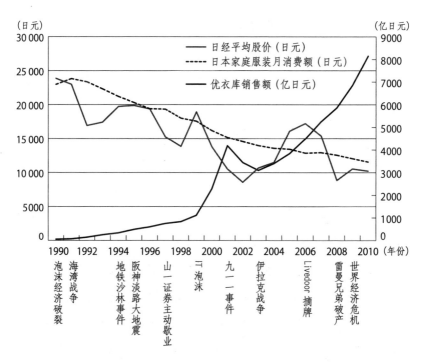

（日元）

30 000

25 000

20 000

15 000

10 000

5000

0

（亿日元）

9000

8000

7000

6000

5000

4000

3000

2000

1000

0

—— 日经平均股价（日元）

------ 日本家庭服装月消费额（日元）

—— 优衣库销售额（亿日元）

1990 1992 1994 1996 1998 2000 2002 2004 2006 2008 2010（年份）

泡沫经济破裂

海湾战争

地铁沙林事件

阪神淡路大地震

山一证券主动歇业

"IT泡沫"

九一一事件

伊拉克战争

Livedoor摘牌

雷曼兄弟破产

世界经济危机

图0-1 优衣库销售额、日经平均股价、日本家庭服装月消费额示意图

　　图0-1中的虚线表示日本每个家庭（2人以上）的服装月消费额。耐人寻味的是，这条折线与日经平均指数的动向保持一致，都在"通缩"。

　　让我们用实际数字对比，看看服装月消费额究竟减少了多少。1990年的消费额为22 967日元，而到了2010年，消费额变成了11 565日元。换句话说，20年里市场缩小了一半（2010年／1990年的指数＝50.4%）。两个时期的总消费相比，2010年仅缩减了6.5%（93.5%），食品支出减少了不到15%（85.8%），而家居、日用品支出减少了11.7%（88.3%）。由此可见，服装方面的支出缩水异常明显。

为什么服装上的支出会少得那么夸张呢？因为"服装泡沫"崩溃了。

与其他国家相比，在日本销售的服装本就贵得离谱，是一种国内外价格差非常大的商品。1991年是服装泡沫的巅峰，每个家庭的服装支出足有23 814日元之多（见图0-1）。

然而，这种服装泡沫只对卖方市场有利，这是日本特有的现象。到了20世纪90年代，随着全球经济一体化，这种商业模式便行不通了。能否尽快察觉到市场的变化，应对泡沫崩溃后的通货紧缩（转变为买方优先型市场），正是决定服装零售行业的企业胜负走向的关键所在。

而优衣库不仅接受了这一变化，而且可以说它还更进一步，主动挑起了"通货紧缩"。优衣库用独特的"生产＋采购"方式，率先向广大消费者提供了大量价廉物美的休闲服装，促使日本的服装价格向国际水平靠拢，成了消费者交口称赞的"英雄企业"。

在众多企业因漫长的通货紧缩而束手无策、与日本经济一同衰败之时，优衣库却巧妙利用了经济与市场的变化，用其独特的经营方式实现了大增长，是衰退期中的少数盈利企业之一。

举个不太贴切的例子吧。就算是股价一直跌低，也是有办法赚钱的。买过股票的人都应该清楚，如果买入股票赚不了钱，那反过来卖出就行了。这种做法虽然十分理性，但却不是每个人都会轻易尝试的，因为存在着巨大的风险，而且容易受到操作者感情因素的影响。但优衣库不惧风险，理性且完美地执行了这个做法——这就是它的一贯经营风格。

在零售业中，受"失去的20年"影响最大的莫过于百货商店与综合超市（General Merchandise Store，GMS）。而它们，正是长期称霸零售业界的两大主要势力。

然而，这两大业界巨头正在无底洞般的业绩不振中挣扎。表0-1中，《商业统计》调查的"2007年与1991年各类商业业态年销售额对比"中，零售业总销售额的指数为94.7%，跌幅不过个位数，但综合超市为87.7%，百货店甚至跌到了67.8%，减少幅度均为两位数。而增长速度最迅速的莫过于便利店和专卖店。专卖店，其实简单地说，它们与百货商店和综合超市正好相反：专卖店不是任何商品都卖，而是主打某种专业产品。比如服装专卖店有优衣库和岛村（SHIMAMURA），家居专卖店家迎知（CAINZ HOME）和宜得利（NITORI）。

所得到的结论就是，这些新兴的专卖店在20世纪90年代初期发展迅速，顺利抢占了原本属于综合型大商店的市场份额，实现了新旧交替。这就是近年来日本零售业界的巨变。

表0-1　各类商业业态的年销售额

（单位：百万日元）

业态	销售额指数（%）	2007年销售额
零售总额	94.7	134 705 448
百货商店	67.8	7 708 768
综合超市	87.7	7 446 736
便利店	224.1	7 006 872
专卖店	169.2	23 796 083

销售额指数，以1991年销售额记为100而换算所得

　　这些专卖店的增长率非常高，其绝对销售额也超过了综合型商店。

　　如表0-2所示，专卖店行业的龙头企业山田电机，2010年度销售额约为2.1万亿日元。按集团总销售额计算，山田仅次于Seven & I[1]和永旺[2]，位列零售业第三。但如果只看专卖店行业，优衣库便仅次于山田电机与EDION，排名第三。再加上排名第九的岛村，"服装两强"的销售额足有1.2万亿日元之多，与百货商店首位的三越伊势丹并驾齐驱。

　　所以，如果挑选一两家业界领先的专卖店企业，其销售额就能超过货品全面的大型零售型企业或百货商店集团。若换作以

1　便利店7-11的母公司。
2　AEON，日本和亚洲最大百货零售企业之一。

前，这是难以想象的。但统计数据告诉我们，在现在，这是不争的事实。

表0-2　销售额3000亿日元以上的专卖店的业绩

（单位：百万日元、%，▲为负）

排位	公司名（业种）	营业额（前期比）	经营利润（前期比）
1	山田电机（家电／电脑）	2 153 259（6.9）	137 847（35.7）
2	EDION（家电／电脑）	901 010（9.9）	34 435（75.6）
3	日本迅销（休闲服装）	820 349（0.7）	10 709（▲13.5）
4	K's（家电／电脑）	770 947（18.9）	49 365（69.8）
5	友都八喜（家电／电脑）	700 518（2.5）	61 034（25.8）
6	Bic Camera（家电／电脑）	612 114（0.6）	22 329（89.9）
7	唐吉珂德（综合折扣店）	507 661（4.1）	25 138（19.1）
8	小岛（家电／电脑）	449 499（2.6）	11 690（91.5）
9	岛村（综合服装）	440 100（2.4）	41 048（7.6）
10	上新电机（家电／电脑）	435 237（12.8）	16 852（▲6.3）
11	松本清（医药品）	428 184（9.0）	17 497（3.8）
12	DCM（家居商场）	417 607（▲0.2）	13 164（9.4）
13	Sundrug	360 655（26.9）	19 801（20.1）
14	大创产业（百元店）	341 100（▲0.1）	NA
15	Best电器（家电／电脑）	340 969（▲1.3）	5854（—）
16	家迎知（家居商场）	330 254（▲1.8）	22 981（7.2）
17	宜得利（家具／装潢）	314 294（9.8）	52 665（13.4）
18	Sugi（医药品）	304 730（3.8）	12 777（25.9）

究竟是什么造成了这种现象？

如前所述，这些专卖店都是在20世纪90年代后才崭露头角的新兴企业。90年代泡沫经济崩溃后，各行业的市场规模都缩小了，还出现了通货紧缩的趋势。其他优秀的专卖店都与优衣库一样，巧妙利用了大环境的劣势，创造出了对自己有利的局势。

在这样的市场中，卖方导向的传统战略已成过去。那么市场的要求究竟是什么呢？答案自然是优先买方的立场与需求，服务于消费者，即"消费者导向"战略。

"开什么玩笑呢，就这么简单吗？"——读者们也许会对这个答案大失所望。仔细想想吧，当时的零售行业的企业只是不断宣称"顾客就是上帝""顾客第一主义"，但却很少有付诸行动的，它们还在坚持迂腐陈旧的"物资配给论"，贯彻卖方主导的连锁店理论。

之前说过，优衣库使日本的服装价格更贴近国际水平，赢得了消费者的交口称赞。服装零售业之外的专卖店企业也呈现出了同样的发展趋势。山田电机、唐吉诃德、大创产业、宜得利、松本清、无印良品……例子不胜枚举。至少，这些零售业的赢家都深刻理解"消费者优先主义"的精髓，而这些理解也是它们飞速成长的主心骨。

这个时代是零售行业的胜负分水岭。但也许因为这个道理简单浅显，反而导致许多传统零售商没能看清时代的本质，走进盲区。

据说现在全世界都面临一个危机——Japanization[1]。

1989年的泡沫经济，使日本最先爆发Japanization，直至今日仍没有好转的趋势。近年，日本银行始终采取零利率的贷款政策，可经济依旧没有好转的迹象。而且日本已成为世界第一负债国[2]，财政赤字足有1000万亿日元之多，是国内生产总值的两倍。数额之高，令人咋舌。

导致这种现象的，除了政府管理者无所作为之外，还有国家人口结构方面的原因——日本的人口老龄化速度也是世界第一。随着适育年龄的人口数量不断降低，日本将进入名副其实的"人口减少社会"，这样的人口结构会导致消费市场的过度成熟和市场需求的不断降低。在人口结构与国家的发达程度上，日本是走在了世界最前列的。世界（尤其是其他亚洲国家）不得不步日本的"后尘"。也就是说，现在的日本出现的社会状况，不久之后也将会出现在其他国家。对于这种可预见的困局，世界各国都已提出各种解决方案，防止自己进入日本的状态。

---

1 经济日本化，又称日本病，是一个经济学问题。其是指货币政策已经无法刺激经济、市场长期处于低迷状态，通货紧缩，国债数额巨大，虽然大部分人的收入增长，但是由于货币购买力下降，实际薪资也在不断降低。2007年全球金融危机之后，欧美大部分发达国家均出现了这种问题。

2 2011年，日本超越美国，成为全世界负债额第一的国家。

换个角度看，如果日本能对这个困局提出有效的解决方案，那么这些方案就能应用到其他国家。如此一来，日本或许能成为备受瞩目的"改革先锋"。

在经济市场中也不例外，一个企业若能从日本这种市场竞争极为激烈的高度发达国家中脱颖而出，那么进军世界也定然能所向披靡。

优衣库就是巧妙利用了20年通缩，实现了飞跃性的大增长。而且它独特的市场创造法，在成熟的服装市场体系中开拓出了一片新天地。而现在，优衣库正朝着"称霸世界"的宏伟目标一步一步地迈进。

很多综合超市或百货商店是因为在日本市场无法生存才转投世界其他国家的，但优衣库恰恰相反，正因为它在日本激烈的竞争中存活了下来，所以才"堂堂正正"地进军世界。还有个更常见的例子，那就是在亚洲其他国家疯狂扩张的日本便利店，它们就是日本激烈市场竞争之后的幸存者。

如今日元在汇率市场中正处于高位，其中有外界因素、相对因素的影响，即美元与欧元的汇率不断下跌，而日本的通缩经济也是不断将日元价格推高的主要原因之一。在通货紧缩的作用下，日元变得十分强势。

优衣库的经营秘密，能够简单地归纳为：**利用日本国内的通货紧缩，疯狂赚取日元；用强势的日元去采购原料，压低海外制造成本；以充足的现金流为武器，前往以亚洲为中心的其他国家开店；用强势的日元寻找并购海外企业的可能性。**在全球经济不景气的局面下，这正是最有效的良性循环模式。

第一章

这是一家没有"弱项"的公司

2011年10月12日，迅销集团在东京召开了2011年8月期的决算说明会[1]。

　　如表1-1所示，前一年迅销集团的销售额为8203亿日元（同比增长0.7%），经营利润为1163亿日元（同比减少12.1%）。2010年8月期曾取得了高达两位数的大幅增长，创下了决算的最高纪录，可2011年的财报却以销售额微涨、收益减少而告终。要知道，集团的上一次收益减少还是四年之前的事。

　　国内优衣库事业销售额占据集团整体销售额七成，它的低迷拖了整体业绩的后腿。而"海外优衣库事业"却势头正劲。因此，迅销集团董事长兼社长柳井正在说明会的演讲台上宣布："今后优衣库将把增长重心转向海外。"

1　即迅销集团的企业年度报表。与中国企业不同，日本上市企业发布年报的时间并不统一。迅销集团的年报为每年8月公布，后文中提及的"年度数据"均是取自迅销集团每年8月的年报。

表1-1　日本迅销集团销售额、经营利润与集团分类业绩

（单位：亿日元、▲为负）

		2010年8月期（实际业绩）	2011年8月期		2012年8月期	
			实际业绩	同比(%)	预测	同比(%)
集团业绩（整体）	销售额	8148	8203	0.7	9415	14.8
	经营利润	1323	1163	▲12.1	1380	18.6
国内优衣库事业	销售额	6151	6001	▲2.4	6335	5.6
	经营利润	1277	1062	▲16.8	1110	4.5
海外优衣库事业	销售额	727	937	28.7	1600	70.7
	经营利润	63	89	40.6	170	89.9
全球品牌事业	销售额	1252	1240	▲0.9	1450	16.9
	经营利润	78	87	12.0	135	53.6

2012年8月期的预测为2012年4月12日发表的最新数据

　　本次决算的数据给优衣库的发展蓝图亮出了黄灯。柳井正在此前公开宣布过，要在十年内，也就是2020年之前，将集团销售额提高到5万亿日元、经营利润提高到1万亿日元，将优衣库打造成世界第一的服装企业。

　　这个目标定得实在太高，说好听点是胸怀大志，说难听点则是痴心妄想。因为要实现这一目标，优衣库必须保证每年20%以上的增长率。

　　柳井正曾在2000年提出过"销售额1万亿构想"。当时他也给自己设了一个十年的期限。如表1-1所示，2012年8月期的销售额

预测值达到了9415亿日元。也就是说，虽然比原计划迟了两年，但柳井正终究还是基本实现了当初的目标。

2000年正是优衣库的全盛时期。当时的销售额为2290亿日元，而且摇粒绒系列红极一时，销量翻了一倍又一倍，用"井喷"来形容真是再合适不过了。然而尽管在那样的时期，可世人还是觉得"让销售额突破1万亿大关"是柳井正不自量力、痴人说梦。

说到底，优衣库销售的终究是均价一两千日元的服装产品。这样的服装零售企业，能在十年前的零售业界里达到年销售额2000多亿日元，本就是史无前例的壮举。

一般来说，零售业企业成功抢占市场之后，通常会转攻为守，先构筑好稳定的基础，再进入下一个阶段。这种做法也是较为符合常理的经营战略。优衣库也不例外，2002年11月，40岁的玉塚元一接任优衣库社长一职，他就想用防守的方式抵御飞速增长与"通货紧缩"给企业发展造成的不稳定影响。

然而，激进的柳井正是最厌恶守势与稳定的，所以玉塚只做了三年社长，便被柳井正取而代之了。

柳井正，迅销集团董事长，1949年2月7日生于山口县。毕业于早稻田大学政治经济学部。之后进入吉之岛（JUSCO），即现在的永旺株式会社工作。1972年进入小郡商事株式会社，即现在的迅销集团。1984年，柳井正在日本广岛市开设休闲服装商店"优衣库"，并在日本各地迅速扩张，将优衣库打造成了日本最大规模的休闲服装连锁店。2005年11月，迅销转为控股公司。除了优衣库，迅销旗下还有GU、Link Theory Japan等公司，形成庞大的服装制造零售集团。柳井正的目标是实现迅销的口号——改变服装，改变常识，改变世界。

柳井这么做的目的只有一个，那便是"消灭大企业病，寻回原来的冒险精神"。

事实上，优衣库是一家没有弱项的公司。因为无论是销售额还是利润，所有能提升的地方，都会得到最大程度地开发。换言之，优衣库拥有完完全全的冒险精神，愿意承担风险，只要前方还有路，它便会勇往直前。这也正是优衣库精神的真髓。

即使成为"1万亿企业"之后，优衣库还在不断自我否定、自我推翻，革新过去的成功经历，并将其视作理所当然。

"永无止境地冒险"——要读懂优衣库的与众不同，就必须牢记这个词。

优衣库诞生于日本本州岛最南端的山口县，并且还不是在山口县的大城市，而是一个叫宇部市的小地方。它只是个名不见经传的地方企业。现在优衣库总公司的注册地仍在山口县。

1984年，作为家族企业第二代领导人的柳井正，在广岛市开了第一家优衣库门市店。那么在这不到30年的时间里，究竟发生了什么？为什么一个乡下小公司会摇身一变，成为日本第一的服装连锁店，进而走上了"称霸世界"的道路呢？

虽然历史不容假设，但我们可以在这里简单设想一下：如果优衣库是来自东京、大阪这些大城市的零售公司，如果柳井正继承的是市中心商业区的高档精品店……恐怕也就没有今天的优衣库了。其实正因为优衣库的起点是小城市随处可见的服装店，它才能发展到问鼎世界的地步。原因有三：

原因一：本地市场的局限性。也就是说，地方小城市没有巨大的市场。如果地方城市的企业要发展，就只能不断地向外扩张。纵观优衣库发展的20多年就是如此。从广岛、冈山、北九州到福冈，优衣库的市场逐渐扩大，之后又转向了关西、关东，直至日本各地，最终走出日本。

优衣库20多年的历史，正是开店范围不断扩大的历史。所以对现在的优衣库而言，"进军世界"并不是什么大难题，不过是将惯用手法应用到日本之外而已。

值得一提的是，眼下优衣库的最大竞争对手H&M（Hennes & Mauritz，瑞典）与ZARA（西班牙），这两家公司也是因为本国的市场规模有限，很早便进军世界，最终成了毫无争议的国际零售业巨头。

原因二：出身于地方小城市，更能催人奋进。下面引用柳井正受邀参加倍乐生株式会社（Benesse Corporation）纪念大会时的演讲来说明这一点。

地方企业不会面对过于激烈的竞争，因此我们有更多的机会去思考"何为企业""何为企业的本质""何为经营"等问题。正因为我们是地方企业，才更应该志存高远。我们要将企业的理想与热忱传播给全世界，就是成为"世界企业"。

优衣库明文规定了企业理想与企业理念，而这也成了优衣库的力量源泉。而且，这些明文理念大多是柳井正本人在山口时代[1]起草而成的。正因为优衣库身在市场状况相对简单的地方城市，才能不断升华其特有的"理念重视型"经营。

最重要、现实、鲜明的因素是——原因三：出身地方小城市，给柳井正带来了强烈的自卑感、渴望感及焦虑感。柳井正本就是个自尊心强、不愿服输的人，在这些因素的催动下，他自会抖擞精神，化自卑为动力、化焦虑为能量，引领优衣库勇往直前。

柳井正有这样的口头禅："日本是世界的边远地区。正因为如

---

1 在2000年4月东京总部开设之前，总部职能一直集中在山口总公司。

此，我们才要进军世界。"也正是"山口是日本的边远地区"这一几近"心灵创伤"的自卑感，让他产生了那样的想法。

近来有不少人宣称，"贱卖与打折"是导致通货紧缩越发严重的元凶。

他们得出的结论是："通货紧缩会导致物价下跌。一开始消费者会举双手欢迎，但各个公司会陷入价格的消耗战中，把制造业也拖下水，导致日本企业逐渐疲软，最终引起全体国民收入的下降与企业雇佣率的降低，形成恶性循环。"然而，这是一种先入为主的陈旧观念。

月刊《文艺春秋》在2009年10月号刊登了经济学家滨矩子女士的文章，题为《优衣库荣而国灭》。2010年1月的《文艺春秋》更是变本加厉，刊登了滨矩子女士与经济评论家荻原博子女士的对谈录，题为《优衣库型通缩，导致日本沉没》。这两篇文章都引发了读者的广泛讨论。

这两篇报道都以优衣库为例，打出了引人注目的标题，但内容不免有失偏颇。报道的主旨是："降价的连锁反应会引起通缩的恶性循环，破坏日本经济。而引起这一现象的先锋，正是'利己主义'的代表——优衣库。"

但这个结论却有一个巨大的漏洞，那就是没有考虑"新市场的创造"。如果各家公司不改变商品的价值和功能，单纯以降价为手段夺取市场份额，那的确会加速通缩，导致市场和经济不断萎缩。

那两篇报道的确有些道理，这种情况就是所谓的"恶性通缩"。

但优衣库与之前提到的H&M，还有近年在日本备受追捧的宜家（IKEA）、开市客（Costco）都是新型的低价格企业。它们的商品与销售方式让新的市场浮出了水面，孕育出了新的消费观，还扩大了内需。从这个角度看，它们分明站在通缩的对立面上，至少它们绝非简单的降价贱卖。退一步讲，它们所带来的也应该称为"良性通缩"。

在那两篇报道中，作者将优衣库这类公司与那些高喊"无理由降价"口号的零售商混为一谈，这可是莫大的误会。

"无理由降价"的典型代表，正是各家大型综合超市不断推出的廉价牛仔裤。

最先开拓出这片市场的是迅销的子公司GU。它于2009年春天推出的"990日元牛仔"取得了空前成功。于是，各大综合超市纷纷尾随其后：980日元（华堂）、880日元（永旺、Daiei）、850日元（西友）……定价一家比一家低，可谓是"向优衣库看齐"。虽然它们也是为了争夺市场份额不得已而为之，可是它们能这么明目张胆地"盗版"，真是一点点创意都没有。

总而言之，这种只会照搬照抄的传统零售商不会创造新市场。而现在，它们被通缩压得动弹不得，正是典型的"失败者"。

近年来，日本经济与企业的颓势越发明显，而中国、韩国等国家的经济却飞速发展，还制定了扩大增长势头的下一步路线，与日本形成了鲜明对比。

最近日本的经营者们也"无精打采"，个个得过且过。日本也曾有过人才辈出的岁月，松下幸之助（松下）、本田宗一郎（本田）、盛田昭夫（京瓷）与井深大（索尼）……可那个时代早已经结束了。

在如今的日本经济界，缺少愿意承担风险、挑战世界的"野心家"。经营者们没有霸气，也没有魄力。

这种现象令柳井正极为费解，他还提出了自己的担忧：

> 早在几年前，人们就意识到了亚洲将成为世界的成长中心，而且全球经济一体化已敲开了世界的门户，但日本人与日本企业并没有积极地进军亚洲。日本是亚洲的一员，也是亚洲第一发达的国家，为什么不去发挥其中的优势呢？现在的日本企业只知道考虑本国的经济，经营者都太过保守。所以在这20年里，日本经济没有丝毫长进。可以说，整个日本都面临着经济上的失败。

总而言之，柳井正认为全球经济一体化已降低了企业进军世界的壁垒，现在正是进军亚洲、走向世界的绝佳时期，机会是十分难得的。当然，这背后也有柳井正的焦虑与无奈——"照日本现在的情形，继续留在日本国内发展是徒劳的"。

人口老龄化和总人口数减少导致消费市场不断萎缩，而严重的财政问题、税制问题、政治问题堆积成山。柳井正认为，如果只在日本国内发展，企业所要面临的风险更大。也许他的心里话是——我可不想跟日本经济一起死去！这便是优衣库急于开发其他国家市场的一个原因。

2010年1月，柳井正荣获全美零售业协会（NRF）颁发的国际企业奖。每年NRF都会把这个奖项授予一家业绩卓越、广受国际社会好评的公司。日本曾有吉之岛的冈田卓也（1985年）与华堂的伊藤雅俊（1998年）获此殊荣。而柳井正是第三个获得该奖项的日本人。

优衣库对日本的经济、企业和消费市场抱有强烈的危机意识。乍看之下，它也许是孤军奋战，以一己之力挑战全世界，可是它竟得到了国际社会的一致好评。这件事本身不也在暗示安于国内市场型零售业的"穷途末路"吗？

面对日本经济的"战败"，柳井正开出的处方简单而又直接：

　　应该明确认识失败，一切从头再来。日本没有资源，什么都没有，却因为赚到了些小钱，就变得保守，安于现在的小小幸福了。而且卑劣的政治家与官僚们还在逐步蚕食那本就所剩无几的幸福。无论是个人、企业还是经营者，都应该清楚地认识到这种不良结构，应该立即采取行动。为了这个国家的未来，我们应该彻底改变那种安于现状、毫无上进心的"小市民心态"。

几十年前，"小中产"一词成为流行语。小中产就是对"有点小钱，安于现有体制的势利小人"的蔑称。不知不觉中，日本人沦落到了"1亿人全是小中产"的地步。可见经济衰退已是显而易见的了。

而柳井正曾说："优衣库的目标是成为二战之后的索尼与本田这样的企业。"

这些制造业企业在二战后白手起家，从"满足需求型"企业做起，依靠日本特有的商品开发力和技术，以及破釜沉舟的觉悟和热忱，在激烈的竞争中取胜，成为了优秀的跨国企业。柳井正放出话来，"要成为第一家走这种模式成功的服装零售业公司"。

正因为优衣库是地方城市出身的小企业，才能发展到如今这样的规模。同理，正因为优衣库处在低科技产业的代表——零售业，而且是成熟得不能再成熟的服装市场，才能成功掀起一次大革命。

许多人深信，"自己所处的行业是不会被淘汰的"，这其中有对市场乐观的预估，但更多的只是无谓的幻想。对于这样想的人，柳井提出了自己的观点：

没有一个行业能连续发展几十年。所以应该根据
当时的市场状况，改变自己所处的行业与市场。即使是
巴士公司与铁道公司，也不可能在完全不改变的情况
下存活下去。那么，该怎么办呢？只能"自行构筑新产
业"了。

优衣库的服装销售方式不同于日本传统零售业与制造业的
模式，也不同于其他服装销售企业的模式，而是优衣库独创的
新方式。

说起"革新型企业"，大家总会联想到IT或生物科技等这类
处于科技前沿的企业。在这些企业中，随时随地都需要革新，所
以它们才是"前沿"。但如果在竞争对手较少的低科技行业发起
革新，其冲击力便会更大。柳井正认为：

我们虽然是低科技零售业，但走的也是科学经营路
线，并能将经营效率提高到和高科技企业一样的水平。
前沿技术并不只为高科技企业服务，受惠最大的反而是
较为落后的行业或企业。只要能充分活用这些技术，就
能让生产效率实现质的飞跃。

正因为优衣库身处成熟的传统行业，才更有革新的价值、意
义与机遇。

"早在创业初期我就想彻底颠覆这一产业了，论这种念头，没人比我更强。"正是柳井正的这些坚持与理想，才使得处于服装零售行业的优衣库以极快的速度追赶上了世界的步伐。

柳井正将经营管理学泰斗彼得·F. 德鲁克（Peter Ferdinand Drucker）视作精神导师。他学习了德鲁克的理论，并在商场中加以实践。在这个过程中，他形成了一套独有的思想、理想与理念，而这也成了他经营优衣库的理论基础。

优衣库的经营理念

1. 满足顾客的需求，发现潜在顾客。

2. 用好创意，推动世界进步，推动社会发展，为社会做出贡献。

3. 不受任何企业的管辖，保持独立自主。

4. 直面现实，顺应时代，主动改变。

5. 每位员工都应不断自省，在灵活的组织中尊重其他人，尊重团队协作精神。

6. 使用全世界的人才，且保持人才独立自主的精神。开发年轻人支持率第一的商品与企业，实现真正的国际化。

7. 牢记"与顾客的直接沟通唯有通过商品和卖场"，确立以商品和卖场为中心的服务精神。

8. 不断优化企业，全体员工齐心协力，各部门紧密配合。

9. 高效、紧迫感、革新、执行力，缺一不可。

10. 公平公正，赏罚分明。

11. 提高管理能力，彻底杜绝浪费，将损益时刻放在心中，实现高效率与高分配。

12. 具体且彻底地分析成功和失败的原因，作为下次实践的参考。

13. 积极面对挑战，不逃避困难与竞争。

14. 贯彻专家意识，以经营业绩为考核标准。

15. 全体员工须保持一致的奋斗目标，朝着正确的方向努力到最后。

16. 顾客购买的不仅仅是商品，还有企业的态度。企业须提高市场敏感度，看清事物的本质。

17. 经营管理的思路要积极向上，进行先行投资，对未来抱有希望，促进企业活化。

18. 全公司的团队和员工都要拥有明确的目标、目的和理想。

19. 对本公司的事业和自己的工作提出最高级别的思考。

20. 做自己最大的批评者，不断进行自我革新，改善自己的行为与态度。

21. 摒除对人种、国籍、年龄、性别等的各种歧视。

22. 发现1+1>2的新视野，并在该领域争当第一。

23. 深刻理解"组织为工作而存在""员工为顾客的需求而存在""公司为客户而存在"。

优衣库的经营理念，足有23条之多。这也被称为优衣库的"宪法"。据说它的初稿是在柳井正30岁左右时完成的，理念起初只有8条，但随着企业规模的扩大，理念也越来越多，最后便成了23条。

企业越大，就会有很多有不同想法和价值观的人进入企业。然而柳井正的一贯主张是："对公司的概念、对人与工作的思路，必须让全体员工达成共识。"换言之，经营理念规定了公司的经营目的、行动方针、工作的推进方法和企业的态度。

柳井正之所以如此重视经营理念，也是因为受了德鲁克的影响。"社会为了人类的幸福而存在，而社会要发展离不开企业的力量。"这是柳井正本人最喜欢的德鲁克名言，他常在各种场合引用这句话。

从某种角度看，这些理论显得太过理想化，但柳井正十分认真地将其付诸实践。这些理论与时代完美结合后，成为优衣库"井喷"的隐性要素。

柳井正曾在接受《思考者》杂志的采访中说道：

我们要不停思考："人为何工作，公司为何存在？"随着优衣库被社会所接纳，并持续不断地发展，我们能越来越清晰地发现优衣库存在的理由。

人为何而活，为何消费？满足人类最根本的，也是实际的需求，才是21世纪买家主导型市场的本质，也是最关键的成功要素。至少，绝不在21世纪卖家主导型销售模式的延长线上。

在此，我们不得不感叹德鲁克的先见之明。柳井正在"德鲁克热潮"到来之前就对他的理念产生了深深的共鸣。也可以说，柳井正的经营观与市场观也是很有先见之明的。

"改变服装，改变常识，改变世界"——这是迅销集团的企业理念。打开迅销集团的网页，便能在极其醒目的位置看到这句话。"改变服装，改变常识"也就罢了，可最后一句"改变世界"究竟是什么意思呢？

恐怕有许多人并不能理解其中的含义。不过，下面的例子能够帮助读者理解这句话的含义。

2010年7月，优衣库宣布将在孟加拉国开展一项新事业。优衣库与专为贫困人群提供贷款的孟加拉国格莱珉银行[1]展开合作，在孟加拉国成立了一家制造、销售服装的新公司，取名为"格莱珉优衣库"。该公司是所谓的"社会企业"，主要面向孟加拉国的贫困人群，T恤的均价不超过1美元，还有各类廉价内衣。

在该项目的记者招待会上，时任格莱珉银行行长的穆罕默德·尤努斯（Muhammad Yunus）[2]道出了心中的理想："有许多人

---

1 Grameen Bank，即乡村银行。
2 孟加拉国格莱珉银行与穆罕默德·尤努斯以"小额贷款资助农村妇女"荣获2006年诺贝尔和平奖。穆罕默德于2011年3月辞去行长一职。

因为买不起防寒服，没法在冬天出门。有了这项事业，就能帮到许多因没有衣服穿而烦恼的人了。新公司的收益用于再投资而非分红，并计划在三年内为当地创造1500个就业机会。"

优衣库计划在不远的未来，将孟加拉国建成仅次于中国的优衣库第二大生产基地。之所以在孟加拉国开展格莱珉优衣库项目，也是因为柳井正认定，"必须先成为这个国家人民心中的优良企业，否则就无法在这个国家生存下去"。

后文中提及的东丽集团常务董事小川彰称："柳井正是孟加拉国的大红人，有非常高的声誉。在产品开发层面上，东丽与优衣库是合作伙伴，而东丽正忙于在孟加拉国建设专供优衣库使用的大型工厂。对急于振兴生产行业的孟加拉国而言，优衣库带动了整个国家与企业的经济，引领了大规模设备投资的趋势，所以备受孟加拉人的感激。"

优衣库虽是一家私营企业，却在孟加拉国开展了"国家项目"级别的事业，而且还与之前的社会事业相辅相成，在极大程度上改变了那个国家。

当然，这些企业活动的目的不光是为社会做贡献，也不光是为了提升跨国企业的形象。

柳井正曾说："在孟加拉国确立的商务模式定能推广到全世界。"

优衣库在世界上最贫困的国家之一生产、销售超低价服装，并通过这一实验摸索出解决贫困问题的有效办法。眼下全世界仍有40亿贫困人口，而这些人的消费，才是最广阔的市场。优衣库的尝试，与这一远大的商业构想有着密不可分的关系。这正是优衣库的经营理念——"改变服装，改变常识，改变世界"的最佳实践与体现。

第二章

创造新市场

"优衣库放弃低价"——这是刊登在2004年9月27日的《朝日新闻》和《读卖新闻》上的整版广告，这句广告语给人们造成了莫大的冲击。因为当时人们对优衣库的印象是"正因为优衣库便宜，才能大卖"，人们觉得优衣库价钱挺便宜，且质量还不错。至少在当时，"便宜"就是世人对优衣库的定位。

　　然而，柳井正却无法忍受世人如此的看待。因为当时优衣库已经开始致力于高品质产品的制造与销售了，比如在产品中使用蒙古产的开士米山羊绒、意大利产的美利奴羊毛等。他认为：

　　　　优衣库的品质绝对比同等价格的产品要好，但还是
　　有很多人认定优衣库卖的只是便宜货。我们必须尽快消
　　除这样的误会。

　　正是因为这个原因，柳井正才下定决心，通过整版广告的方式告诉世人，优衣库要走高品质路线了，要摆脱低价格了。

　　不过在公司内部，大多数人对这个"表决心"的广告持否定

意见。也难怪，毕竟"低价"是优衣库的代名词，也是它最大的武器，而柳井正却要眼睁睁地把"武器"丢掉。一不小心，世人便会误以为优衣库是要宣布"我们要涨价了"。

但柳井正力排众议，刊登了广告。他在著作《一天放下成功》中如此写道："如果优衣库只是碰巧因为便宜才大卖，那优衣库就没有未来可言。"

在2004年9月1日，优衣库面向众多媒体，召开了每年例行的"事业战略说明会"，这一年的主题，便是"世界品质的宣言"。最先走上演讲台的柳井正，严肃地总结了优衣库的战略：

> 以往的优衣库做的是"相对较好的服装"，但今后的优衣库将致力于打造"绝对好的服装"。我们将从"便宜的优衣库"变为"优良的优衣库"；我们将打造人人认可的、全球最高水平的服装，进军世界。

他为何要说出这一番话？因为他认定，一味地出售低价商品，就会被卷入廉价服装经销商的价格竞争中，那样的话，优衣库绝无胜算。

其实在美国，沃尔玛、Target等大型综合商店才是休闲服装的主要卖家，亚洲人可能无法想象。至于那些衣服的质量，确实难以恭维，也就是我们常说的"便宜没好货"。如果真的进军这类领域，便无法发挥出优衣库的优势。正因为如此，优衣库才需要通过"世界品质的宣言"，努力打造自身的品牌。

2004年的"摆脱低价宣言"之后，优衣库的商品价格线的确在缓缓上升。例如优衣库的主打商品牛仔裤，以往的平均价格大概是1900日元至2900日元，但现在则是3990日元，上涨了至少三成。"Made In Japan Denim"（日本制造的牛仔裤）系列更是高达5990日元。男装商务衬衫也不例外。以前的主力产品是1990日元的牛津布衬衫，但现在则变成了2990日元的精纺衬衫。

其实，优衣库不只是在涨价，它总能在涨价的同时提高产品的品质，也就是增加产品的附加价值，做到物有所值甚至物超所值。即使价格不变的商品，优衣库每年也会通过不断的改良，努力提高产品的功能与品质。典型的例子就是优衣库的人气产品"HEAT TECH"系列，它的特征就是每一年都会有所"进化"。

从这个角度看，优衣库的定位已从曾经的"低价"转向功能、品质、设计等方面。

但需要强调的是，优衣库不只是在涨价。如果涨价，就须提供等同于或是超出涨价幅度的附加价值；如果价格不变，就要不断提高产品的功能与品质。他们追求的永远是质量价格比的最大化。

甚至可以说，这不是涨价，而是变相降价。

如今的优衣库的主力商品，无论是材质还是品质，都远超那些名牌或设计师品牌，但后者的价格往往是优衣库的好几倍。

换句话说，优衣库不光打入了大众时尚市场，还在高价时尚市场掀起了一股新的"价格破坏旋风"。"+J""UIP"（Uniqlo Innovation Project，优衣库创新项目）系列、与UNDERCOVER合作的"UU"系列，都是这方面的尝试。

在日本受优衣库影响最大的不是综合超市，而是百货商店与市中心的时尚大楼——这就是这种冲击最好的佐证。

不过柳井正也不想将优衣库曾经占领的低价市场拱手让人，于是便专为这一市场开发了低价休闲品牌"GU"。

近年来，一直困扰着零售商们的难题就是"东西卖不出去"。而产生这种难题的根源，正是"商品摆上货架就能卖出去"这种安逸而陈旧的思维。

现如今，东西卖不出去是理所当然的。放眼世界，日本是市场成熟度首屈一指的国家，也就意味着"普通的商品"应有尽有。虽然在过去日本也曾出现过物资不足的时代，所有商品都供不应求，只要能制造出来，就能一售而空，东西一上架就会被消费者们抢光。可是20世纪90年代经济泡沫崩溃，那时的人们拥有了几乎所有的生活物资，社会也进入了"供大于求"的时代，东西卖不出去了，消费者也没有什么特别想要的东西。还有人自嘲道，现在日本的消费环境已不是供大于求，而是根本没有求了。再加上日本的总人口已开始负增长，人口老龄化的趋势越发明显。因此对商品的需求不断衰退，旷日持久的通缩和经济不景气，不断降低人们的购买欲。

服装不同于食品与生活必需品，是"不必要、不急需"的商品的典型代表。因此服装行业也成了时下最艰难的行业之一。

不仅如此，大多数现代人买衣服都讲究一个喜好。如果不是自己喜欢的衣服，"白送都不要"。所以有些衣服再便宜也卖不出去。

无奈的是，百货店与综合超市等现有企业并不理解服装消费的结构。他们以为优衣库、岛村等大众时尚连锁店及H&M、Forever 21等外资快速时尚销售商之所以人气爆棚，只是因为卖得便宜，于是便急急忙忙大打折扣，或是引进价格更低的品牌，以售价上的便宜与之对抗。由此可见，借鉴已成功企业模式要思考其原因，而不是仅限于复制表象。

在现代消费行业，服装是"降了价也不一定卖得出去"的商品。必须认清这一前提，否则就永远无法促使服装市场活跃化。

既然便宜的服装不一定卖得出去，那么有一定价值的高价服装就能卖出去了吗？未必。现在不是泡沫经济时代，当时那种消费热潮已一去不复返。现在必须"既有价值，又要便宜"，这样才能卖得出去。

换言之，现代消费者追求的是"有原因的便宜"。

这也正是业绩好的商店与企业的共同点。比如优衣库与H&M是"自身承担产品制造"的服装产销企业，所以能以低价销售高品质的时尚商品。消费者在购买时也清楚认识到了这一点。在服装消费市场备受欢迎的奥特莱斯（Outlets）也不例外。"那是清仓价，所以便宜。"消费者熟知奥特莱斯便宜的原因，而这也是它备受支持的要素。

如前所述，传统的百货商店与综合超市只看到了"不降价就卖不出去"，于是就不停地大甩卖。

然而这种"没有原因的降价"并不能完全吸引消费者，有时反而会引起消费者的怀疑："那以前卖那么贵干吗？"这也许就是消费者渐渐远离百货商店与综合超市的原因吧。

"有原因的便宜"不过只是热卖的先决条件。从结论看，今日的优衣库之所以广受支持，其内在因素是"新市场的创造"。

它通过独特的产品（Product）、销售策略（Merchandising）、销售渠道（Place）、广告促销手段（Promotion），竭尽全力将潜在的需求可视化，创造出了一片新的市场。身在日本这样的不景气且消费成熟度很高的社会，这才是根本必胜法则。

柳井正在2006年元旦那天发送给全体员工的新年致辞中，一针见血地指出了现代消费市场的本质，可谓真知灼见：

> 现在的日本市场，是供远大于求的供给过剩市场。企业如果进入市场，那么迅速、准确地找出市场需求才是胜负的关键。然而大多数情况下，这个市场需求是以潜在的形式存在的。在激烈的市场竞争中，只有满怀信心，开发和生产出具有绝对竞争力的商品，把潜在需求

变成现实需求，企业才能获得绝对的市场份额。而这种转化的过程，即是"创造了一个新市场"。

在《一天放下成功》中，还有另一个关于市场的例子：日本麦当劳的创业者藤田田先生，并没有夺走传统餐饮业界的市场，而是开创了"快餐"这种新市场。

今日的优衣库之所以广受欢迎，并不是因为它便宜，关键是它发现了消费者的潜在需求，也就是所谓的"新市场的创造"。

让我们仔细分析一下优衣库创造的"新市场"究竟是什么。

这几年最为热卖的商品之一——新式保暖内衣"HEAT TECH"，2009年卖出5000万件，2010年卖出8000万件，2011年的销量更是达到了恐怖的1亿件；自2003年发售以来，HEAT TECH累计销售了3亿件，可谓"神话商品"。

为什么HEAT TECH卖得这么好？那是因为它跳出了"高品质且价格实惠的内衣"这一框架，发明了一个新的范畴——内衣的发热功能。这就是优衣库式的市场创造，也是HEAT TECH独领风骚的原因。

HEAT TECH问世之后，也出现了各大综合超市争相模仿的情况，与GU的牛仔裤一样。如HEAT FACT（永旺）、ECO HEAT（西友）、HEAT ON（UNY）、POWER WARM（华堂）、BODY HEATER（华堂）等。这些商品大多比"正宗"的HEAT TECH便宜，但都没有做到HEAT TECH热卖的程度。那是因为，现代的消费市场是有"先入者优势"的，唯有新市场的创造者才能拥有主动权，追随者很难占有市场份额。

现代的消费者非常挑剔，同时也非常理性，他们能清楚地区别各种产品之间的不同。

那么优衣库的直接竞争对手，来自海外的低价连锁品牌H&M与Forever 21又是如何创造市场的呢？

它们推出的商品被归为"快速时尚"。顾名思义，快速时尚跟快餐一样，旨在"快、便宜、好吃（时尚）"。

主流媒体的评论中，常会将优衣库归类到"快速时尚"一类，其实这是天大的误会。事实上，按柳井正的定位，优衣库并非快速时尚，而是站在快速时尚的对立面的。

海外的快速时尚连锁品牌打破了固有的常识（服装伴随着感性与潮流，所以很贵）与消费观，也破坏了原有的市场。

换言之，快速时尚之所以广受日本年轻人的欢迎，正是因为它们"价格便宜，又能带来最前沿的时尚"。人们甚至能将时尚用作一次性的享受，也就是说它们引出了日本前所未有的"一次性时尚消费"市场。这就是它们创造出的新市场。

不得不说，家具商场宜家、仓库型折扣商店开市客在日本市场也备受关注。它们也靠着在日本市场前所未有的模式赢得了人气。宜家主打家居推荐型DIY组装家具，开市客则是会员制仓储量贩店。它们的业态是独一无二的，这也是一种市场创造。

在开市客的巨大店面中，有价格极低的生活必需品，也有各类名牌产品，可谓应有尽有。还会看到许多在其他商店没有的商品：狗粮口袋一般大小的"实惠装薯片"和三十六个装在一起的"晚餐卷"。这些都是开市客的热销商品，前者是国际知名厂商为开市客特供的产品，后者则是开市客的自产商品。要是其他零售商也用同样的价格销售此类产品，就不一定卖得出去了。正因为是开市客，低价的实惠装薯片和晚餐卷才能卖得出去。

所以说，开市客提供（创造）了一种在日本前所未有的、新形态的消费地点（市场）——"在这样的卖场中，买东西的同时，也享受着消费的过程"。宜家也是同样，唯一的区别是所出售的商品不同而已。

之前提到的GU，主打的也不光是低价牌，它的宣传语虽然是"便宜不止一点点"，但与优衣库一样，GU在低价中融入了新功能，形成它特有的附加价值，新市场便应运而生，激发了消费者的购买欲。

第三章

服装就是信息

事实上，即使同为服装企业，彼此间也存在不同的企业结构。优衣库从零售商做起，成了拥有连续性体制的服装企业，这种情况在日本其实是极为罕见的。日本企业中，除了优衣库，也就只有"良品计划"（无印良品）和主打家居时尚的"宜得利"属于这一范畴了。

那些以自主产生"自居"的企业，的确会自行完成产品的企划、设计，但会将采购材料到生产管理的环节外包，是所谓的代工型[1]企业。还有些是连企划开发都全权交给其他公司完成的贴牌型[2]企业。

而本章希望从市场营销的角度，站在国际舞台上讲解优衣库的"产品与销售"。

---

1 Original Equipment Manufacturer，品牌拥有者不直接生产产品，而是利用自己掌握的核心技术，负责设计和开发新产品。具体的生产和加工环节是通过合同订购的方式，委托其他厂家生产，产品实行一次性买断策略，其后通过自己的渠道进行销售。

2 Original Design Manufacturer，品牌拥有者不直接参与产品的研发，而是直接定制其他厂商的产品，要求定制的产品使用己方的品牌名称。与OEM模式相比，ODM模式的优势在于减少了研发的时间和成本，劣势在于不拥有产品的核心生产技术。

优衣库在2005年9月的事业战略说明会上表示"要开发第三代",还大胆宣称"要重新定义、重新设计所有企业的结构与商品,打造世界第一的服装企业"。

记者与分析家们并不熟悉"第三代服装零售企业",有不少人就此提问。因此优衣库在2005年10月举行的决算说明会上进行了题为"为何要打造第三代服装零售企业"的媒体吹风会,而宣讲人正是柳井正。以下内容是媒体吹风会资料的集选。

在柳井正的"第三代服装企业宣言"之后,优衣库的确完成了一次脱胎换骨的进化。

为何要打造第三代服装零售企业

一、全球服装零售企业的现状:

第一代(始于1985年)以GAP、LIMITED为代表,依靠"单品"成功。

第二代(始于1995年)以ZARA、H&M为代表,依靠"流行时尚"飞速增长。

第三代(始于2005年)尚未出现代表型企业。

只有切换速度最快、最符合市场规律的企业才能成为赢家。

二、何为服装:服装就是信息。

收集顾客对信息做出的反应:购买信息、穿着信息、满意度信息。

收集最好的信息，以独特的视点进行编辑，以最快的速度将信息与商品和店铺一体化。

只有提供这种服务的企业才能实现增长。

三、何为"将价值赋予服装"的信息？

通过"服装"所表现的信息是"时代感""社会需求""生活方式""生活必要需求""潮流""时尚""穿着感受""搭配""风格""设计""材质""功能""舒适度"。

这样才能发现"人们为何需要这种产品"的理由，即发现产品新价值的发现。

四、如何收集、编辑最好的信息——要用全球性的眼光收集信息。

五、最全面的信息能孕育出最强的产品。

一切信息收集，都是为了孕育出最强的产品。

何为最强的产品？那就是向顾客展现新的"购买的理由"。

六、利用最强的产品——因为最强产品将驱动一切。

七、"第三代"概念将主动发送信息，"第三代"已不仅仅是传统意义上的服装零售企业。

将最好的信息以独特的视点进行编辑，催生出最强的产品，通过公司内部的制造、视觉营销与沟通力，感染顾客，打动顾客。

八、企业的发展方向——全体工作人员在销售现场感知全球性的信息，思考信息。

九、在全世界范围内收集信息，在不同的国家，建立最适合当地的企业模式。

十、要实现企业的飞跃，必须超越企业发展的瓶颈。

优衣库将超越服装业，以全球性的商品驱动生产、设计、研发和企业结构，进化为能主动发送信息的制造零售业。

（迅销2005年10月13日发表）

这个宣言具体来说，就是将零散的策划、生产、销售计划、促销、店面以可视性的形式串联起来，朝着"优衣库的全球化"这一明确方向努力。

那么这个充满魔法的词语——"第三代服装零售企业"究竟意味着什么呢？

要理解什么是"第三代服装零售企业"，最好的方法莫过于解读柳井正对"现代消费"的认识。

柳井正并不认为商品本身具有多大的吸引力，他认为决定购买的关键反而是商品的形象或各种信息的价值，"不断向外主动发送信息"才是今后服装零售企业的要点。所以在柳井正眼中，"服装就是信息"。

以此为前提，我们来依照前面的宣言看看优衣库的"第三代服装零售企业"。

第一代服装零售企业以20世纪80年代后期崭露头角的美国企业GAP和LIMITED为代表。它们依靠牛仔裤、休闲装等单品取得了成功。

第二代服装零售企业包括ZARA（西班牙）、H&M（瑞典）等欧洲企业，主打流行时尚，从20世纪90年代中期开始飞速增长。

第一代的定位是"单品"，即产品；第二代的主语是"流行时尚"，即概念。而媒体吹风会上并没有明确给出第三代服装零售企业的定义，只是说目前尚未出现超越这两代的第三代。

但柳井正不同于他的同行，他不认为服装等于时尚。至少他的一贯主张是"流行时尚不是购买服装的唯一原因"。那人们是为了什么买衣服的呢？答案是："功能、材质、舒适度、轮廓……即那件衣服所拥有的信息。"

而且他还在《一天放下成功》中写道：

商品本身要好，而且这种商品拥有的"信息"要对消费者有价值，再加上广告宣传商品的形象。其中还有一个大前提，那就是要让消费者理解优衣库这个企业的态度，要让消费者产生"因为是优衣库的产品，所以我要购买"的想法。将各式各样的相关信息伴随着商品本身同时传达给消费者的自有品牌销售企业，就是我所定义的第三代零售业。

所谓的"第三代零售业",简单地说就是不光要制造、销售商品,还要通过有持续性的企业活动发送信息,创造出新的价值,并进一步唤起顾客的购买欲。总的来说,就是宣言中最后讲的"进化为能主动发送信息的制造零售业",或者说,"第三代已不再是单纯的零售业"了。

不过从生产硬件角度看,优衣库的商务模式不仅称不上第三代,反而更接近第一代的GAP,简直是经典服装产销理论中的传统企业。

优衣库刚起步时的确模仿过GAP。其实优衣库与GAP的相似点很多,从商品的企划、生产到上架,至少需要几个月的时间,是以"少品种大库存量"为前提的产品推出型(product-out)企业。这种企业是很难及时跟上瞬息万变的时尚潮流的,所以它们的主要商品只能是基本款。

第二代零售业,即ZARA和H&M。它们的更新周期一般只需要几周,拥有明确的快速上架体制,所以它们是市场融入型企业,能够及时反映时尚潮流。而且它们的基本方针是"多品种少库存量",这样也能减少库存造成的风险。

如此看来,第二代的进化程度明显要比第一代高。那第一代的代表GAP与优衣库的商务模式之间有什么不同,优衣库为何是第三代呢?

这种分类方法的前提是"服装等于时尚",以时尚潮流为定位,走的是传统型企业的单一性思维。

但这种分类方法中欠缺的思考就是柳井正所说的"热卖的原因"，包括功能、材质、舒适度、风格、手感在内。换言之，就是"附加价值等于信息"，比如HEAT TECH的功能就是"轻薄，但是很暖和，冬天穿很舒服"。

总而言之，一旦加入"发送信息"这样的思考（而不是只重视流行），我们就必须重组每一代服装零售企业的标准，进行与以往截然不同的分类。通过这种分类方法，我们定能发现GAP与优衣库的决定性区别。

当然，这些"热卖的原因"必须传达给顾客才行。优衣库将其视作顾客的需求，在开发商品的同时将"热卖的原因"和"购买的理由"宣传给顾客。

宣言中还有这么一段话：

何为最强的产品？那就是，向顾客展示"购买的理由"。

正如柳井正所说，在现代日本这样消费成熟度极高的国家，推动消费的最终手段只可能是信息。而且在零售业界信息才是最大的收益源。

当然，这里所说的信息并非数据或知识，而是"让消费者发现超乎商品功能的价值的源泉"。

在当今日本的消费市场中，商品、服务的价值一般能分为三个层次：以基本功能为基础，再加上"高品质"为附加价值，最后叠加各种各样的信息。

要提高品质，自然需要耗费相应的成本，但这样的成本结构一般是可视的，所以商品很难定出远高于成本的价格。信息则不然，只要方法得当，完全可以在几乎不耗费成本的情况下创造出巨大的利润。"信息才是最大的收益源"说的就是这个意思。

在传统业界，总是先有商品，再有店铺，市场营销和促销都是紧随其后的。

然而在今日的消费市场，信息已成关键，两者的关系也随之逆转。商品和服务不过是容纳信息的容器，而店铺与店面的员工则是发送信息的媒介。而且我们还需要采取逆转战略，为了有效发送信息，开发出最合适的经营模式和店铺。优衣库在世界各大城市开设的全球旗舰店就属于这种形式。

总而言之，今后光靠"把好东西做得更便宜"绝对无法取得胜利。在今后的零售业界，大胆创造新市场以推动消费的企业是必不可缺的，而优衣库就是这方面的排头兵。

"优衣库将从零售业企业变为营销与策略计划型的企业。"这是柳井正在2000年的分析师说明会上提出的。由此可见，柳井正的这句话已经讲了十多年且始终坚持。我们也能将这句话视作柳井正的决心：优衣库要创造一种独特的产业，不是传统的制造业，也不是服装业，更不是零售业。柳井正认为：

众多日本企业还没"睁开眼睛"，以为只要制造出了好商品就能卖得出去。但这年头是"酒香也怕巷子深"啊。所以我们必须自己构思企划、自己制造、自己宣传，再自己负责产品销售，否则就卖不出去、赚不了钱。

柳井正还认为，如果不能跳出制造业、服装业、零售业这样的传统框架，就无法创造出新的消费——

（传统产业中的）现有市场几乎被瓜分完了。所以我们不能指望着去争夺现有的市场，而是应该主动创造市场。比如苹果公司就没有被以往音乐行业和手机行业的秩序所束缚，开发了iPod、iPhone，还创造出了在线音乐销售、智能手机等一系列新市场与新产业。

苹果的确跳出了电脑制造销售业的束缚，形成了专注于市场营销与产品策略的崭新的商业模式，而优衣库则想在服装领域引领这股潮流。

第四章

要做适合所有人的服装

优衣库之所以能在商品销售方面取得如此巨大的成功，主要还是因为它革新了"休闲"这个概念，具体说来就是开创了"休闲便捷"这一新范畴。

　　在如今的消费者心目中，休闲装就是"日常生活中的便装"，这个概念与市场其实是由优衣库开创的。20年前，优衣库还没有开始飞速增长时，休闲装的定义还是"面向年轻人的潮流时尚，风格不定的服装"。从这个角度看，H&M、ZARA、Forever 21就是传统的休闲装，因为它们与这一定义完全吻合。

　　而优衣库除去了传统休闲装中的几个关键词——"年轻人""潮流""时尚"，而是将其转换成最贴近日常生活的"生活必需品"。说白了就是优衣库没有被传统的休闲装定义所束缚，没有把自己束缚在有限的休闲装市场中，而是创造出了一个范围更广的新休闲装市场，并将其逐渐扩大。

　　不过优衣库有不得不这么做的原因。这个原因，源自优衣库的起点。

　　优衣库初期的成长舞台是地方城市的郊外公路边。这种地段的租金成本较低，且当时还没有其他休闲装连锁店竞争，因此一切顺利的话就能迅速开出多家店铺。地方城市的商圈规模较小，几乎没有对高敏感度的流行时尚的需求，所以这种地段也最不适合将目标人群锁定为年轻人，可以说是最不适合推出前沿流行商品的地段。

优衣库的产品概念是"休闲便捷"。它故意不锁定消费者的年龄与性别，以"Noage·Unisex"[1]为目标，专做受众广、不会过时的基础款，并以拥有绝对优势的低价格，确立了在小商圈也能站稳脚跟、十分独特的企业定位。

当时的日本并不存在优衣库这样的店铺，而郊外的小商圈是一片"空白市场"，连竞争对手都没有。这就是"先入者优势"，优衣库就这么轻而易举地掌控了这片市场。

传统的休闲装与优衣库倡导的休闲装看上去大同小异，其实却有着根本性的不同。要理解优衣库的优势与本质，就必须先理解这一点。

最好的证据莫过于，许多企业误以为"优衣库是郊外休闲装连锁店"，没有认清本质就想复制优衣库的成功，贸然进入这一市场，最后以失败告终。

1994年，笔者第一次采访了柳井正。当时他曾说："休闲装并非受众单一的市场，恰恰相反，那是一个规模宏大的大众市场。"

---

1 Noage·Unisex，直译为没有年龄限制，男女皆宜。初期的优衣库商品并不区分性别，但近年来开始生产能够区分男装和女装的产品。

优衣库主打不锁定目标人群的基础休闲装，它仿佛黑洞一般，吞噬着日本国民大众的服装需求，最终证明了柳井正的话。

与其他竞争对手相比，"不锁定目标人群"的优衣库在占领市场方面有多大的优势呢？让我们仔细分析一番。

比如，优衣库最大的竞争对手H&M与Forever 21在东京的银座、原宿等市中心闹市区开设了大型旗舰店。两者的店里虽然有一些男装与童装，但10～39岁的年轻女性顾客却占了九成之多。

而优衣库的店铺遍布大城市与中小城市。店里男女老少都有，有一家三口一起逛的，还有年轻的情侣，完全看不出优衣库的"主要客户群"。反过来说，它的市场规模与销售机遇的确会比竞争对手大出不少。

2010年的日本人口调查显示，日本10～39岁的女性约为2149万人，占到总人口的16.7%。H&M与Forever 21的目标群体——15～34岁的女性约为1384万人，不过占总人口中的10.8%。而优衣库的目标客户群，5～64岁的全性别人群，约有9215万人，占到了总人口的72%。换言之，优衣库的市场是H&M与Forever 21的4.3倍（72%÷16.7%）到6.7倍（72%÷10.8%）。优势非常明显。

市场的扩大不光有定量的一面，还有定性的一面。

H&M与Forever 21的购买动机几乎只有一条，那就是"短时间的时髦"，而优衣库的需求还多了"日常生活"这一层。因此优衣库的市场规模能呈几何级数扩大。

优衣库特有的战略其实是偏离了现代营销理论的，甚至可以说它完全背离了营销学的常识。

众所周知，说起商品开发中的营销战略要点，首先就是明确自身的STP，即市场细分（Segmentation）、目标市场选择（Targeting）、市场定位（Positioning）。也就是说，先对市场进行分类（市场细分），再明确要把商品卖给谁（目标市场选择），最后决定要如何将自身的产品与竞争对手的区分开（市场定位），通过这几个步骤发挥出商品的特性，确立竞争优势。

然而，优衣库并没有锁定市场、目标人群与定位，从结果看，它的做法完全否定了"为商品差异化而存在的市场营销"。从市场营销常识的角度看，优衣库甚至在开发没有个性与特征、处于竞争劣势的商品。可这也正是优衣库的最大优势所在。那我们该如何解释其中的矛盾呢？

其关键在于"现代商品战略中的差异化陷阱"。市场竞争的激化导致过度的差异化竞争。所有竞争者都时刻保持差异化，这反而造成了"同一化"。现在的企业很容易陷入这个陷阱，这种"刻意保持差异化而没有差异"的倾向在服装行业尤为明显。

优衣库与那种盲目的差异化竞争划清了界限，而是踏实进军了"所有年龄段与性别都能穿的低价基础款休闲服装"市场。仔细一想，这个市场早就存在了，而且规模非常大，不过也许正是因为这个巨大的市场出现得太早，反而成为其他商家的盲点吧。

而且优衣库的一贯主张是，"服装不是特别的消费品，休闲服就更不用说了，休闲服应该是优质的生活必需品"。

1994年，柳井正在提及"休闲服是大众商品"之后，还补充道：

> 我们做的服装，是适合所有人的服装，是男女老少都能穿得舒服、穿得合适的便装。从这个角度看，衣服和可口可乐、啤酒、洗洁精一样，都是普通的消费品。"面向年轻人的羽绒服""面向老年人的毛衣"之类的思路本就是错误的。

这正是优衣库在休闲装制造销售领域的一贯态度。

当年摇粒绒系列红遍大江南北的时候，"优衣曝"一词也是脍炙人口。所谓"优衣曝"，顾名思义就是别人一看就知道你身上穿的衣服是优衣库的，曝光了、撞衫了。

比如晚秋时节的早晨，老人们穿着优衣库的摇粒绒外套出门遛狗，却发现同时出门遛狗的街坊邻居全穿着一模一样的摇粒绒外套；小孩子去上课，到学校发现半个班的孩子都穿着优衣库的衣服……

优衣库的衣服的确价廉物美，但要让别人看出自己身上穿的是优衣库，或跟别人撞了衫，终究还是有些难为情的。

当时的优衣库的确是男女老少都在穿的国民服装，但"优衣曝"这个词中也包含着嘲笑、鄙视廉价服装的成分。

如今的优衣库却并没有这样的负面形象，那是因为优衣库的产品价廉物美、功能多，会选择优衣库商品的人才是有头脑的消费者；反而那些"打肿脸充胖子"，穿一身与自己不相符的外国名牌的人才不够理智。"赚多少钱花多少钱"的价值观更助长了优衣库的势头。

当然，优衣库的成功不仅仅是市场的因素。因为在此期间，优衣库采取了各种措施，强化了自身的品牌形象。优衣库的媒体组合战略本就因视觉冲击力大、有品位而广受好评，而且优衣库不光通过媒体发出信息，还在世界各大城市开设了旗舰店。此外，它拍摄的广告还荣获了世界性的广告大奖，在网上推出的"UNIQLOCK"[1]宣传活动也博得了满堂彩。

在这些措施的协同效果下，优衣库的品牌形象在这10年里有了质的飞跃。如今还有不少年轻人表示"优衣库很酷"。

总而言之，优衣库已经赢得了所有人的信任，是人们能抬头挺胸穿着的"真正意义上的国民服装"了。

在优衣库全球战略的强化之下，"国民服装"正在逐渐转变为"世界服装"。

不锁定年龄段、性别的"Noage·Unisex"这一理念进化成了

---

1 优衣库推出的一个博客插件。

以日本所有国民为对象的"National Clothing"（国民服装），接着又打破了民族与国家的壁垒，发展成了"Global Clothing"（世界服装）。

在这个过程中，优衣库的企业任务也发生了显著变化。早期的优衣库旨在"销售市场最低价，任何时间、任何地点、任何人都能穿，时尚性且品质优良的基础休闲服"，但2008年后的年报中则改成了"创造真正优良的、拥有前所未有新价值的服装，向全世界的人们提供穿着的乐趣、幸福和满足感"。

优衣库还在2010年的年报中加入了"优衣库的服装，是'MADE FOR ALL'（创造给所有人）"这一标语。

优衣库的服装，是创造给所有人的。

世界上有各种服装：有流行的服装，有源自成衣定制的昂贵服装，有快速时尚服装，还有反映各国历史和传统的民族服装。优衣库的服装，优衣库想制造的服装并不属于上面的任何一种，优衣库的服装是"MADE FOR ALL"（创造给所有人）。

国籍、年龄、职业、性别，优衣库的服装超越了所有分类。人们可以根据自己的风格随意组合，每天都能享受舒适的服装。优衣库是简约但不可或缺，能改变人们的生活方式，具有划时代意义的服装。与世界上的任何一个品牌都截然不同，优衣库将把这种思路、这种服装推广向全世界。

优衣库的目标是：改变服装，改变常识，改变世界。

优衣库发生的变化可以总结为以下五条：

一、"拥有时尚性且品质优良的基础款休闲装"被替换成了"真正优良的、拥有前所未有新价值的服装"。从中我们可以看出，优衣库并不拘泥于休闲服的框架，而是致力于开发和提供更具普遍意义的崭新的服装。

二、"任何时间、任何地点、任何人"这类抽象的词句换成了具有明确定位的"全世界的人"。这也是建立在"世界服装"这一理念上的转变。

三、优衣库要提供的不光是商品，还有"乐趣、幸福与满足感"这些抽象的价值，这便是"服装等于信息"的体现。

四、"市场最低价"一词不见了，这源自优衣库的"世界品质宣言"。

五、优衣库以"MADE FOR ALL"为标语，展开了以"所有人"为目标的企业活动。这种活动的目标正是以社会事业为起点的、覆盖全世界40亿贫困人口的大众市场的扩大。"世界服装"——这也意味着一场前所未有的服装市场营销革命。

ユニクロの服。それは、
MADE FOR ALL

世界には、いろいろな服があります。オートク
チュール。プレタポルテに端を発するハイエンド
ファッション。ファストファッション。あるいは民族
衣装のように各国の歴史や伝統が色濃く反映さ
れたもの。ユニクロがつくる服、つくりたい服は、
そのどれでもありません。ユニクロの服。それは、
「MADE FOR ALL」。国籍。年齢。職業。性別。
人を区別するあらゆるものを超えた、あらゆる人々
のための服。世界中の人々が、それぞれのスタイル
で自由に組み合わせ、毎日気持ちよく着ることが
できる服。シンプルで必要不可欠でありながら、
ライフスタイルをも変えていく革新的な服。世界の
どのブランドとも違う、この考え方を、この服を、
ユニクロは今後ますます世界中へ提案していきます。
―わたしたちユニクロの目標は、「服を変え、常識
を変え、世界を変えていく」。 MADE FOR ALL ユニクロ UNIQLO

图4-1　优衣库2010年年报

第五章

最理想的模式是少品种、多库存

优衣库在每一季度投放的新商品数不过500种。近年来优衣库开设的新店以1500～3000㎡级别的大型店为主，其店面面积是老店两倍还要多，但这些大型店铺中商品数量也只是保持这500种。

　　例如，2011年10月开门迎客的全球旗舰店"优衣库纽约第五大道店"的店面面积是5000㎡，但这家店也没有打破优衣库的原则，开张时店里也只有500种商品。

　　不太熟悉服装零售业的读者们可能会问，500种怎么了？

　　其实这是个非常少的数字。与其他自有品牌服装企业（ZARA、H&M）相比，优衣库的商品数还不到竞争对手的十分之一。而选择从供货商处采购的岛村就更不用说了，它的商品种类奇多，优衣库只有它的1%左右。

　　让如此彻底的"少品种、大库存量"体系形成良性循环，正是优衣库最大的优势，也是优衣库成功的关键。但这种模式也隐藏着巨大的风险。成功了，便是一本万利；卖不出去，库存就会堆积成山。因为它的产品种类少，但是产量巨大。

"不必要、不急需"的服装，是赌博成分很大的销售模式的代表，而且库存风险一般会每四年循环一次。所以普通的服装零售商会增加商品种类以抵消这一风险。而之前提到的岛村则以不补货的方法来规避风险，正所谓"有多少卖多少，卖光不补货"。

"少品种、大库存量"是优衣库的一贯方针，优衣库最为厌恶因缺货造成的机会损失。"要让每一款产品大卖，统统卖光，不产生任何机会损失，也不产生任何库存损失。"就是这种精神，让优衣库比同行们更加强大。

在行业内，从没见过像优衣库这样每个季度都进行高风险产品销售策略的企业，而且优衣库还将这种策略视作理所应当。更何况优衣库还是一家销售额即将突破1万亿日元大关的超大规模服装零售商。

不过优衣库的原则也不是完全没动摇过。2010年的秋冬季，大型店铺的商品数量就增加到了1000～1500种，虽然还是不及其他企业的商品数量，但已经远超优衣库之前的一贯方针，后来，这个方针导致2011年收益减少，而优衣库的上一次收益减少还是在4年前。事后，柳井正反思失败的原因，一针见血地评论道："每个商品的成熟度都降低了，导致消费者不知道优衣库究竟想卖什么。"

换言之，优衣库的结构与同行们几乎完全相反，商品品种一旦增加，库存风险就会增大。从店面角度看，增加商品品种反而会因为体现不出优衣库的特色而让顾客产生犹豫。

之后，柳井正自上而下修正了产品生产的理念，阻止了品种数量的进一步膨胀。从2011年起，产品数量恢复了正常水准，一个季度500种。说到底，优衣库还是最适合突显产品特性的营销模式，而柳井经常挂在嘴边的话是："如果一个季度只生产一种产品，那才是最理想的模式。"

对贯彻少品种产品策略的优衣库而言，每一种商品都是至关重要的。既然优衣库要用十分之一的产品数量战胜竞争对手，就必须在每一种产品中注入10倍的能量，提高产品的精度与品质，这是优衣库的产品理念。也就是说，优衣库在商品开发上倾注的热忱与执着绝非其他服装零售企业所能比的。

至少对优衣库而言，产品销售的战略，并非跳过批发商的成本节约战略，也不是针对其他企业的相对差异化战略。优衣库的产品销售战略，是指"绝对品牌战略"，也就是通过商品传递信息，传递出企业本身的态度。从这个角度看，优衣库已经不是普通的零售商，反而更接近制造商。

众所周知，优衣库商品的主要采购、生产地是中国。即使是现在，优衣库正在推进产地的多元化策略，但它八成左右的产品还是"MADE IN CHINA"（中国制造）。

早在20年前，也就是20世纪90年代初期，优衣库便开始委托中国工厂进行生产。当时也有不少服装界的同行在中国设有生产基地，但它们只是为了削减成本，而优衣库则更看重产品的质量。

在中国，优衣库最初就设立了采购事务所，这样就能不通过中间商直接与中国的缝纫工厂交涉。这么做的目的是构筑起稳固的订单体制。日本的生产部门负责人还频频前往中国，亲自负责管理产品和生产品质等工作。

而且在当时，优衣库还找过许多为欧美大型零售商或国际名牌生产产品的一流工厂。但这些工厂广受全世界零售业和著名服装生产商的追捧，不愿接受"日本来的新面孔"下的订单。

迅销的执行董事、生产部负责人国井圭浩说过："要超越GAP这种海外大型企业，就必须整合（订单的）数量。"

当时优衣库在中国这个生产大国还是小企业。于是只能通过减少商品种类，将一种产品的生产套数扩大至数万、数十万件，这样才能以优于其他公司的条件找到生产商。

优衣库的商品理念——突显信心的产品销售策略正来源于此。优衣库从不在产品设计和品质上妥协，总是以创造出最好的商品为目标，提高每一个单品的生产数量并充分发挥出服装产销企业的优势，将其升华为优衣库特有的"必胜战略"，而不是将销售战略作为一个单纯的手段。换言之，拼命开发、销售那些精挑细选、千锤百炼的商品——这才是优衣库在行业的最强理念。

优衣库在中国共有七十多家合作工厂（优衣库将其称为伙伴工厂），而普通跨国服装企业一般会有几百家工厂。由此可见，优衣库在这方面也进行了大胆的"筛选"。迅销集团执行副总裁国井圭浩认为：

> 每家工厂每年平均875万件，换算成钱就是数10亿日元的订单。在跨国服装零售企业中，只有我们才会和每家工厂做那么大数额的交易吧。

不过能完成数量这么大订单的工厂，在中国也十分稀少，主要都是员工人数过万的巨型服装生产企业。这些企业中，不乏在合作过程中与优衣库共同成长，从合作之初到现在规模扩大了十余倍的例子。

这些大规模生产企业提供的是一条龙服务，从布料的制造到染色、印花、缝制，再到产品质检都一手包办。普通服装的生产模式是采取分工体制的，像这样进行整合性生产的企业实属罕见。优衣库之所以坚持整合性生产，是出于减少库存和物流等环节的考虑，也是因为这样做能提高产品的生产效率，但更重要的是，整合生产有助于保证产品的设计与品质。国井圭浩还表示：

> 我们没有工厂，但我们的意志能明确传达到制造过程中的每一个环节。这其中的关键是要让对方（伙伴工厂）明白我们的理念。与欧美企业相比，我们的要求会

更多一些，所以我们的合作条件也是十分严格的。也正因为这样，所以我们必须成为对对方最有利的客户。只为优衣库制造产品的工厂是有的，但我们会尽量将优衣库的产品份额控制在工厂生产总数的50%以下。

优衣库原则上不对伙伴工厂终止合作，工厂的总数也没有增减，但每隔5～10年会有两成左右的更新。在选定新工厂时，"能完成大额订单的规模"自然是必备条件之一，且新工厂还要达到优衣库的商品制造标准才能与优衣库签约。国井圭浩透露了以下内容：

> 最重要的签约条件是经营者的人格与志向。我们的目标是实现世界第一的完成度与品质，这超越了企业盈利的层面，我们需要工厂的经营者与我们站在同一战线上。从这个角度看，我们与生产工厂的经营者的关系是超越普通生意往来的。也正因为这样，优衣库不可能与太多工厂同时进行合作。因为维持如此紧密的关系，需要"庞大的能量"。

由此可见，成为优衣库伙伴工厂的条件，可以说是全世界最严格的。但只要满足了这些条件，人们就会承认这家工厂拥有高水平的技术与技巧。有些厂商只要说一句"我们是优衣库的伙伴工厂"，那欧美生产商的订单就会络绎不绝。所以工厂也能从与优衣库的合作中获益。

优衣库在中国上海与深圳设置了生产管理事务所。一百多位常驻当地的员工会频频造访伙伴工厂，监督产品的品质与交货时期。在这些常驻员工的工作指南中，足有五十多个需要检查的项目。

而在幕后帮助这些伙伴工厂提升制造水平的，是人称"能工巧匠小队"的三十多位日本技术专家。他们在染色、纺织、编织、缝制、工厂管理等方面拥有30~45年的从业经验，可谓"老手中的老手"。"能工巧匠小队"每周要去伙伴工厂指导数次，而其他跨国服装企业是不会如此频繁地派人前去生产第一线的。

"能工巧匠小队"的指导是从2000年才开始的。不过他们的指导也并非一帆风顺，甚至一度成为优衣库与伙伴工厂之间产生摩擦的主要原因。因为就算能工巧匠们的初衷是传授高水平的技术、提高产品质量，可在中国工厂的员工看来，他们不过是吹毛求疵、强人所难的日本人罢了。

双方都曾心存芥蒂，有过种种波折，但技术专家们还是坚持不懈地进行指导。渐渐地，原料浪费和次品率降低了，产品的质量提高了，工作效率也上去了……就这样，他们便一步步地赢得了伙伴工厂的信赖。

时至今日，技术专家们成了各家工厂争相邀请的红人。如前所述，和优衣库合作能带来其他公司的订单，那是因为从技术专家们身上学到的高水平技术是这些工厂的优势。

GU的990日元牛仔也离不开巧匠们的技术。国井圭浩对这一极低的定价条件表示：

> 定价那么便宜，照理说是不可能盈利的，可正因为我们有一批熟知生产背景、布料加工与缝制的能工巧匠，才能结合各种各样的经验知识，掀起了那场革命，并且还能保持企业的盈利。

只是这种"巧匠"制度正面临着一大难题：必须大幅增加巧匠的人数，培养接班人。在完成接下来提到的"中国+1"项目时，也需要更多的能工巧匠。所以能工巧匠当然是越多越好，可眼下的"三十人体制"已经是现在的极限了。

这些巧匠大多来自日本的纤维制造业。其实"呼朋唤友"也是很常见的情况，但拥有这类技术的人才已经越来越少。而且巧匠们年事已高，基本都年逾花甲，所以今后必须有意识地吸收更年轻的巧匠。

为此，国井圭浩正致力于培养中国的巧匠接替，并录用中国纺织专业毕业的应届生扩充巧匠的队伍。

总而言之，这群中国的伙伴立下了汗马功劳，今后他们也定能在中国以外的生产地发挥出更重要的作用。

自2010年起，曾将生产基地设在中国的服装企业开始想方设法摆脱对中国的依赖，这是因为中国的人力成本在这几年里成倍增长。因此各大服装公司开始将生产地转向人力成本较低的其他亚洲地区。

优衣库也在加紧推进生产基地的全球化。现在优衣库的生产国有中国、越南、孟加拉国、柬埔寨、泰国、印度尼西亚、斯里兰卡、印度、韩国和日本本土，但在中国的生产数量仍占到总数的八成之多。

优衣库力争在2012年度前将中国的生产比率降低到七成，但眼下的情况不容乐观。因为优衣库很难在其他国家轻易挖掘、培养出像中国的伙伴工厂这样既拥有高水平的技术、又能与优衣库齐心协力的工厂。

在这种情况下，国井最为期待的生产地便是孟加拉国。他希望孟加拉国成为优衣库"中国+1"项目的解决办法。眼下优衣库正与东丽等大型原料供应商一起，致力于将孟加拉国培养成仅次于中国的第二大生产地。

为什么选择孟加拉国呢？国井圭浩列出了四个原因：

一、政府有意发展纺织业，正举全国之力扶植（孟加拉国的出口总额中有85%为纺织制品）。

二、从员工到经营者人才辈出。

三、劳动力丰富，人力成本仅为中国的1/5。

四、孟加拉国是印度的邻国，而印度有望成为下一个全世界的生产、消费基地。

优衣库已在孟加拉国开设了生产事务所，并与当地的多家大规模工厂签订了合约。之前提到的能工巧匠中也有不少被派到了孟加拉国，竭尽全力对当地的工厂提供技术指导。

再介绍一下实际负责生产的执行董事国井圭浩吧。国井圭浩是从三菱公司跳槽到优衣库的。在2008年进入公司之前，他在三菱做了整整15年，一直负责三菱公司与优衣库合作的业务。他是海外生产拓展方面的专家，越南等国的优衣库生产基地就是他亲自开拓出来的。

在一次采访中，有人问道："在三菱工作和在优衣库工作有何不同？"国井圭浩回答道：

最初我还以为跳槽只是换个地方，干的活儿是完全一样的，没想到来了之后才发现自己想得太简单了。两家公司最大的区别就是效率吧。这里（优衣库）基本是一周一次考核，每年要拼52次（周）。换作三菱，忙的时候也不过一个月一次考核，不忙的时候甚至是一个季度才考核一次。我是做了很大的努力，才习惯了这种效率上的差距。

身为优衣库生产工作的负责人，国井圭浩有三个任务：

一、确立"在亚洲制造，在世界销售"的体制。

二、在2020年之前，将中国与其他产地的生产比例调整到各50%。

三、统筹集团所有子公司（优衣库、GU、希尔瑞等）的生产。

而这些任务的前提，也就是先决条件就是：确立销售额5万亿日元、销售产品50亿件的生产基础。从生产的角度看，这的确是史无前例的艰巨任务。

第六章

用自己的理念影响合作伙伴

《企业研究：东丽——死而复生的纤维的成长力》——这是2012年1月6日《日本经济新闻》"投资·财务版"上的一篇小专栏的标题。

企业研究：东丽——死而复生的纤维的成长力

纤维生产一直都是东丽的短板，分析师们将它比喻为"累赘"，但东丽的纤维生产项目重新突破了。2012年的部门利润为450亿日元，比前一年增加了39%，占预期企业经营利润的四成，时隔8年之后，重回"产出榜"榜首。新世纪伊始时，纤维生产的毛利率仅有1%～4%，而本年已经暴涨至7%，与现在帝人公司[1]的3%形成鲜明的对比。

---

1 成立于1981年，原名帝国人造丝公司，是日本第一家合成纤维公司。现在的帝人公司，生产范围已扩大到精密化工、工程塑料、医用材料等多个方面。

众所周知，东丽是日本最大规模的合成纤维制造商。虽然进行了多元化经营，但纤维生产在集团销售额中仍占据了四成左右的份额，是东丽最主要的部门之一。但从这篇报道中也能看出，东丽的纤维生产一直满足于低收益，并不算是支柱产业。

纤维事业之所以能再次成为东丽的高收益部门，最大的原动力莫过于东丽与优衣库的生产合作。

2011年，东丽与优衣库生产的功能性内衣HEAT TECH狂卖1亿件。要保证商品的高品质，从原材料加工到成品整合生产，再加上疯狂的供给量……放眼世界，能做到这样的恐怕也就只有东丽了吧。

如今日本的纤维产业受到亚洲其他新兴国家的挤压，早已辉煌不再，所以人们常将纤维产业视作最具代表性的衰退产业部门。

诚然，日本的大型合成纤维生产商已经纷纷开始缩小纤维部门的规模，并撤出收益不佳的领域。2003年，帝人公司叫停了尼龙的生产，而旭化成公司则撤出了丙烯纤维。如今，能覆盖到三大合成纤维（尼龙、聚酯、丙烯）的生产商仅东丽一家。不过这也意味着东丽的竞争对手少了，更容易发展现有事业。但东丽之所以紧咬纤维市场不放，并不是仅仅看中了"市场幸存者优势[1]"。

"作为一项全球化事业，纤维产业还有上升的空间。"战后

---

1 指市场行情低迷或者过度竞争，导致大部分企业退出市场后，剩余的极少数企业主导市场的优势。

的东丽中兴之祖前田胜之助（现任名誉会长）在回答《日经商业周刊》的采访时这样说。柳井正碰巧读到了这篇报道，突然有一种英雄所见略同的感觉，便唐突地造访了东丽。

东丽本就对纤维事业充满热忱与信念，这也就是东丽的经营理念。这份信念，是让东丽保持纤维事业的主要原因。

2011年4月，东丽公布的中期经营计划中将纤维视作支柱产业，力争进一步发展纤维产业。东丽的现任社长日觉昭广曾说，"纤维产业是潜力巨大、还处在成长期的产业，绝不会越做越小"，而优衣库与柳井正是引出这种潜力的原动力。

2000年4月，柳井正率领优衣库的全体董事前往东丽，拜访了时任会长的前田胜之助和社长平井克彦。柳井正称："东丽的全球化纤维事业，我深感共鸣。"他提出："希望东丽成为优衣库世界战略的合作伙伴"。

"那天是柳井正社长直接与前田会长洽谈，优衣库的其他董事则在另一间会议室与平井社长交流。"东丽现任常任理事小川彰是少数当时在场的东丽员工，他是负责对接服装企业与量贩店等零售最前线的老手，因此东丽公司便选中了他专门负责优衣库的业务。

小川称，柳井正提出了两个要求：

一、希望东丽成立一个专门负责优衣库的部门。

二、希望由东丽的社长直接管辖该部门。

东丽立刻答应下来。不到一个月，东丽便正式成立了"全球运营战略（Global Operation）推进室"，作为东丽集团面向优衣库提供材料、技术的综合性窗口，并由与集团专务同级的纤维总部长兼任推进室室长，如此便能达到社长直辖的效果。从那时起小川就开始专门负责该项目。

专项部门成立后，优衣库与东丽就开始共同开发新产品了。AIR TECH、Dry T-Shirt、HEAT TECH、BRA TOP……优衣库最具代表性的人气商品接连问世，投入市场（详见表6-1）。优衣库的"摇粒绒系列"是高潮的顶点，2001年共有2600万件摇粒绒衫被一售而空，而该系列的原材料几乎都是由东丽提供的。

仅看这些合作成果，实在难以想象两家公司在合作过程中有什么冲突。但就连小川再说起当年合作的进程时，也不禁感叹"那是分歧不断、波折不断、火药味十足的"。

毕竟两家的企业文化与价值观截然不同。优衣库是积极大胆的新兴企业，是直接在销售的最前沿面对消费者，而东丽则是"B2B"，以企业对企业的营销交易为主，是十分自持的老字号生产商。

两家公司最根本的区别就是效率，之前提到的国井圭浩也指出了这一点。东丽的业务是以"月"为考核、结算单位的，但优衣库是以"周"为单位。

表6-1　优衣库与东丽的
主要合作内容与功能性商品的发售

1999年	从防寒外套领域开始合作。
2000年	东丽内部设置"GO推进室",专门负责优衣库业务。
	开始"摇粒绒"专用的聚酯纺丝的合作。
	发售了两家共同开发的,使用100%聚酯的功能性内胆棉材料的"AIR TECH"。
2001年	"Dry T-Shirt"发售。
2003年	阳离子易染异型截面聚酯与中空纺丝的产品"HEAT TECH"发售。
2004年	带罩杯的背心"BRA TOP"发售。
2006年	两家结为战略合作伙伴。
	"次世代材料开发"项目启动。
	"HEAT TECH"系列大卖1200万件。
2007年	"STYLISH WHITE"(白色防透面料的女裤)发售。
	"HEAT TECH MOIST""HEAT TECH PLUS"(保温性男女内衣系列)发售。
2008年	"SILKY DRY"(质感柔滑且吸汗的夏季内衣系列)发售。
	机洗不缩水的"可机洗毛衣"发售。
2009年	仅有206g重的"ULTRA LIGHT DOWN"(轻型羽绒夹克)发售。
2010年	"第二期战略合作伙伴"关系结成。
	"CONFORT MIX SPORTS"(高舒适度运动夹克)"防紫外线开衫"发售。
2011年	"新ULTRA LIGHT DOWN""新HEAT TECH"发售。

出处:根据优衣库、东丽的新闻稿制成。

我们这种生产商的产品开发不是一天两天的事。

这种理念上的差异，造成了非常严重的分歧。对方（优衣库）总是在彼此沟通过不久之后就追着我们问：有什么进展没有，可我们只能说，"时间这么短，能怎么样啊"。于是双方为了这类事起了不少冲突。

小川彰

在这种状态下，还要共同开发商品的话，就需要再往前跨一步，两家公司需要签署合同，用法律束缚对方了。

2005年，当时东丽的社长榊原，在优衣库举行了一次"管理人员养成讲座"。双方便以此为契机，展开对话，终于在2006年6月正式结成了战略合作伙伴关系。

这种"战略合作伙伴关系"的协约中并不包含资本关系，而是指两家公司朝着同一个目标努力，实现从原材料到最终商品的全面合作，其中包括企划、开发、生产、物流等环节。这的确称得上"前所未有的新商务模式"。

协约中还明确规定了两家公司的交易金额——2005年到2010年，材料和产品的供给额为2000亿日元以上。值得一提的是，在那之前的8年（1999—2006年）中，双方的累计交易额也仅为1000亿日元。然而，截至2010年，两家公司的实际交易额为2400亿日元，超出原定目标两成左右。

战略合作伙伴关系的结成也改变了东丽的经营态度，让其将更多的注意力转向消费者（末端用户）。小川彰表示：

> 我们曾是一家典型的B2B企业。但签署合同之后，我们就变成了B2C企业。换言之，东丽掀起了一场意识革命，我们意识到优衣库不再是我们的顾客，而是我们的合作伙伴，真正的顾客其实是消费者。

尤其是双方签署合约后立刻启动，并持续至今的"次世代原材料开发项目"[1]。双方各派出15～20名员工参加会议，每次都是唇枪舌剑，火星四溅。

小川彰这样评论双方在会议与磋商的过程："双方渐渐有了默契，意识上的摩擦不断地减少。"而且有了HEAT TECH大卖1200万件这样的成功案例，战略合作更是风生水起，"两家公司开始齐心协力，共创辉煌"。

那这个项目组是如何开发人气商品的呢？

比如2008年发售的"可机洗毛衣"。从项目确立到完成，足足耗费了两年的时间。优衣库的商品价格低廉，所以"可机洗"的研发难度很大。因此，"能用洗衣机洗的毛衣"是优衣库提出的开发主题中优先度较高的一项。

---

1 包括"美与健康"、"SUPER NATURAL"（超自然感）、"生态"、"FUNCTION&CONFORT"（功能性和舒适性）、"现有产品革新"，下分73个项目，而且每周都会举行例会。

然而，就算用上东丽最先进的技术，量产机洗毛衣的难度依然很高。东丽做了几十种试验品，效果却不尽如人意。项目组只能放弃，将这个项目打入冷宫，但有一位东丽的女员工坚持不懈，将毛衣带回家里，用自家的洗衣机反复尝试了一年之久。小川等人听说她的努力之后，大为感动。后来，小川彰便决定集结开发组的力量，再度挑战，终于在历经千辛万苦之后，获得了成功。

小川彰说："要是就这么放弃了，'可机洗毛衣'这种划时代的商品就不会有面世的一天。打那以后，'好的主题决不能轻易放弃，要钻研到底'成了项目组成员的口头禅。"人气商品粉墨登场的背后，离不开专家们坚持不懈、脚踏实地、永不言弃的努力。

"次世代材料开发项目"十分重视日常生活中的需求，力求开发出"应该有却没有的商品"，比如白色防透布料、防紫外线布料等。项目组会同时跟进30～40个主题，但能实现量产化的不过一两成而已。超人气的HEAT TECH就是这其中的一个主题。

HEAT TECH自2003年进入市场，每年的销售量都能翻倍，2011年甚至卖出了1亿件之多，创下了空前绝后的纪录（累计销售量3亿件，详见表6-2）。放眼全世界，还没有任何一种单一材料的服装能卖出这么多。所以HEAT TECH已成为远超摇粒绒系列的优衣库超人气产品。

HEAT TECH之所以能取得如此巨大的成功，离不开优衣库与东丽的共同努力。HEAT TECH系列每年都会推陈出新，性能不断提升，功能不断丰富，就好像电子产品或手机一样。而且，优衣库的HEAT TECH一直没涨过价。

如表6-2所示，2003年HEAT TECH刚进入市场时，只有发热、保温这两项基本功能，但到了2004年就多出了抗菌、干爽这两项功能，2005年加入保湿功能，2007年加入伸缩性，2009年加入防静电、不变形这两项，2011年加入了除臭、更轻薄……每一年都有新功能。

其实笔者有一件早期的HEAT TECH，与最新的HEAT TECH一对比就会发现，在温暖度、舒适度、手感、贴身感、轻薄感、除静电效果等方面，新产品要明显优于旧产品。

HEAT TECH的进化过程，离不开优衣库与东丽长达9年的艰苦研发。他们历经几百次讨论、尝试与实验，才产出了现在的HEAT TECH。

值得关注的是，HEAT TECH之所以能实现这么多附加价值，正是因为它是"用合成纤维做成的"。如果是100%棉、羊毛、麻等天然纤维，绝无法实现如此之多的功能。

日本的经济高速增长期就是合成纤维的全盛时期，而合成纤维的最大卖点就是它的多功能性。耐脏、防皱、机洗、牢固、轻巧……这些特点深受大众的喜爱，正因为如此，合成纤维成了服装原材料之一。可不知不觉中，服装业界掀起了"时尚大过功能"的旋风。人们越发喜好天然材料，将合成纤维打入冷宫。供应商也遗忘了合成纤维固有的魅力，迟迟没有进行任何的开发。

表6-2　不断进化的HEAT TECH

2003年	HEAT TECH发售	"发热""保温"功能	
2004年	HEAT TECH（男款）	追加"抗菌""干爽"功能	
2005年	HEAT TECH（女款）	追加"保湿"功能	卖出450万件
2006年	HEAT TECH（女款）	提升"保湿"功能	卖出1200万件
2007年	HEAT TECH（男女款同时）	追加"伸缩"功能	卖出2000万件
	HEAT TECH（女款）	提升"保湿"功能	
2008年	开始在全球销售		卖出2800万件
2009年	HEAT TECH（男女款同时）	追加"防静电""不变形"功能	卖出5000万件
2010年	HEAT TECH（女款）	丝线更细，手感更顺滑	卖出8000万件
2011年	HEAT TECH（男款）	追加"除臭"功能	卖出1亿件
	HEAT TECH（女款）	"更轻薄"（10%）、提升"保湿"功能	

出处：根据优衣库、东丽的新闻稿制成。

然而，在优衣库的推动下，人们又开始重新关注起服装商品的多功能性。

这种情况下，柳井正向东丽提出了新的建议：

你们拥有的合成纤维技术，是难能可贵的财富，但之前，你们却没有好好利用这种技术。就让我们携起手来，让合成纤维在全世界大放异彩吧！

小川彰称："我们本就是合成纤维生产商，是柳井正先生让我们回忆起了创业的原点与精神。"

不过东丽之所以能立刻接受柳井的提议，也是因为它不像其他同行那样放弃了纤维事业，而是坚持不懈地开发合成纤维的技术。从这个角度看，优衣库与东丽的合作可谓"命中注定"。

对优衣库而言，要开发出能在世界大舞台上占得一席之地的商品，要保证商品的供给，就必须与全世界首屈一指的纤维生产商东丽进行合作。如此一来，优衣库也就拥有从材料的原丝阶段开始设计产品的可能性，可以拉开与其他公司的差距了。

小川彰这样定义东丽与优衣库的合作："能让我们公司充分发挥出三大特征（全球化、整合化、全种类）的强力伙伴。"

而现在，优衣库依旧是东丽最大的交易对象。因此东丽的优衣库专项部门，也是优衣库与东丽合作的窗口——"全球运营战略推进室"正在不断扩充战斗力与功能。除了推进室的员工，东丽集团还有一百多位专门负责优衣库业务的人员。

2006年，东丽的石川工厂新设了一条专门用于HEAT TECH的原丝生产线。在东丽悠久的历史中，从没有出现过为某种产品专设生产线的情况。2007年，东丽又将一条现有的聚酯纤维生产线划归优衣库专用，还在2010年追加了一条专用生产线。这三条生产线全速生产，才能满足1亿件HEAT TECH的需求。

2010年7月，柳井正与时任东丽社长日觉昭广签署了"第二期战略合作伙伴关系"，合作时间为2011—2015年。预计这五年的交易额将比上一期增加约七成，达到4000亿日元。

第二期合同中明确规定，"要创造拥有史无前例的全新价值的服装，提供给全世界的顾客"，并将目标定为"联合优衣库的产品销售策略与东丽最引以为傲的纤维技术，集日本企业之力，在全球范围开创新的成长模式"。

在签约仪式的记者招待会上，柳井表示："希望今后能与东丽一直合作，在每一个国家分别建立从制造到销售的所有职能与部门。"他的视线，已然投向了全球。

为推进与优衣库的全球合作关系，2010年东丽在中国的研究基地"东丽纤维研究所"中设置了专门处理优衣库业务的部门，并派出多位专任研究员常驻中国，在优衣库的最大生产地中国展开面向优衣库的原材料研发工作。不仅如此，东丽还充分运用了公司原有的印尼、越南等国的生产基地，稳步推进项目的进程。

与此同时，东丽还在优衣库的委托下，在孟加拉国设立了面向优衣库的新工厂，并于2011年4月正式投入生产，致力于将孟加拉国打造成"中国+1"项目的核心。该工厂主要生产功能性内衣，原丝的编织、染色到缝纫都在这家工厂完成（只有丝线是采购的）。这家工厂月产量可达100万件，且聘用了约1600名当地员工。

现在由两家公司共同开发的功能性内衣中，只有两成左右是在中国以外的国家生产的，而优衣库提出要在2015年之前将这个比例提高到五成。东丽的孟加拉国工厂就是它们的主要生产基地。现在，这个工厂的第二期扩建工程也已经破土动工。

第七章

五次变革，重新洗牌

优衣库曾有过五次重大变革。

第一次是1984年，作为家族企业的第二代经营者，当时35岁的柳井正成为小郡商事的社长，也正是在那一年，柳井正开了第一家门市店。普通的男装小店由此踏上了营业额增长160倍、利润增长千余倍的成长之路。

第二次是1991年，公司的名字从"小郡商事"改为"迅销[1]"。之后，优衣库开始更为迅猛的飞速扩张。这就是柳井所谓的"从休闲装商店到休闲装连锁店的蜕变"。

第三次是1998年，位于东京的原宿店开业及摇粒绒促销活动开始。摇粒绒热潮滚滚而来，优衣库顿时成为红遍全日本的著名品牌连锁店。

第四次是2005年，柳井正再次就任社长[2]，迅销转为持股公

---

1 Fast意为"迅速"，Retailing是零售，公司的理念是打造像快餐一样，随时随地，谁都能吃得到（穿得了）的服装零售业，即将顾客的需求迅速转化成商品的企业理想。
2 柳井正曾于2003年辞去了社长一职，就任公司的会长。

司。当时柳井宣布，要亲自指挥"重建优衣库项目"，并确立"于2010年达到集团销售额1万亿日元、经营利润1500亿日元"的目标。

第五次为2009年，柳井正在当年9月的事业战略说明会中提出"于2020年集团达到销售额5万亿、经营利润1万亿日元"的目标，力争成为"世界第一的服装制造零售集团"。

从这份"履历"看得出，优衣库从不安于现状，也不满足于过去的成功经历，总是蜕变成结构截然不同的新企业，并依靠这种蜕变，突破每一个时代。当然，这种蜕变的力量离不开苛刻的自我革新和坚持不懈的努力，更离不开对增长与扩大的强烈意志、追求与执着。

当然，优衣库的发展绝不是一帆风顺的。在笔者眼中，优衣库的发展轨迹简直像云霄飞车一样，忽上忽下，总让周围人捏一把汗。不过也可以说，优衣库总能以减速和危机为跳板，如同鲤鱼跃龙门一样，焕然一新。

其实优衣库在这20年里交替重复着飞速增长期与停滞减速期，每隔3～5年就有一个循环。增长的幅度越大，减速的冲击就越大。不过，脱离危机之后，优衣库便能实现爆炸性的增长。接下来就让我们按照时间顺序，逐一说明。

◎ 黎明期：1972—1980年

柳井正的起点在他的故乡——山口县宇部市。当时他的父亲经营着两家服装店。1972年，也就是40年前，他父亲将这家店交到了他的手中。柳井正说：

> 大学毕业之后，在父亲的建议下我进入吉之岛（现在的永旺）工作，不过干了10个月就辞职了。辞职之后，我在东京无所事事，甚至打起了去美国留学的主意。真是悠哉的"少爷时代"啊！

最终，柳井正被父亲召回了老家，继承了家中的服装店。因为他父亲还有一家建筑公司，而那边的工作比较繁忙，所以父亲就放手服装店，让柳井正管理了。服装店共有两家，一家是男装店，另一家卖休闲服（VAN shop），两家店的年销售额不过1亿日元左右。

柳井正虽然没在吉之岛待多久，但也算是见过什么叫"近代零售型企业"的人。见自家的商店效率如此之低，收益如此之差，他便坐不住了。

柳井正天生认死理，又是个直肠子，面对比他老资格的员工也是直言不讳，"这里应该这样""那里应该那样"……柳井正的确是在为店铺着想，但员工们总觉得自己的做法被柳井正完全否定了，心里自然不痛快。"不懂事的小少爷突然冲进来指手画脚，真是狂妄自大。"

公司原有7名员工，可柳井正进公司不到两年，就有6人辞职不干了，唯一剩下的就是现在的优衣库常务监察董事浦利治。从结果看，只剩下柳井正与浦利治反而更有利于优衣库的创业，也提高了创业的决策速度。

店中的"大掌柜"辞职时，父亲也没有责备柳井正，不仅如此，父亲还将最重要的公司存折与正式印章偷偷交给了他。当年，柳井正才刚满25岁。[1]

拿到正式印章的那一刻，柳井正便下定了决心："没有回头路可走了。既然父亲把公司交到了我手上，我就绝不能失败，必须竭尽全力。""经营者柳井正"的起点，正是从"父亲与正式印章"开始的。

员工都走了，浦利治所有事情都要亲力亲为。零售业尤其费神，进货、上架、整理库存、接待顾客、销售、查账、清扫……要忙的事数不胜数。虽然柳井正忙得不可开交，但他在忙碌的过程中却品出了生意的趣味，也察觉到了自己的确适合干这一行：

> 我本是个很内向的少年，自认不适合做生意，没想到做着做着竟发现我也行。

---

1 此时的柳井正只是代父亲管理，并没有实际职位。

因为生意的基础就是"独立思考，自主行动"，而这特别合柳井正的性格。时至今日，他仍会苦口婆心地教导员工要做"独立自主的生意人"。

不过柳井正并不擅长接待顾客，他也说过，"我不擅长接待顾客，所以更适合构思不用推销员就能卖出去的休闲装"。这就是他放弃男装转向休闲装的原因所在。

宇部是个地方城市，信息比较闭塞。为了弥补这一缺陷，柳井疯狂地浏览最新的时尚杂志和业界报刊，还会每年去欧美国家视察一次。GAP（美国）、LIMITED（美国）、ESPRIT（中国香港）、Benetton（意大利）、NEXT（英国）等休闲服装连锁店曾让他大开眼界。

参观美国大学生社团的服装店时，柳井正收获了创立优衣库的灵感。那家店是"自助式"的，坚持贴合顾客需求的自助服务，店铺的设计完全站在购买者的角度。这种休闲装商店轻松便捷，不用推销就能把衣服卖出去。柳井正心想，就不能在日本开一家这样的店吗？

1984年，35岁的柳井正继承了父亲的衣钵，成为社长，并于同年6月2日在广岛市的闹市区袋町开出了优衣库1号店，得偿所愿。店的全名为"Union Clothing Warehouse（随时随地都能挑选服装的仓库型店铺）"，简称为Uniqlo。

店铺理念为：像卖周刊杂志一样，自助贩卖低价休闲装的店铺。它的宣传语是"衣、饰、自由"。

无论任何行业，成功企业的第一家店总是凝聚着创业者本人的想法与个性，优衣库1号店也不例外。店铺的装潢设计充分反映出了柳井喜好简约合理、厌恶虚饰与束缚的性格。

店铺的入口放着旋转台，上面摆着金属材质的购物篮，选完商品之后再去集中收银台结账。在当时的休闲装业界罕有如此完全的自助式店铺。总而言之，日本从没有过这样的店铺。虽然细节上还有很多不到位的地方，但优衣库1号店所带来的冲击毋庸置疑。

从1985年起，优衣库保持每年开出数家连锁店的速度。不过刚起步的优衣库还没有产生设计，而是直接从批发商和生产商进货，与普通休闲服装店无异。

商品的价格的确低廉，但质量却也不敢恭维。正所谓"便宜没好货"，这也让柳井正十分郁闷。经典款商品和人气商品需要以"特别订单"的形式通过海外生产商进行生产，但因为品质管理体系还不够完善，所以经常出现推迟交货或货品质量参差不齐的情况。渐渐地，柳井正便打定了主意：必须由我们自己进行生产管理，直接在制造服装的产地建立事务所。

1986年，柳井前往香港寻找廉价的货源，不料竟在香港顿悟了服装产销的真谛。出差时，他造访了LIMITED的供货商——佐丹奴公司（Giordano）。事后，柳井正如此回忆道："在与佐丹奴的洽谈过程中，我逐渐察觉到，也许我也能建立像他们一样的经营模式。"

于是柳井正开始依样画葫芦，开始自主管理生产（委托海外工厂生产），并让公司逐渐走上轨道。1988年，他在香港设立了采购事务所，开始向中国、越南等地的缝纫工厂直接下单，在所有门市店引进了POS系统[1]，率先着手构筑库存管理系统。1989年，他为了强化自身企划商品的开发体制，在大阪府吹田市开设专用于企划的"商品部大阪事务所"，还在宇部市设立了配送中心，以强化物流业务。在此期间，他进行了各种先行投资，做好了充分准备，仿佛他早已预料到了优衣库的成功。

这是优衣库巩固企业基础的时期，也是飞速增长之前的黎明期。自20世纪90年代起，日本经济泡沫崩溃，而优衣库却开始了"逆市场发展的20年"。

◎ **成长期：1991—1995年**

1991年，优衣库逐渐建立店铺网，总部管理体系与自主开发商品的采购体制也建设完毕，迈出了自有品牌销售连锁化的第一步。也就是这一年，公司的名字改为"迅销"。

优衣库还开拓出一片独特的新市场——郊外中性休闲服装，并

---

1 POS（point of sale）系统，是将商品信息制成条形码，销售时只需要扫描条形码就可以完成销售信息的录入和保存。POS系统可提高企业的经营效率，加强企业的货品协调和管理。

且飞速扩张，一举成为日本国内休闲装领域的龙头企业。1995年的销售额为486亿日元，直逼500亿日元大关（同比增长46%）。经营利润为45亿日元（同比增长67%）。

店铺网络也覆盖到了整个西日本地区（包括九州在内）。1992年，优衣库的店铺数量突破50家；1994年优衣库进军关东地区，店铺数量突破100家。同年7月，以迅销株式会社的名义在广岛证券交易所完成上市。此时距离优衣库的1号店开门营业不到10年。上市后，优衣库筹措到了约130亿日元的资金，开店速度便越来越快，以每年50家新店的节奏展开了一场闪电战，可谓势如破竹。

那么优衣库初期的成功要素是什么呢？可以总结成以下五点。

一、发展初期便确立了低成本的海外（中国）采购型服装经销体制。

二、面向广阔的目标人群，构筑能在小商圈成立的"便捷消费"市场。

三、减少产品种类，扩大交易量，将品质与价格的"价值感"提升到极限。

四、贯彻"总部主导型销售"的模式，通过《员工业务指南》实现店铺的"自动贩卖系统化"。

五、在郊外的公路边大量设立统一规格的标准型店铺，率先抢占市场。

前三点就不再赘述了，在此对后两点略加解说。

首先是第四点"自动贩卖系统化"。零售业对人的依赖度很大。因此要开出连锁店，就必须培养众多人才。但优衣库开店速度太快，根本没有时间与精力慢慢培养人才。

因此优衣库从一开始就致力于完善细致的《员工业务指南》，如此一来，就算新员工没有零售业的经验，也能迅速成为店铺的战斗力。但几年之后，优衣库不得不彻底推翻这种方式。至于其中的原因，我们稍后再说。

第五点，初期优衣库的成长舞台是在"郊外的公路边"，这也是优衣库特有的成功战略。优衣库选择的地段都是郊外的公路边，而店铺面积也都控制在500㎡左右，都建成平房，将建筑成本压缩到最小。如此一来，押金与建设合作金等初期投资就能控制在6000万～8000万日元。而每家店的平均年销售额为3亿日元左右，这些店铺主要销售优衣库的自有产品，毛利率约为40%，比其他休闲服企业高出许多。因此优衣库总能在2～3年内迅速回收初期投资。

"如果不能在第一年度创收，就没有在那个地段开店的意义。"这是柳井正常说的话。优衣库贯彻的是短期回收方针，土地、建筑物签的都是租赁合同，尽量避免折旧负担。现在，"可持续式经营"已成零售业的常识，但在日本"最先吃螃蟹的人"正是柳井正。

现在的优衣库进行新投资时也是遵循同样的原则。在过去的5年（2007—2011年），优衣库的新开店铺数量与关门店铺数量是325∶196，约3∶2。至少在其他上市零售企业不会像优衣库这样，店铺变化得如此频繁。

因为投资回收得快，优衣库才能大胆放弃不良地段，或曾繁荣一时但却逐渐衰败的地段，以及因竞争对手出现而产生竞争的商圈。

在郊外公路边开店时，优衣库还用到了极其经典的手法——时间差资金，如此一来就能源源不断地开出新店了。什么是时间差?

新店刚开张时生意会特别好，于是就能利用"新店的销售额"（流动资金）与"原料供应商和生产厂家的支付"（结算）之间的时间差，用这笔资金去开新店。从理论上看，只要重复这个步骤，就算资金为零，也能迅速扩张。

不过这种做法会伴随着"拆东墙补西墙"的风险。有许多近郊型企业就是被这么拖垮的。开店良性循环一旦停止，一切便会土崩瓦解。但优衣库的良性循环从未停止过，这是因为它的市场营销、商品、销售流程等方面与其他企业截然不同。它的独一无二，保证了"先入者优势"的细水长流。

◎ 停滞期：1996—1998年

1996年前后，虽然优衣库继续保持新店增收策略，但现有店铺的负增长趋势越发明显。1996年到1998年，优衣库连续三年下调预期业绩额，这也是优衣库首次面临增长的瓶颈。

1997年秋，优衣库的店铺数量突破300，与此同时，优衣库一口气推出了30多家以细分市场为卖点的"FamiQLO"（针对家庭顾客）、"SporQLO"（体育休闲装），但效果都不尽如人意，不到一年便统统关门大吉了。这两种店之所以没能一炮打响，是因为没能在商品层面上与优衣库区别开，并不明显的差异化给顾客的选购带来了不便。

市场上出现的"优衣库极限说"，使优衣库的股价跌到了1000日元上下，是上市以来的最低价。优衣库究竟出了什么问题？

总的来说，当时优衣库的低迷来源于所谓的"连锁店病"与"顾客的厌倦"。总部主导体制效率的确很高，但过分追求总部主导，反而会带来种种弊端。

仔细想来，"第一成长期"的成功要素都是站在卖方的角度说的。优衣库的确开拓出了一片新市场，但连锁店开到几百家，顾客们已经习以为常，起初的"喜欢"与"好奇"也会消失不见。而且优衣库的生产、销售方式是完全的产品推出型。它否定了市场精细化的思路，将周转时间较长的、海外采购来的商品无差别地推给各个分店，让分店大量销售。在第一停滞期，这种制度的弊端就体现出来了。

起初，标准化的店员服务与态度还会给人以新鲜的印象，但消费者一旦习惯，就会产生厌倦心理。

优衣库要打破停滞期，实现新的飞跃，就必须进行一场彻底的企业改革。

面对这种情况，柳井正产生了危机感，"要是不重建公司的体系，公司就完了，必须尽快采取措施，否则后果不堪设想"。于是他迅速着手进行企业结构的改革。

他的第一步，便是极为激烈的"高层大换血"。

企业的决策保守，厌恶变化，想要维持现状……这些情绪常会扎根于拥有决定权的高层。他们的成功经历越是深刻，企业改革就越是容易沦为空话。也许只有下定决心进行高层大换血，或是吸纳更多年轻血液进入管理层，才是从根本上改变企业管理结构的捷径。然而，这个方式需要耗费巨大的精力，也需要企业领导的准确判断，甚至对企业领导的魄力和冷酷都有所要求。领导必须有足够的魄力，否则就无法力排众议，稳固员工动摇的决心。

柳井正大刀阔斧地进行了改革。到2000年，他替换了7位董事中的5位，只留下他本人与专务堀端雄二（2003年11月离职）。新董事为副社长泽田贵司（42岁，进入公司33个月）、常务堂前宣夫（31岁，进入公司17个月）、常务森田政敏（38岁，进入公司16个月）、董事中岛修一（36岁，进入公司71个月）、董事玉塚元一（37岁，进入公司14个月）。职务、年龄与入社时间是以2000年2月的数据为准。之前提到的浦利治，也不再担任执行董事一职，而是就任了监察董事。

新上任的5位董事都是从其他公司挖来的商界精英。他们之前所在的都是名声在外的大公司：伊藤忠商事、日本IBM、麦肯锡公司……

我们不得不感叹柳井正手段了得。无论是什么企业，都需要配合企业的成长阶段，灵活替换董事，有时也需要从外界招聘新鲜血液，但像柳井正那么彻底的情况非常罕见，而且他找来的甚至是没有零售业经验的人。不过正因为如此，他们才能帮助柳井正实现之后的大胆变革……

而"第一成长期"的幕后功臣们几乎全部离开了优衣库。这么想来，就算是以冷酷著称的柳井正也定然心如刀割吧。但他的危机意识之强，对下一次成长之执着，远远超过了对老员工的留恋。

第二步，是改变企业的经营结构，从"总部主导"切换为"店铺主导"。

以往的优衣库是从总部到店铺的，方向单一；但如此改革之后就能从店面吸收顾客的需求，并配合顾客的需求去供给、销售相应的商品。这项改革彻底扭转了业务的目的与过程，不是"如何销售已完成的商品"，而是"如何尽快发现能卖得出去的商品"。

为此，优衣库提出了一项革命性的业务改革方针，取名为"ABC（ALL BETTER CHANGE）改革"。所谓ABC改革，就是"为实现从总部主导型经营到店铺自立型经营的转变，在全公司进行的意识、行为、结构变革活动"。而ABC也是26个英语字母的头三个，其中也包含着"从头来过"的意思。

柳井正称，这项改革的意义是让公司上下认识到"最重要的不是总部，而是在接触顾客的销售现场"。

1998年6月，所有优衣库门市店店长齐聚公司的山口总部。柳井当着他们的面，亲口讲述"ABC改革"的必要性。"配合顾客需求的变化，重审商品、卖场、促销等方方面面，做到一切从店铺（店长）开始，构筑能长期受到顾客支持的、划时代的商业模式。"

ABC改革的具体措施涉及业务的方方面面，在此列举几条主要举措。

一、通过集中优化中国的委托生产工厂（从140家压缩到40家），提高制造精度与品质。

二、重组供应链——确立更加灵活、可在销售期间追加生产、更为细致的可调整型生产体制。

三、从"柳井正独裁体制"转为新董事们组成的"经营专家小组体制"。

四、执行店铺单品（SKU = Stock Keeping Unit，库存量单位）管理，在一部分店铺实行店铺下单制度。

五、重视地区、重视各家店铺，并配合这一方针对组织进行改革——将全国分成14个大区与55个小区，新设经理与高级经理职务。

六、完善与业绩挂钩的工资体系，引进超级明星店长制度。

七、否定"过分细致"的工作指南。

八、确立以"周"为单位的会议体制。

柳井正不惜否定优衣库的固有路线，大胆改革，为优衣库的进一步飞跃奠定了坚实的基础。

◎ 成长期：1999—2001年

企业结构改革带来了超乎预料的成果。1999年9月，销售额负增长戛然而止，到2001年8月，优衣库的现有店铺竟创下了连续34个月同比增长的新纪录。之前迟迟不见增长的业绩，也在当年达到了销售额1110亿日元（同比增长33.6%）、经营利润141亿日元（同比增长123.8%）这样难以置信的增长。市场的态度出现了180度大逆转，纷纷欢呼喝彩："优衣库，奇迹般的触底反弹。"

从结果看，ABC改革也为之后的"优衣库大跃进"——摇粒绒系列与东京原宿店的成功开张奠定了基础。

1998年秋冬季，优衣库举全公司之力开展的摇粒绒促销活动效果显著，系列商品大卖200万件；1999年，优衣库的850万件摇粒绒服装一售而空；到了2000年秋冬季又卖出了2600万件，创下了日本史无前例的纪录（后来该纪录被HEAT TECH打破）。

与摇粒绒一起协助优衣库大创辉煌的，正是于1998年11月开门迎客的优衣库东京原宿店。

"郊外的优衣库反攻市中心了"。大众媒体和时尚杂志对优衣库原宿店与摇粒绒系列的争相报道，提升了优衣库的公众认知度与品牌形象。再加上优衣库开始有意识地向电视台、报社、各类杂志媒体提供兼具话题性与原创性的高质量新闻稿，优衣库的品牌知名度有了一个质的飞跃。

优衣库的激增就此开始。2001年8月是这场激增的巅峰，优衣库创下了日本服装企业的新纪录：销售额4186亿日元（同比增长82.8%）、经营利润1032亿日元（同比增长70.7%）。不仅是服装业界，所有产业界都被优衣库的傲人业绩惊得咋舌。

因为原宿店取得了空前的成功，优衣库便开始逐渐改变选址策略，从"郊外公路边独立式店铺"转为市中心或交通枢纽的专卖店大楼、郊外Shopping Center购物中心大楼内等。

◎ **停滞期：2002—2005年**

有高潮就有低谷，近乎狂热的优衣库热潮于2001年秋季平息。冲得越高，摔得越痛，2002年和2003年，优衣库遭遇了史上首次销售额、利润连续两年大幅度减少。其间，销售额更是暴跌1000亿日元以上，减少的幅度比之前提到的"第一停滞期"还要大。

2002年，优衣库成立了一家新的子公司，取名"FR FOODS"，以"SKIP"这一品牌进入食品销售业界，但不到两年就关门大吉了。

这一年，柳井正53岁。他希望起用更年轻的掌门人来渡过难关，便旁敲侧击地打探了一下副社长泽田贵司（当时44岁）是否有意就任新社长，但泽田贵司以"我想自立门户"为由，坚辞不受，并于2002年5月离开了优衣库。

之后，柳井正又选中了玉塚元一（当时40岁）。玉塚曾在旭硝子株式会社工作，在职期间前往美国攻读了MBA，之后跳到日本IBM工作，最后来到了优衣库。玉塚元一是兼具知性与霸气的青年商界精英，也难怪柳井正会对他如此器重。

2002年11月，玉塚就任社长，"柳井正（CEO）玉塚（COO）体制"正式起航。然而这对高层组合甚至没撑过三年，2005年9月，柳井正撤下了玉塚，重新出任社长一职（兼任会长）。

然而，柳井正曾多次挽留，希望玉塚能继续担任优衣库的海外企业并购项目的负责人，但玉塚还是毅然离开了优衣库。柳井正的"第一次交接班"宣告失败。

前任副社长泽田贵司在离开优衣库之后，于2003年成立了企业再生基金"KIACON"，负责过多个大项目。之后，泽田为进一步发展业务，在2005年解散了KIACON，成立了新的公司"Revamp"，并邀请当时刚离开优衣库的玉塚元一担任经营伙伴，在业界引发了轩然大波。之后，玉塚前往乐天利（LOTTERIA）担任会长兼CEO，又从2011年1月起担任了罗森（LAWSON）的副社长一职。

柳井正换下玉塚重新出任社长一事引发了业界的种种臆测与批判。"他只是想让玉塚背黑锅吧！""到头来还是柳井正一个人说了算！"这些是最具代表性的意见。如果优衣库是个"普通"的企业，如果柳井正是个普通的经营者，倒是可以下这种判断。

从普通人的角度看，玉塚不惧重压，出色地完成了任务。他在就任社长后的第一年（2003年），就成功地止住了业绩下滑趋势，并在2004年时隔三年重新实现了销售额、利润双重增长。由此可见，玉塚的经营管理能力是十分优秀的。

然而，2005年8月，销售额继续增加，经营利润却减少了8.6%。柳井正认为玉塚应为利润减少负责，并因此撤掉了玉塚的社长职务。

在《一天放下成功》中，柳井正对玉塚做出了客观的评价：

> 他止住了销售额下滑的趋势，实现了销售额连续两年增长，这一点值得肯定，但利润的减少却实在不应该。如果是革命性挑战之后，销售额增加但是利润减少也就罢了，可公司如果是在"稳定增长"状态，公司高层当时抱有"就这样下去能行"的想法，我就不太满意了。毕竟我不想让优衣库沦落为普通公司，缓慢的增长速度是无法让我满足的。

看来"普通"的经营方式终究与优衣库无缘。柳井正尤其看重高增长率与收益率,并执着于变化与革新,因此他定是无法忍受玉塚的"坚实经营"吧。

当年柳井正在接受采访时坦率地道出了心声:"光靠精英,无法将企业带到下一个阶段。"他还用相当严肃的口吻说道:"玉塚的确很优秀,但我也察觉到,精英的能力也是有限的,至少他无法从根本上改变一家公司。不光是玉塚,其他董事也存在这个问题。"

之前提到的五位新董事中,现在已有三人(泽田、森田、玉塚)离开了优衣库,即使是被视作"柳井正接班人"的堂前宣夫也在2007年11月离职,不过他2008年4月回到了优衣库,还担任了迅销集团首席执行董事一职。

柳井正对董事们的要求是水涨船高,因此他与董事们之间总有着不可避免的紧张与争执。这一直是优衣库的优势,也是优衣库的一大难题。

不过,重新掌管第一线的柳井正惊愕地发现:"所有部门都出现了敷衍了事的现象,员工们忘记了冒险精神,染上了大企业病,再这么下去公司就垮了。"

柳井正断言:"我这样的创业经营者要是不果断进行改革,那么成为跨国企业的梦想定会化为泡影。"于是他操刀,大举进行企业结构的再次改革。

2005年11月,迅销转为持股公司。在迅销的监督下,各个子公司明确了各自的职责与目标，形成了一套不互相依靠的组织体系。与此同时，柳井正还在迅销与迅销旗下的核心事业公司优衣库贯彻了委任型执行董事制度。他还喊出了三大战略关键词："再创业""全球化""集团化"。时至今日，这三个关键词仍是迅销的最高政策。

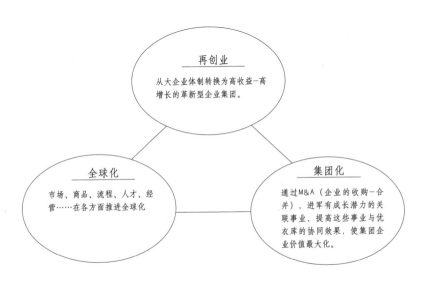

图7-1　事业结构改革的3大战略关键词

在人才方面，柳井正又请来了两位精英担任企业高管。一位是曾在日本GE（通用电气）担任副社长的松下正（当时45岁，2009年2月离职），另一位是伊势丹出身、在波道夫·古德曼（Bergdorf Goodman，美国高级百货商店）担任过董事统筹部部长的胜田幸宏

（41岁，现为集团执行董事）。

在组织方面，柳井正按照不同职能的事业部，重组了原来的企划管理部、市场营销部、生产管理部等职能组织，明确了各自的责任；并于东京、纽约、巴黎、米兰等世界主要城市新设了研发中心（Research and Development），作为搜集和开发产品销售策略信息的基地。

优衣库也没有放慢进军海外的脚步，除了英国与中国之外，优衣库又于2005年9月开设了韩国、美国与中国香港分店。

不仅如此，优衣库还积极地进行了企业并购。2004年收购Link International（现在的Link Theory Japan）和National Standard（日本女装品牌），2005年收购One Zone（原·丸富鞋业）、COMPTOIR DES COTONNIERS（法国女装品牌），2006年收购丹丹公主（法果内衣品牌）、Cabin（日本女装品牌）、VIEWCOMPANY（鞋业品牌）。

◎ **成长期：2006—2009年**

柳井正重新出任社长后的第一年（2006年），集团销售额刷新了过去五年的最高纪录，销售额达到了4449亿日元（同比增长15.9%），经营利润为723亿日元（同比增长23.4%）。集团的经营利润比当时的专卖店企业中业绩最好的山田电机（2006年结算额为626亿日元）足足多出了100亿日元。至少从销售业绩角度看，优衣库"杀了回来"。

不过，优衣库的完全复活与名副其实的"第三次增长"，还要等到2008年，因为2007年优衣库再次以"销售额增加利润减少"告终。

但从2006年起，优衣库将大型专卖店视为"今后的成长引擎"，所以开始大量开设大型店面。大型店的面积是标准店（店铺面积800㎡）的两倍，足有1500㎡。与此同时，优衣库继续疯狂地"推倒重建"（关闭标准店，新开大型店）。2006年11月，优衣库在纽约的新店面积为5000㎡，是当时世界最大的"全球1号旗舰店"。优衣库之所以如此重视大型店，是因为柳井正认定："优衣库要成为世界企业，就必须完成店铺的大型化。"

然而，"大型店主义"却成了阻碍优衣库产品销售的主要原因。因为店铺大了，商品的种类就会变多。这就造成了"因为商品种类的增加，而淡化了优衣库的特色"。而且大型店主要以市中心和交通枢纽为主，即便开在郊外，也会选择人气较旺的购物中心。"从郊外的独立式店铺到大楼"这一趋势也随着大型店的普及而越发明显。

开在这些地段的大型店不光要增加商品数量，还会不可避免地偏向潮流，注重时尚，而这也与优衣库的特色不符。这一类商店总会将一小部分时尚商品摆在最显眼的地方，形象看似不错，但会实际购买产品的目标客户群非常小。如此一来便形成了库存增加、利润率下降的恶性循环。

如前所述，增加商品数量、重视时尚潮流会扼杀优衣库的优势——少品种高库存量的产品策略。随着企业的扩大，不断推进的分工制造体制更加剧了这一趋势。柳井正最为担忧的"保守的大企业模式并与工作的敷衍了事"，在产品销售的第一线越发明显。再次出任社长的柳井正决定更进一步，关注销售第一线。2007年9月，柳井正担任了所有商品部门的产品策略部总部长，又在10月担任起了生产部门的总部长，亲自监督商品生产的全过程。

其实，柳井正原本就有检查所有优衣库商品的习惯，但2002年玉塚就任社长之后，他就将生产与产品销售交给了玉塚管理。所以，这也是柳井正时隔五年重回生产销售第一线。

在创业经营者大刀阔斧的改革之下，优衣库恢复了以基础款为主的商品线，少品种高库存型产品策略就此复活。此举可谓立竿见影。HEAT TECH与BRA TOP也是在这种体制下接连问世的。

从结果看，柳井正不光是优衣库的绝对掌权者，也是能在困境中发挥指航灯功效的超级明星。这也许就是优衣库迟迟无法完成交接班的原因之一。

从2008年开始，优衣库再次回归销售额、利润连续增长的路线。2009年，优衣库时隔八年之后，再一次刷新了利润纪录，并于2010年将纪录改写为销售额8148亿日元（同比增长18.9%）、经营利润1324亿日元（同比增长21.9%）。以"如日中天"形容这一时期的优衣库真是再合适不过了。

表7-1　2009年度百货商店、超市现有店铺销售额的前年对比

单位：%，▲为负（括号内为服装的前年对比）

2009年	百货商店	超市
1月	▲9.1（▲11.9）	▲3.7（▲10.9）
2月	▲11.5（▲14.5）	▲5.3（▲15.5）
3月	▲13.1（▲17.4）	▲4.0（▲11.4）
4月	▲11.3（▲13.5）	▲3.7（▲11.7）
5月	▲14.0（▲17.5）	▲2.0（▲10.7）
6月	▲8.8（▲11.1）	▲4.4（▲12.3）
7月	▲11.1（▲15.6）	▲4.8（▲13.7）
8月	▲8.8（▲11.3）	▲2.5（▲12.9）
9月	▲7.8（▲10.5）	▲2.4（▲6.1）
10月	▲10.5（▲13.6）	▲5.2（▲8.8）
11月	▲11.8（▲15.6）	▲8.0（▲14.4）
12月	▲5.0（▲6.8）	▲5.0（▲2.2）

出处：百货商店数据来自日本百货商店会协会，超市数据来自日本连锁店协会。

　　2008年秋，全球金融危机带来了严重的通货紧缩。与此同时，外资快速时尚企业纷纷登陆日本，广受消费者的追捧。

　　尤其是金融危机后的2009年，日本经济笼罩在通货紧缩的阴影之下，众多零售商在前所未有的业绩泥沼中苦苦挣扎。不必要、不急需的服装行业就更不用说了。

如表7-1所示，2009年度（1~12月）的百货商店、超市的现有店铺销售额惨不忍睹，而其中下滑最严重的"罪魁祸首"正是服装。百货商店、超市的服装部门的负增长幅度也要比平均水平高出不少。

但优衣库最不怕的就是通货紧缩，也最擅长利用通货紧缩为自身创造有利条件。所以对优衣库而言，通货紧缩就是机遇。

表7-2　服装专卖店企业的2009年度现有店铺的前年对比销售额增减率

（单位：%）

企业名	1月	2月	3月	4月	5月	6月	7月	8月	9月	10月	11月	12月
优衣库	5.7	4.2	7.9	19.2	18.3	6.4	▲4.2	5.6	31.6	35.7	7.9	11.5
岛村	▲8.0	▲9.2	▲5.0	3.3	6.9	3.2	3.0	▲4.5	9.3	▲0.1	▲5.5	2.6
Point	▲1.9	1.2	▲8.0	▲3.0	1.8	0.7	▲4.4	▲11.0	0.6	▲6.2	▲7.9	3.5
西松屋	▲4.2	▲4.8	▲6.7	0.3	▲9.6	▲6.2	▲6.6	▲6.3	5.1	▲12.2	▲12.1	▲0.8
Light-on	▲6.3	▲13.2	▲14.7	▲8.2	▲11.7	▲13.4	▲13.5	▲23.4	▲2.9	▲18.8	▲23.7	▲4.0
好俪姿	▲14.7	▲17.9	▲22.9	▲7.7	▲3.7	▲13.8	▲17.5	▲11.4	▲4.2	▲14.3	▲22.1	▲9.5

根据各企业数据制表。

不过，其他廉价服装专卖店的日子并不好过。如表7-2所示，除了优衣库，就只有岛村还勉强过得去，Point、西松屋连锁等以往的"常胜将军"，现有店铺销售额也接连出现负增长的情况。

而Light-on、好俪姿的跌幅甚至比百货商店和超市的服装部门还高，而且这种趋势渐成常态。

那么优衣库为何能在这一时期独领风骚呢？优衣库与其他廉价服装连锁店的决定性区别究竟是什么呢？答案不言而喻，正是"新市场创造"。日本的服装市场已然进入了"仅仅是便宜，无法卖出去"的时代了。

巧合的是，来自瑞典的H&M在金融危机爆发的2008年9月登陆日本；2009年4月，来自美国的Forever 21也开出了日本1号店。

这些外资快速时尚品牌之所以能大受欢迎，在通货紧缩时代取胜，正是因为它们"创造了新市场"。

优衣库与外资快速时尚企业两者乍看相似，其实截然不同，但在这个通货紧缩的时代竟催生出了同样的效果，引发了"话题共鸣"现象。所以它们才能将其他服装零售商甩得老远。

优衣库于2009年迎来了创业60周年[1]的纪念日。对优衣库而言，这一年也是充满变化的一年。

2009年的决算创下了优衣库的新纪录，比摇粒绒热潮的全盛期还高。

除此之外，优衣库还在当年引发了不少话题。3月，集团旗下GU发售的"990日元牛仔裤"简直卖疯了，许多大型超市也被卷入了这场"低价牛仔裤战争"中。同年3月，优衣库与闻名世

---

1 柳井正的父亲于1949年创立了"小郡商事"，即迅销的前身。

界的时尚设计师吉尔·桑达（Jil Sander）签署顾问合约。4月，优衣库的新加坡1号店开门迎客，同时在东京的新宿西口开出一家仅次于银座店的市中心超大型店（店铺面积约1700㎡）。同年10月，优衣库还在巴黎的歌剧院地区开设了全球旗舰店（店铺面积约2000㎡），实现了优衣库进军巴黎的夙愿。这些店的人气都大大超出了预想。同月，优衣库还在全世界的所有店铺同步发售了与吉尔·桑达的合作品牌——"+J"。

优衣库的销售额也是一路高歌，就好像压根没有不景气这回事一样，惹得服装业同行分外眼红。尤其是2009年9月、10月，秋冬季新款刚刚上架，日本国内的优衣库店铺的销售额增长率竟接连突破30%大关，势头一直持续到2009年末。

就连柳井正自己也不太确定的"海外优衣库事业"也走上了轨道。中国、韩国的优衣库人气经久不衰，而新加坡店、巴黎店的情况也十分乐观，美国纽约的全球旗舰店首次盈利……好消息接连不断。

优衣库决定乘胜追击，于同年9月2日举行的事业战略说明会上提出"要在2020年前实现集团销售额5万亿日元，经营利润1万亿日元"的目标，并明确宣布要"称霸世界"。当时优衣库是全球第五的服装生产销售企业，而柳井正放出话来，要在10年之内超过各大竞争对手，成为当仁不让的王者。

柳井正的计划是，"先称霸亚洲，再成为世界第一"。他在说明会上公布了2020年国内外优衣库事业的销售额目标——4万亿日元，其中亚洲（包括日本在内）为3万亿日元，占了75%。仔细想来，柳井正的构想虽然大胆且宏伟，但当年的优衣库的确有那股势头，足以让世人相信"要达到这个目标也许并不难"。

◎ 停滞期与成长期：2010年至今

然而，优衣库在进入2010年后再次减速，进入了第三次停滞期。2010年1月之后，优衣库好景不再，现有店铺的销售额开始呈现出负增长。

尤其是2010年3~8月，现有直营店铺销售额同比减少6.4%，2010年9月至2011年2月的跌幅扩大到9.9%。2011年全年，现有店铺销售额创下了自2003年（摇粒绒热潮后的低谷）以来的新低。

柳井正为此次减速找到了一些原因：

一、迅猛增长结束之后的反作用力与核心商品的不足。

二、牛仔的UJ系列等春夏商品与市场营销配合不够。

三、当年秋天气温太高，导致秋装销售额降低。

四、经营的重点转移到海外店铺，优秀店长被派往海外，导致国内销售力的低下。

但柳井正认为，最重要的原因是"轻易增加商品数量"，以及"轻易将商品策略往时尚性的方向倾斜"。

为此，优衣库从2011年开始将商品数量恢复到原来的水平（约500种），回归"以基础款为主，添加少许时尚性"的优衣库方式。2011年3～8月，现有店铺销售额总算勉强超过了前一年，但也仅仅超过了0.4%而已。

　　以摇粒绒、HEAT TECH为代表的人气商品，带来了优衣库热潮，同时也带动了其他商品的销售额，于是优衣库就顺势增加了商品种类，并扩充了时尚潮流类的商品。渐渐地，这类商品占据了店面的主要位置，而优衣库引以为傲的基础商品则被赶去了角落。如此一来，优衣库的特色就被埋没了。

　　这种状态的优衣库虽然会受到都市年轻人等部分顾客的欢迎，但针对所有人的优衣库基础商品的营业额就会下跌。为改变这种情况，优衣库就会强化"少品种高库存"的产品策略，孕育出新的超人气商品……如此循环。

　　总而言之，时尚与基础的平衡，是优衣库永恒的课题。

　　回归少品种的基础路线之后，优衣库的日本国内现有店铺销售额逐渐稳定下来，2011年9月至2012年2月同比增长2.3%。但这一时期的优衣库并没有新的超人气商品，只是因为近几年的冬天异常寒冷，HEAT TECH、ULTRA LIGHT DOWN与保暖裤等防寒服装的销量增加了而已。当时柳井正接受了《日经MJ》（2012年1月6日）的采访。他对记者反省道："我们只是减少了产品种类，并没有推出新商品。"他还说："今后的目标不是增加商品数量，而是推出有革新性的新商品。"在这篇采访的最后，柳井正表示：

"因为季初的业绩特别不好，所以我们必须在之后的女装设计中融入更多的时尚潮流要素。"果然，优衣库于同年2月的换季期，推出了大型战略商品——Skinny fit彩色女装牛仔裤，还进行了大量的电视广告宣传。

功夫不负有心人，在2011年12月至2012年3月，优衣库现有店铺销售额十分稳定，实现连续四个月同比增长，而这样的业绩已经有两年半的时间未出现了。

不过，现有店铺销售额保持稳定的真正原因在于，柳井正重归第一线之后[1]，市场营销、产品销售策略与生产终于联动起来了。这正意味着优衣库进入了"不依赖超人气商品"的新境地。柳井正这样评价新的繁荣状况：

> 就算没有超人气商品，只要顾客承认优衣库的水平，认为"优衣库是品质的保证"，那他们就会购买我们的商品。坏球、三振出局是肯定不行的，但我们只要打出普通的安打或触击就好了。只要脚踏实地重复这个过程，一定能打出本垒打[2]。这才是最好的方法吧。

---

1 迅销于2011年修改了日常经营执行业务体制，设立五位首席执行董事：大笘直树（负责优衣库事业）、堂前宣夫（负责系统、企业设计）、中岛修一（负责商品）、潘宁（负责中国事业）、佐佐木力（负责奢侈品事业），之后又将横滨润（负责人事）纳入该阵营。
2 棒球为日本的国民运动，普及率极高，所以柳井正在此处用棒球术语指代优衣库的经营状况。

在此期间，优衣库大胆加快海外攻势，在中国与韩国等亚洲国家加紧开店，不断扩张。

2011年10月14日，优衣库在世界名牌云集的纽约第五大道的黄金地段开出了第七家全球旗舰店"优衣库第五大道店"，这正象征了海外优衣库事业的蓬勃发展。那是优衣库面向世界的橱窗，卖场面积为4500㎡，是全世界当时规模最大的优衣库门市店。它也是纽约第五大道上单一品牌旗舰店中最大的一家。

一周后，也就是10月21日，优衣库又开出了规模仅次于第五大道店的"优衣库纽约第34街店"（卖场面积4000㎡）。店铺地址选在了海诺德广场，那是纽约数一数二的闹市区，世界著名的梅西百货总店也在那里。

优衣库在纽约几乎同一时间开出两家超大型店铺，可把纽约人给吓坏了。再加上"9.9美元牛仔"等主打商品的促销活动，惹得日美两国的媒体对此事争相报道，引起了非常广泛的关注，达到了极佳的品牌塑造效果。

其实优衣库的形象就是将全球旗舰店的成功战略复制回日本，重塑优衣库在日本的品牌形象，振兴国内优衣库事业，促进国内店铺的活化。对此，柳井正曾说过：

> 我们优衣库是从公路边的仓库式店铺起步的。所以，已经成为全球化品牌的优衣库形象还不那么深入人心。那还不如直接引进国外的优衣库的形象，宣传这就

是我们的全球旗舰店，让顾客们加以体验。

2012年3月16日，拥有世界最大规模卖场面积——5000㎡的全世界第九家全球旗舰店"优衣库银座店"开门迎客。各类电视节目都大肆报道了这条新闻。

银座店占据了"银座小松东馆"的1～12层，年销售额目标为100亿日元。为了吸引来日本旅游的外国游客，优衣库还在该店配备了可应对六国语言的销售体制，并在七楼的童装卖场安排了持有保育资格的儿童保姆，在服务方面可谓尽善尽美。

同月30日，GU在日本最大规模的旗舰店"GU银座店"（卖场面积约1500㎡），在150米外的优衣库银座店的旧址上重新开张。

2012年秋，优衣库在东京的新宿开出第10家全球旗舰店，还有计划在涩谷、原宿、上野、池袋等东京主要商圈开设旗舰店。优衣库还计划在郊区开设超大型店铺。

2012年3月16日开业的优衣库银座店的外观。该店占据了面朝银座中央大道的小松东馆的1～12层。

优衣库银座店开张前，2012年3月5日，迅销的股价曾一度飙升至17210日元，时隔26个月之后，再创新高。2014年5月6日，《日经新闻》的股市版出现了一篇题为"迅销，内需股的蜕变"的专题报道：

迅销，内需股的蜕变

迅销的股价大涨，其背景原因是市场对优衣库全球事业的期待。迅销是一只内需依赖度极高的股票，销售额的七成为国内优衣库，但市场的评价为它正在摆脱内需。迅销正在积极向海外扩张，而股价正反映了它的增长潜力。

当时迅销的股票市值已经超过了松下、索尼等鼎鼎有名的跨国大企业。4月2日，迅销的股价刷新年度纪录，涨到19150日元，而迅销的市值也突破了2万亿日元，直逼零售业界的"巨无霸"——Seven & I。

如前所述，优衣库正专注于攻略海外市场，迅速蜕变为"世界的优衣库"。

我们应该如何理解这一时期的股市给出的客观且冷静的评价呢？优衣库是否已步上第四成长期的轨道，朝着真正的世界品牌昂首阔步了呢？

优衣库仿佛不死鸟一般，多次突破停滞、减速期。那么优衣库的力量源泉究竟是什么呢？

源泉之一：柳井正的"钢铁意志"与"坚定不移的经营策略"。柳井正的格言是："不增长与死无异。"

源泉之二：优衣库的坚韧与执着。依旧引用柳井正的话："跌倒了就要爬起来，之后还要跑得比以前更快。"

优衣库的海外战略也不是一帆风顺，刚起步时栽了不少跟头。

优衣库于2001年在英国开出了海外1号店，之后又在英国开了二十多家店，但这些店大多赤字不断，最终在2003年，优衣库不得不关闭其中的16家。2002年，优衣库进军中国。但不成熟的本土化战略，导致业绩一直不尽如人意。2005年优衣库首次进军美国，可店铺开在新泽西州郊外的购物中心，由于知名度极低，优衣库并没有引起美国消费者的关注，最终惨淡收场。

换作普通企业、普通经营者，碰了这么多钉子，肯定会对"世界战略"本身产生怀疑，选择放弃或延后，但优衣库不会。为了弥补知名度不足带来的种种问题，它找到了必胜法则：在纽约等世界知名城市的黄金地段开超大型全球旗舰店，并将海外业务引入正轨。在中国也是如此，优衣库不再搞本土化，而是贯彻全球化产品策略，成功扳回劣势。由此可见，优衣库的失败不会一直以失败告终，它有足够的意志和执行力去实现自身的目标。

源泉之三：对高利润额与利润率的执着。在"第二停滞期"时，优衣库曾连续两年遭遇销售额、利润大幅降低的窘境，2003年还创下了业绩的新低，但就在那时，优衣库依然保证了415亿日元的经营利润，经营利润率为销售额的13.4%，水平极高。

在短短两年时间里总销售额少了1/4——一千多亿日元，换作普通企业，定会难以控制销售管理费率，迅速陷入赤字的泥沼。但优衣库并非普通企业。在最低谷的时候，他们的经费率也控制在了正常水平，为30.9%。不难看出，优衣库在此期间竭尽全力控制了经费支出，还以裁员等手段降低了成本。

总而言之，无论事态如何艰难，优衣库都会不惜一切代价确保资金的来源——高利润。正因为如此，它才能勇于进行自我革新，采取高风险的危机突破策略。

第八章

正确答案都在一线销售现场

每年1月1日，柳井正都会向全体员工发一封题为"新年问候与年度方针"的邮件。这也成了优衣库的传统。柳井正于2005年9月做回社长，他在2006年元旦的邮件开头是这么写的：

新年新志向，希望各位与我共享2006年的新方针：实现世界第一！实现世界第一的优衣库与世界第一的迅销。为此，一切工作都应该从现场、实物与现实开始，一切工作的重点也应该是现场、实物与现实。因为我们的所有工作都是为了顾客，所以全体员工的终极目标，就是让顾客来店里购物，让顾客得到满足，让顾客觉得这家店、这种商品、这位销售员、这家公司是世界第一的。

柳井正最为关注的就是与顾客直接接触的店铺销售现场，以及负责管理店铺各项工作的店长一职。他总是直言不讳地说："主角是店铺，总部是负责后勤的，所以店铺与店长的地位应该要比总部高。"

柳井正还在《柳井正：我的德鲁克式经营论》一书中，清晰地阐述了重视销售第一线的原因："店铺的销售员们比总部的人更了解顾客。所以所有正确答案都在店铺的销售第一线中。这就是我们的基本思路。"他的每一个字都完全否定了传统的连锁店理论："总部决定，分店服从。"

优衣库在第一停滞期时，就是依靠着"从总部主导切换至店铺主导"的经营结构改革度过了困难时期。现在，让我们换个角度，从更具普遍意义的视角分析一下优衣库的做法。

传统的日本零售商的连锁模式，都是根据美国式的连锁店理论发展起来的。所谓连锁店理论，就是所有标准化店铺像锁链一样相连，而总部则负责统筹管理，提高经营与管理的效率。

在物资不足的时代，这种体系的确在零售业创造了神话。总部进行集中采购[1]，再将单品分发给全国的连锁店，如此一来就能用最低廉的价格与最快的速度将商品提供给日本的大众消费者。

这种体系与循环的扩大化，也就是连锁店系统的强化与多店铺化，可以说是企业成长的捷径。初期的优衣库也是靠着这种方式实现了飞速增长。

然而，这种连锁店体系已然陷入了周转越来越低效的窘境。这是为什么？

---

1 所有店铺的采购由总部负责。总部有专门的进货负责人（进货员），店铺则专门负责销售，通过分工，实现低成本与高效率。

原因很简单，因为社会、经济与消费本身发生了根本的转变。现在是"供大于求"的时代。"整齐统一的商品，大量供给"这样的模式已失去了其必要性。能否应对个人的多样化需求，才是零售业界的最大课题。

"这几年东西越来越难卖了。"虽然人气商品的种类很少，但是在不同的地区，销售比例也会截然不同。在这种情况下如果还拘泥于死板的连锁店理论，让全国各地的连锁店卖同样的东西，那么只会越来越落后于时代的潮流。而且零售业本就近似于服务业。日本是个供大于求、竞争极其激烈的成熟消费社会，服务质量就显得更加重要了。服务业的基础是人（员工），然而"总部决定，分店服从"的连锁店就指望不上优秀人才了。因为这种企业的评价标准就只是"有没有按照《工作指南》去做"。

因此连锁店的销售现场产生了不满——"分店和我们只是单纯的销售机器吗？"而且在墨守陈规的连锁店中，还会产生总部中央集权体制的最大弊端——大企业病与官僚化，而零售业最为讲究的应变力与灵活性也会遭到埋没。优衣库察觉到了这种危险，并将潜伏在连锁店中的"不满"扼杀在了摇篮之中。

销售第一线对连锁店体系的不满

一、总部单方面的将商品推给店铺，并强制要求店铺将商品卖出去。

二、无法根据地区习惯、特征陈列商品，也无法根据顾客的实际动向引进新商品。

三、被不够人性化的工作指南所束缚，无法灵活应对顾客的需求。

四、无法根据地段、商圈、店铺的固有情况开展创意活动。

五、一味重复"取货—陈列—收银"非常枯燥，工作本身无法成为员工的骄傲或人生价值。

六、明明是为了学做生意而进公司，可公司要的是能重复日常业务的打工族。

连锁店的销售现场会产生上述不满，意味着传统的连锁店体系太机械，不够人性化，而能够真正提高顾客满意度的"新连锁店理论"尚未确立。

从这个角度看，优衣库的销售现场和它重视现场的态度，能充分发挥出每家分店的力量，提高员工满意度与顾客满意度。这才是新时代的日本式连锁店体系的萌芽。

20世纪90年代后取代了老牌势力的日本零售业赢家们都具备这些要素，而这正是更新换代的分水岭。换言之，这些新兴势力都贯彻了顾客优先与店铺优先主义，持有"反传统连锁店"的态度。其代表正是综合折扣店——唐吉珂德[1]。在这20年里，唐吉珂

---

1 日本最著名的综合折扣店，商品涵盖从奢侈品到生活日用品的几乎所有种类，而且均以折扣价出售。

德的销售额增加到了原来的830倍（销售额从1990年的6亿日元增长到2011年的5000亿日元）。在上市零售业企业中，也只有它的增长率比优衣库高。

唐吉珂德为何能取得如此长足的发展？因为它开拓了"深夜市场"。它的销售策略充满了个性，而且店铺的装潢设计非常独特，除了这些个性，它还贯彻了"将权力下放销售现场"的体系。

唐吉珂德完全否定了"总部主导"的店铺运营方式。从进货到定价、卖场结构、陈列……一切权力都下放给了销售现场。换言之，每一个卖场负责人都是店主，而唐吉珂德则是一条商店街。

唐吉珂德卖的不是东西（商品），而是流通。此处的流通指代那些存在于生产与销售之中，保证两者连接顺畅的所有附加价值。比如唐吉珂德所特有的调货、配货、陈列方法、卖法、价格、各种促销活动、店面设计以及（商品）负责人的思维等。

这些流通行为给商品注入了新的生命，为顾客提供了无法在其他商店（业态）感受的购买经验。这就是唐吉珂德的魅力所在，也是它最大的武器，更是让其他企业无法加入竞争的壁垒。

或者说，此处的"流通"也能替换成前文中论述的"信息"。产品种类丰富、贯彻供货商采购模式的唐吉珂德卖的是"流通"，而专做服装的生产销售企业优衣库卖的是"信息"。但其实两者的意思可以说是完全一样的。

唐吉珂德的会长安田隆夫认为，下放权力的目的是希望员工在销售第一线思考。"不要培养没有上进心的人，而要培养有独立思考能力的人。"这句话则高度概括了唐吉珂德的人才战略。

其实柳井正也说过类似的话，只是用词不太一样："要做独立自尊的生意人。"而且柳井正常说，"要抛弃随遇而安、得过且过的思想，所有员工都要把自己当成企业的经营者来看。"

唐吉珂德与优衣库都是零售业中的佼佼者，不过大家总感觉两者的理念、模式和企业结构截然不同。但两家企业的创业者碰巧是同龄，都是1949年出生，而且两人就零售业经营的基础持有类似的（本质上完全相同）的想法，这一点着实发人深思。那么他们的意图何在？

日本消费者对店铺、商品与服务质量的挑剔程度，说得上是世界第一的。光靠连锁店的"打工族员工"绝无法满足顾客的需求。因此真正意义上的"商人"是必不可缺的。所以说，企业必须将权力下放分店，尊重在分店工作的员工，并予以重用，将他们培养成"商人"。

不仅仅是服装企业，其实所有"有店铺式零售商"都必须反思自己"存在的理由"。因为电脑已基本普及，而近年来智能手机等便携式设备的飞速普及也扩大了网络销售的市场份额。年轻人在购买那些认知度较高的服装与品牌时，也不会特地去商店看看实物，光看图片和数据就可以下单了。

实体店零售商必须让顾客来商店购物，因此它们的当务之急是强化自身的魅力，提供（网络销售商所没有的）附加价值。正因为如此，企业才需要在销售现场，也就是分店，投入更多的优秀人才，将经营资源往门店倾斜，否则他们定然无法在日本继续生存下去。

反之，这也会成为进军海外时的重要武器。

欧美与亚洲等地的网络销售会给有实体店造成更严重的打击。地理原因（国土辽阔、居住地分散等）自不用说，更关键的问题是，大多数实体店只把分店的员工看作单纯的劳工，也没有为他们提供应有的待遇。

有出国旅游经验的人也许会感叹，外国的商店和餐馆服务员的态度真是恶劣到了极点，干起活儿来也是慢慢吞吞。而且那些服务员会摆出一副"随便买不买"的嘴脸，全无服务精神可言。所以与其跑到店里受气，还不如直接网购，又方便又舒服。

"想在购物时享受舒适的购物环境与贴心的服务。"——这是人人都知道的消费者需求。为满足顾客的需求，必须将优秀的"专业商人"送往销售现场，而如此优秀的日本式销售现场才是日本企业进军海外时最强有力的"出口商品"。

优衣库最重视分店的销售现场。原则上优衣库总部的所有员工都要有当店长的经验。新员工大多会在进公司的第二年或第三年被调去当店长，在销售的最前沿学习领导力与经营的基础，然后再回到总部，依照个人意愿被分配到财务、人事等各个专业领域。"其实我希望员工都能不断钻研店长一职，并将店长视作最终目标。"在柳井正的心中，"店长"是优衣库最重要的财富。

总而言之，优衣库最重视的职能就是店长。培养店长，正是优衣库在人才开发方面最花心思的课题，也是它的终极目标。柳井还称，"店长是最高级别的职务，只要做好店长，就能得到比总部员工更高的收入，受人尊敬。零售企业必须建设好能营造出这种效果的制度与体系，否则就不可能实现繁荣。"

优衣库特有的人事制度——"Super Star（超级明星）店长制"与"Franchise Corporation（特许经营）业主店长制"就是这种思路的最终实践。

超级明星店长制度于1999年正式启动。当时优衣库选出了约30位实力派店长（超级明星店长），将库存调整、陈列与分店下单权等自由裁量权下放店长，并将分店的经营利润目标完成情况与奖金直接挂钩，如此一来每个店长拿到的实际收入就会有很大的差距，如果分店的业绩好，1000万日元以上的年收入也绝非遥不可及。

不过这样的超级明星店长已经越来越少了。截至2012年3月，全国共有19名超级明星店长。这是因为优衣库提高了业绩审查标准，并新设了超级明星店长的预备军——"Star（明星）店长制度"。而且店长越是优秀，就越有可能被聘为总部要员，担任店面指导员或片区领导。

再说特许经营业主店长制度。它的审查比超级明星店长更严格。截至2012年3月，全国共有9名优衣库员工出身的特许经营业主店长。因为要成为代理店业主，需要满足五个极为苛刻的条件：

一、进入优衣库10年以上。

二、深刻理解优衣库的经营管理哲学。

三、3年以上店长或店面指导员的经验。

四、特许经营店所在地与业主本人或其家人有一定关系。

五、自有资金约1000万日元。

满足上述条件之后，还要经过董事会的严格审查，最后由会长或社长亲自面试（如果是已婚者必须带妻子一起面试）。这的确是配得上"最高职务"的审查条件。

不过无论是业主店长还是超级明星店长，都不过是全日本900多家优衣库店铺网全体员工中的一小部分的一小撮。从这个角度看，不得不说这两项人事制度还有很大的发展余地。

店长十诫

一、店长应致力于提高客户满意度、商品陈列的准确度，创造没有漏洞的卖场。

二、店长应发挥服务精神，为眼前的顾客竭尽全力。

三、店长的标准与目标应高于普通员工，工作方向要准确，工作质量要高。

四、店长要奖惩分明，为部下的成长和未来负责。

五、店长应对自己的工作充分自信，拥有几近异常的热忱。

六、店长应以身作则，领导部下与总部。

七、店长要充分思考销售计划，在卖场实现差异化与附加价值。

八、店长应赞同优衣库经营理念和迅销的经营理念，实践集体经营。

九、店长应在真正好的店铺销售真正好的服装，提高收益，为社会做贡献。

十、店长应保持谦虚，对自己怀有期望，成为在任何岗位都能迅速适应的人才。

走进优衣库分店的办公室，便能看到柳井正起草的"店长十诫"。不过这十诫的内容与要求也太严格了些。如果优衣库的所有店长都能切身实践这十诫，优衣库定会成为世界最强的零售商。

不过，近年来常有杂志与书籍致力于描述优衣库销售员与店长是何等难做、何等辛苦，有时还会引用曾在优衣库工作的员工和店长的访谈。

从好奇心与片面角度看，他们的指责与批判也不是全无道理。对那些期待着"大树底下好乘凉"、想当个稳稳当当的打工族的人而言，优衣库无异于地狱。

但也有一些优衣库的店长，他们有热忱，有骄傲，不畏重压，工作再怎么辛苦都能乐在其中，正是优秀"商人"的典范。

价值观与活法的不同，会让白变成黑，也会让黑变成白。如果不喜欢做生意，向往公务员式的生活，那就不应该进优衣库这样的企业。

而柳井倡导的理念是"Global One（全员经营）"。店长自不用说，就连普通的员工都要争当"知识工作者"。

所谓"知识工作者"，是德鲁克提出的一个概念，是指在新时代支持组织运营的员工。其定义为"根据信息与知识，自行思考，主动做工作指南里没有写的、上司没有交代的工作，并能良好完成的工作者"。

员工中的"知识工作者"增加，企业的经营方式也会发生改变。传统的经营方法是经营者发出指示，销售现场的人只要服从命令即可。而优衣库采取的并不是这种单方向的方式，而是让销售现场的员工自主思考，自主行动，而经营者要善于倾听他们的意见与要求。如此一来，判断就成了双向的。

总而言之，员工的"知识工作者化"能有效提高零售业的效率与生产性，也能给员工提供发展机遇、工作意义与人生意义。

企业应与每一个员工共享价值观，在相互依靠的情况下同步成长。这就是柳井正心目中的最理想的组织。只是柳井正对现状并不满意，"这种意识还没有普及到位，离目标的距离还十分遥远"。

第九章

优衣库的广告很酷

对关注"信息"的优衣库而言，广告宣传与品牌塑造是企业战略的根基。

那么优衣库的"品牌"是个什么概念呢？2009年秋，柳井正接受采访时谈道：

> 人们为什么要购物？其实消费者在购买商品之前，一定会对品牌、企业和企业的员工有所认同。正因为如此，企业才要在制造好商品的同时打造好品牌与好的企业形象。日本企业常有"好商品不怕没人买"的误会。可是消费者要是不知道商品有多好，那消费行为就不会发生。所以我认为企业必须脚踏实地地将商品的优点宣传给顾客，还要让人们对这家企业产生信赖感，让人们觉得"这家企业的东西买着放心"，这才叫真正的品牌。

"优衣库的广告很有个性，非常酷。"很多看过优衣库广告的人都会有这样的想法。近年来，优衣库在报刊、电视上投放的广告都非常精简，却不乏冲击力。例如"UNIQLOCK"，便荣获过三个广告业的大奖。优衣库算得上是当仁不让的广告巧手。

优衣库在广告方面很舍得花钱，是日本国内屈指可数的广告赞助商。迅销的集团决算数据显示，它2011年的广告宣传费约为377亿日元，占销售额中的4.6%，而其他业界同行不过才占1%～3%，可见优衣库在广告上下了血本。优衣库的品牌形象与企业形象的飞速提升不过是这十多年的事。在那之前，人们对优衣库的印象不过是"有时会做些奇怪广告的、从日本关西来的服装折扣店"。

优衣库在1994年，也就是股票上市与关东分店开张营业的同时，在全国电视网投放了第一段"奇怪"的电视广告。广告内容是，一位关西大妈走进优衣库，用一口浓重的大阪腔说："我不喜欢这件衣服，能给我换一下吗？"她一边说，还一边脱衣服。

这段广告的主旨是宣传优衣库的"随时退换货"服务，因为当时日本很少有能退换商品的服装店，不料这位关西大妈的表演太过抢眼，观众们纷纷向电视台投诉，说这广告"太粗俗""太露骨"。广告原计划播出三个月，可因为投诉实在太多，所以放了两个月就草草收场了。但这支广告的曝光率出类拔萃，一举提高了优衣库在全国的知名度。

优衣库的第二轮宣传，则是在1995年大举刊登在全国性报纸和周刊杂志上的文字广告："说优衣库的坏话，拿百万大奖。"优衣库希望通过该广告，收集人们对店铺和商品的不满与投诉。广告效果不错，优衣库收获了一万多条意见。当然，优衣库的目的是将消费者的建议反映在店铺设计与商品开发上，但这条前所未有的"奇怪"广告却出人意料地受到了高度的关注，也为提高优衣库的知名度做出了极大的贡献。

这些独特的广告虽然提高了优衣库的知名度，但没能改变人们对优衣库与商品的负面印象——"便宜货""土里土气"。

真正让优衣库的形象焕然一新的是1999年秋冬播出的摇粒绒广告。优衣库不仅请来了著名的音乐人山崎将义、演员天本英世等名人，还请来了许多普通人，描写了他们的生活态度，思路独具一格，很"知性"。

负责制作这一系列广告的是美国的威登肯尼迪广告公司（Weiden Kennedy）。它是世界知名的广告公司，可口可乐、米勒啤酒、耐克等超一流企业也是它的客户。

柳井正与威登公司的远东区负责人约翰·杰非常投缘，便选择了威登为优衣库制作广告。约翰曾是纽约老牌百货商店布鲁明戴尔百货店的广告宣传部长，精通服装时尚领域的广告宣传。他对日本电视上的广告都嗤之以鼻，说"日本的广告只会单方面地说自己想说的话而已"。而柳井正与他有同样的感受，这就是双方广告业务上合作的前提。

而将柳井正引荐给约翰的是企业品牌形象顾问公司"CIA"的创始人、著名多媒体制作人陈锡豫。艺术导演田中则之也参与了这支广告的制作（后来田中也经常导演优衣库的广告）。

当时优衣库已开始不惜重金大举聘用一流导演和艺术家。之后我们还会提到优衣库与佐藤可士和的合作。这就是优衣库独具一格的市场营销与品牌塑造活动。

总而言之，摇粒绒的广告彻底扭转了优衣库在消费者心目中的印象，建立了这样的认知：优衣库的衣服很便宜，而且质量不错，还挺时髦的呢。不过不能忘记的是，正因为优衣库的摇粒绒是一种"价廉物美，附加价值很高"的商品，才能和这支高水平、几近完美的广告交相辉映，相辅相成。

商品和服务必须有足够的内容和价值，否则广告也无法发挥出全部效果。柳井正的要求是：

> 要是没有真材实料，广告就成了浪费。假设一种商品有10的价值，那这个价值就是它的卖点，如果广告能恰到好处地宣传这一卖点，那10就会发挥出20的效果。广告就跟涡轮引擎一样，但更重要的是产品的真材实料！

优衣库是一家很会用广告的公司。但"会用"，并不是说优衣库能把商品、品牌和企业形象夸大，超出企业原本的实力。正相反，优衣库在用高质量的广告给自己施压，逼着自己推出不为广告抹黑的商品，从而不断提高产品和品牌的水平。

柳井的那一句"广告离不开真材实料"就是最好的证据。换句话说，优衣库的广告不仅是一个对外宣传的手段，更是提高公司内部的紧迫感、促进公司活化的重要环节。

摇粒绒的广告打响之后，优衣库的广告战略的确出现了巨大的变化，也就是从"产品宣传"进化成了"品牌塑造"。

优衣库的广告手法是运用报纸、电视、各类杂志和近年炙手可热的网络媒体与SNS（社交网络服务），将商品、店铺、企业的"姿态"发送出去，这就是所谓的媒体组合战略。优衣库通过这种方法提高消费者的好感度与信赖感。

优衣库全球沟通部[1]负责人、集团执行董事永井弘曾说过："就算只是单品的广告，也要想方设法通过这种宣传，提高优衣库的品牌形象。"

永井弘出身于丰田汽车的宣传部，于2001年进入迅销。永井称："优衣库与柳井希望进军世界的冲劲深深打动了我。"

其实优衣库是一家特别喜欢用报纸打广告的企业。零售业的纸媒促销策略一般是往报纸里夹传单。优衣库也不例外，每年要做60张左右的传单广告，不过优衣库也会在报纸的版面上做广告，每年大约40次，这在服装零售商中其实是极其罕见的。

永井弘说过："对我们而言，报纸是非常重要的媒体。它不仅能帮助我们促销，还能帮我们塑造品牌形象。"

在这些报刊广告中，有很多是纯粹的"意见广告"，就是宣

---

1 负责广告宣传、市场营销、品牌形象塑造的部门。在日本国内有60名员工，国外约有20名员工，总计80人。

传企业的态度、想法和活动方针的广告。像优衣库这样耗费巨资投放这类广告的零售商在全球都屈指可数。

下面刊登的广告便是"意见广告"的代表作——《服装的力量》。2011年3月1日，优衣库在《朝日新闻》《读卖新闻》《日经》等各大报社的早报中投放了这支整版广告。《服装的力量》是全球沟通部与社会责任部的"共同杰作"，主要介绍了优衣库的CSR（企业社会责任）活动。

这支意见广告是永井的得意之作，"服装的力量"这一独特的标题也让他非常得意。

服装的力量

优衣库在工作的过程中发现了一件事：做衣服、卖衣服、穿衣服和重新利用衣服。无论你生活在世界的哪个角落，都要与"服装"打一辈子的交道。不仅如此，有些衣服还能让穿着者显得更强壮，变得更有精神。不光是穿衣服的人，服装还能驱动制造、销售衣服的人。我们坚信，服装有一种为人们带去幸福的力量，服装能让世界变得更美好。这就是优衣库的一大目标。贫困、纷争、灾害、身心障碍，我们将勇于面对各种挑战，在大家的理解和帮助下，在全世界开展一系列活动。今天我们将着重介绍其中的四项。现在每家门店都有关于"服装的力量"的小册子，欢迎大家免费领取。更多信息，详见优衣库社会责任的网页www.uniqlo.com/jp/csr/。

优衣库的全商品回收再利用活动已进入了第五年。2007年，优衣库最先将回收来的服装捐给了尼泊尔难民营。两年后，重回尼泊尔的员工们是这么说的："离开难民营去第三国定居的人们会在出发那天在中转设施逗留片刻。我们去中转设施参观的时候，遇到了一位身着优衣库衣服的女性。她的眼神非常坚强，给我们留下了深刻印象。她的衣服正是我们在两年前捐助给尼泊尔的。她带着孩子们离开了故乡不丹，即将前往愿意接受他们的第三国。她说，她遇到了许许多多的不幸，但心中尚有一线希望。来到这个设施的人都会在启程前好好打扮一番。而她在启程的大好日子穿上了优衣库的衣服。她不知道身上的衣服是优衣库的，也不知道那是日本的衣服，但我们知道她很喜欢那身衣服。这些在日本已经被淘汰、差点就进了垃圾桶的衣服，到了尼泊尔却成了人们的宝贝。那一天我们切身感受到，人是能通过穿衣服打起精神的。""衣服"能以"衣服"的形式派上用场。优衣库的回收再利用活动得到了多方支持。我们还与UNHCR（联合国难民署）缔结了全球合作伙伴关系。我们的目标是为全世界的难民提供优衣库的服装。优衣库的年生产量已达6亿件。然而2010年的回收量只有400万件。这么多年的回收总量约为900万件。而全世界的难民共有3600万人之多。我们回收的还远远不够。优衣库的回收再利用计划适用于所有商品。如果您有"还能穿，但不太穿的"优衣库的衣服，请您一定送到我们的店里。这些衣服会飞往世界各地，发挥出它的力量。今后也请大家多多支持我们的活动。从今年3月起，韩国的优衣库也会加入回收再利用计划。今后这一活动将普及到全世界各地的优衣库。

优衣库在孟加拉国开展了社会化活动。孟加拉国的识字率仅为50%，国家地势较低，湿地很多，每年都会遭遇洪水、飓风之类的自然灾害。农村地区还有很严重的卫生问题。儿童的教育机会很少，贫困形成了恶性循环。要让孟加拉国人摆脱贫困，不光需要物质上的援助，还需要为他们创造能够自力更生的工作。服装这份工作如何？从原材料的采购、生产、物流到销售，全部在孟加拉国国内完成。优衣库的绝招是——T恤衫，1美元以下。当地人能买得起，质量也有保证。而且优衣库能兼具价格与质量，还能同时宣传安全、卫生与医疗的重要性。优衣库定能帮助孟加拉国的女性进入社会。2010年，优衣库与孟加拉国格莱珉银行合作，开展了一项全新的商务活动，帮助孟加拉国人自力更生。其中最具代表性的莫过于"格莱珉女性"与优衣库的邂逅。她们出身于贫穷的农村，靠着格莱珉银行的无担保贷款找到了工作，销售优衣库的服装也是她们工作的一部分。向农村女性宣传穿内衣的必要性也是她们的工作。以往的孟加拉国女性绝不会想象出这样的生活方式。我们今年的目标是10万件，三年后达到100万件。"用赚来的钱送孩子去上学"是她们的梦想。衣食住行，服装是与一个国家的日常生活息息相关的工作。服装也许还能成为带给一个国家希望的力量。现在有许多同伴主动找到我们，希望加入我们的队伍。我们将和伙伴们一起，探索服装的无限可能。

我们正致力于扩大残障人士的雇佣，力争"每家店一人以上"。该项目从2001年启动，现在全国各地的分店中已有9成雇佣了残障员工，员工总数多达764人。有些店铺还有两位以上残障员工。说实话，刚开始的确有人担心雇佣残障人士会降低工作效率，还以为残障人士什么都做不了。现在看来，我们制作的工作指南的确有很形式化的地方，每家店铺也有各自的苦衷：工作指南中的要求，有些是能做到的，而有些却是做不到的。拥有不同能力的人一起工作，究竟意味着什么呢？我们花了十多年摸索其中的答案。我们深切地体会到，与"服装"有关的地方，离不开对他人的体贴与关心。现在有专门负责改尺寸的残障员工，也有在收银台与顾客直接打交道的残障员工。有些分店员工为了迎接聋哑同事的到来纷纷学起了手语。一切才刚刚开始，国籍、职业、学历……优衣库的服装不歧视任何人，是面向所有人的服装。当然，优衣库的衣服也必须成为所有残障人士心目中的好衣服。对大家而言，什么才是"真正优良的服装"呢？我们坚信，当每家店都把拥有残障同事当成理所当然的事情时，我们定能找到其中的答案。

　　保护在工厂工作的员工。为此，我们一直致力于贯彻劳动环境的监控体系。优衣库的年生产量约为6亿件。其中的八成产自中国。但无论这6亿件是在哪里生产的，我们都必须傲然地将它们送到世界各地。为此，维持品质，保护员工，保护周围的环境，是优衣库的重要任务之一。比如对优衣库伙伴工厂的监控，禁止童工，禁止强制劳动，可自由组织的员工工会，保证员工的健康、安全与劳动时间。我们关注员工的人权与安全，尽可能防止对工厂周边环境的负面影响。我们的监控对象不仅限于生产车间，宿舍、食堂也在监控的范围内。我们还在工资方面设立了严格的标准，保证最低工资，绝不会出现加工不给加班费的情况。当然，过度的加班加点与连续劳动的根本原因，在于优衣库的下单时间太晚，或是临时变更计划对生产第一线造成了影响，因此我们也需要严格要求自己。在这个过程中，我们意识到与优衣库的服装有关的工厂，是我们追求世界最高水准、培养人才、进行正确的商业活动的重要伙伴，我们直接需要的不是"交易"而是"努力"。也许，"服装"还拥有改变劳动环境、传递制造的喜悦的力量。

真正优良的服装，能成为世界的力量。优衣库的服装，再努力一些，再走远一些。服装拥有超乎我们想象的"力量"。

这就是优衣库的发现。

MADE FOR ALL

优衣库全商品回收再利用，请将不穿的衣服送到优衣库门市店。

永井弘很自豪地说："不是单方面地说，我们公司在做这些，而是双向的设问，'我们通过服装的制造销售这一本职工作，发现

服のチカラ。

ユニクロが、仕事をしながら気づいたことでした。服をつくる、売る、着る。再利用する。「服」はその一生を通して、世界中のどんな人も関わることができるということ。その中で、服は着る人を美しく、楽しく、快適にする。いやそれにとどまらない。人は服を着ることで強くなったり、元気になったりすることができる。着る人だけじゃない。服は、つくる人、販売する人の、もしかして人生をうごかすほどのチカラがあるんじゃないのだろうか。服にはどれほどのチカラがあるんだと信じ、世界を少しでも良い方に変えていくこと。それが、ユニクロのこれからの大事な目標になりました。貧困、紛争、災害、心身の障がいといったテーマに向き合い、みなさまのご理解とご協力をいただきながら、世界で取り組みを始めているものもあります。今日はその中の4つについてお話をさせていただきます。店頭にある小冊子「服のチカラ」を併せてお読みいただければ幸いです。WEBでもご覧いただけます。www.uniqlo.com/jp/csr/

① ユニクロの全商品リサイクル活動は、今年で5年目になります。ユニクロがお客さまから回収した服を、初めて寄贈した先は2007年のネパールでした。2年後、再びこの地を訪れた私たちの仲間からこんな話を聞きました。「難民キャンプから第三国での定住を希望する人々が、出発日に立ち寄る施設に行った時のことです。凛とした服差しが印象的でした。服は2年前に日本からの支援でもらったのだそうです。故郷ブータンから子どもを連れて逃れて、受け入れてくれる新しい国へこれから旅立つところ。たくさんの辛いことがあり、でもこうして少しの希望は残ったと語ってくれました。この施設に来た人は、旅立のときだから、みなおしゃれをする。そんな特別な今日、彼女はユニクロを着ている。ユニクロの服だとも日本の服だとも知らないけれど、きっと気に入ってくれていることはわかります。日本で着られなくなって、もしかしたら捨てられたかもしれない服を、大切に大切にしまっておいて大事な日に着ようとしている人たちがいる。服がゆきわたることで、人は元気になれるのだと実感した日でした」と。「服」は「服」のままでも役立つ。ユニクロのリサイクル活動は、これまで多くの方のご協力を頂戴してきました。UNHCR（国連難民高等弁務官事務所）とのグローバルパートナーシップもできました。目標は、世界中の難民、避難民の方全員にユニクロの衣料をとどけることです。ユニクロの年間生産枚数約6億着にのぼります。しかし2010年の回収は約400万枚。これまでに回収した総数は約900万枚。世界中の難民、避難民は約3600万人。まだまだ足りません。ユニクロの服は全商品リサイクルの対象です。「もう着なくなった、でもまだ着られる」あなたのユニクロの服を、どうぞお店にお持ちください。その服はあなたから旅立って、世界の誰かのためにチカラを発揮してくれることになっています。さらなる一層のご協力をお願いいたします。今月3月より韓国のユニクロでも全商品リサイクル活動を開始。これを皮切りに今後世界中で展開してまいります。

② バングラデシュでソーシャルビジネスを始めました。この国の識字率は約50%。低湿地に住む国民を毎年のように洪水やサイクロンなどの自然災害が襲う。農村部を中心に多くの衛生問題を抱える。子どもたちの教育機会はきわめて少なく、貧困が貧困を生むバングラデシュ。貧困からの脱却に必要なもの、それはモノを援助するだけではなく、彼らが自立して生きていける「仕事」をつくり出すことでした。たとえば「服」という仕事はどうだろう、とユニクロは考えました。素材の調達、生産、物流、販売まで、バングラデシュ国内で完結する仕組みは、「服」ならできるはずだ。なによりもユニクロには独自の強みがある。Tシャツ、1ドル以下。この現地の人が買える価格と品質の両立をはかることで、ユニクロならができる。その服と一緒に安全、衛生、医療の重要性を伝えることもできる。女性の社会進出のチカラにだってなれるにちがいない。ユニクロは動き出しました。2010年、バングラデシュ・グラミン銀行とパートナーシップを組み、この国の人々が自立して生きていくための新しいビジネスをスタートさせました。中でも、象徴的だったのが「グラミンレディ」とユニクロとの出会い。貧しい農村部出身の彼

女たちは、グラミン銀行から無担保で融資を受けて仕事をしています。彼女たちの仕事に、新たにユニクロの服の販売が加わったのでした。農村の女性たちに下着をつける必要性を話すことも彼女たちの役割。これまでは考えられなかった女性の生き方でした。今年の目標は10万枚。3年後までに100万枚。「得られた収入で、子どもを学校に行かせたい」それが彼女たちの夢です。衣食住。「服」は、その国の暮らしに深く関わる仕事です。服はその国に希望をつくるチカラになれるかもしれない。今この事業に参加するために自ら志願し、集まってきている仲間がたくさんいます。服にできることを、これからもみんなで探していくつもりです。

③ 「1店舗1名以上」を目標に、障がい者雇用に取り組んでいます。2001年より取り組んできた障がい者雇用は、現在全国で764名。9割以上の店舗で雇用が進みすでに2名以上が働いているところもあります。正直に言います。当初は、障がい者と一緒に働くことで効率が落ちるのではないか、できる仕事はないんじゃないか、といった先入観があったように思います。私たちがつくったマニュアルも、今からみればずいぶん形式的なものでした。各店舗で様々な葛藤もありました。できること、できないこと、様々なチカラの人間が同じ場いで仲間になるとは、どういうことだろう。その答えを探すの10年間。私たちは、「服」に関わる場所には、人を思いやるココロが欠かせないことを改めて確認できました。現在、すそ直しの仕事を受け持つ者も、レジでお客さまと直接お会いする者もいます。障がいのある仲間ができたことをきっかけに、みんなで手話を学び合った店舗もありました。まだまだこれからです。国籍、職業、学歴など、ユニクロの服はだれをも区別しない。あらゆる人のための服です。当然、いかなる障がいのある人にもユニクロの服は着られないはずなんてない。みんなにとって「本当に良い服」とはなんだろう。障がいのある人が仲間にいることが当たり前の会社だけが、きっとその答えをみつけられるのだろうと信じています。

④ 工場で働く人を守る。そのために労働環境のモニタリングを徹底しています。ユニクロの年間生産枚数約6億着、その約8割を中国で生産しています。しかしその6億着は、どこで生産されようと「ユニクロ」として自信を持って世界中に送り出さねばならない。そのために品質を守る、働く人を守る、周囲の環境を守ることも、ユニクロの重要な仕事です。たとえばユニクロのパートナー工場のモニタリング。児童労働・強制労働の禁止、組合結成の自由、健康と安全性、労働時間など働く人の人権と安全が守られているか、工場の周辺環境へ悪影響を与えていないかが監査されます。対象は縫製工場以外にも、寮や食堂などに及びます。最低賃金の保障や残業代未払いといった賃金面にも厳格な基準を設けています。もちろん、過剰な残業時間や連続勤務の背景には、ユニクロの発注時期の遅れや急な計画変更のしわ寄せが生産現場に及んだと考えられる場合もあり、私たちも自らを厳しくチェックしなければなりません。こうした過程で気づいたことがあります。単に問題を発見してペナルティを与えることは何も解決しないということ。ユニクロの服に関わる工場は、世界最高水準を追求し、人材育成をすすめ、正しいビジネスを行う仲間であり、互いの間に必要なのは、「取引」ではなく「取組み」だということです。「服」には、労働の環境を変え、ものづくりの喜びを伝えるチカラがあるのかもしれない。

⑤ 本当に良い服は、世界のチカラになる。ユニクロの服は、もっと働こう、もっと世界中で働こう。服には、私たちの想像を超える「服のチカラ」がある。

ユニクロが、仕事をしながら気づいたことでした。

MADE FOR ALL

株式会社ユニクロ WWW.UNIQLO.COM

我们的服装能做到这些事，不知大家有何感想？'"

优衣库通过广告，将企业的最高理念与方针变为"公约"。为了实现被广告提高的企业形象，优衣库可谓不惜代价。

比如企业的社会责任，永井称："优衣库构筑起了一项新的产业，那就是以服装为载体的价值链。这项产业本身就能为社会做出贡献。"然后再通过广告宣传进一步提高企业形象。

可以说，这是企业形象与现实业务活动之间展开的一场极为积极的竞赛。进一步提升这种状态，并让它形成良性循环，正是优衣库的品牌形象塑造活动的本质。

优衣库重视报刊杂志等传统广告媒体，还在新媒体的广告和品牌形象建立的活动中，也走在了日本国内其他企业的前面。

最好的例子就是"UNIQLOCK"。这是一个博客插件，带有时钟的功能，画面上有一个身着优衣库服装的黑发女模特，她会配合着时钟的节奏跳舞，但却不说一句话。这个广告给人以新颖、前卫的印象。UNIQLOCK生动的画面似乎有一种能让人一直看下去的魔力。

优衣库在推出插件的同时，将它的画面录像上传到了视频网站，引发了广大网友的好奇，众人纷纷下载UNIQLOCK，一睹为快。

这个新媒体广告的革新性与质量在国外受到了高度评价（欧美国家的人比日本人更喜欢UNIQLOCK），它也一举夺得了2009年的戛纳国际广告节大奖。

而近期永井弘将更多的精力投入了社交网站，因为它是最近备受瞩目的品牌形象塑造工具之一。

众所周知，如今最主流的上网设备是智能手机及各类移动网络设备，而且网络的入口已从以往的门户网站、搜索引擎（雅虎、谷歌等）转向了朋友们云集的社交网站。

优衣库迅速察觉到了市场的动向，积极推进社交网站战略，开发出了许多专门针对社交网站的宣传广告。比如，用户在优衣库的社交网站主页上签到，就有机会抽到优惠券。

优衣库的战略已经取得了显著成果。日经商业出版社发行的《日经数码营销》对"社交媒体的应用程度"进行过一项问卷调查，专门统计企业与品牌在社交网站和微博上的关注人数，而优衣库在调查结果中高居榜首[1]。

"只要进一步强化、充实社交网站战略，企业本身就会变成不需要任何宣传成本的公众企业。"永井弘这样解释。他正和他手下的数码广告专员，全力提高新媒体广告的精准度，追求更大的可能性。

优衣库非常擅长聘用外界的优秀人才进行市场营销，塑造企业形象。尤其是摇粒绒的广告之后，"优衣库的广告很酷"成了世人的共识。优衣库不会像其他企业那样，将广告策划工作统统丢给广告公司，而是直接与优秀制作人、艺术家沟通，将优衣库的

---

1 第一是优衣库，第二是罗森，第三是无印良品，第四是全日空，第五是星巴克。调查时间为2011年12月至2012年1月，调查人数为15 000人。

意志直接反映在作品中。对此永井弘表示：

> 面对拥有过人才华的外界专家，我们的态度绝不是
> "如何使用他们"，而是"如何与他们一起工作"。如
> 果他们能成为半个"优衣库人"，与我们展开推心置腹
> 的讨论，甚至发生争论，就一定能孕育出杰出的作品。

不过，将一流的外界力量（人才或企业）引进优衣库，展
开深层次的合作关系，取得异常高质量的成果，并非永井弘所管
辖的广告部门的专利，优衣库的商品生产部门（与伙伴工厂的合
作）与商品企划部门（与东丽的合作）也会采用这种手法。从这
个角度看，这是优衣库很擅长的手法，也是优衣库战略的关键部
分。永井弘的态度是：

> 没有一家企业比我们优衣库更开放、更自由，我们
> 总是与外界紧密相连，吸收各种各样的东西，贪婪地孕
> 育出各种新概念。这样的公司真是太了不起了。正因为
> 我了解"超自给自足主义"的丰田，才会产生这样的感
> 慨吧。

那么优衣库是如何分辨、引进外界人才的呢？永井直言不讳
地说："这是柳井正的工作，不属于我们的管辖范围。换句话说，

最绝对的选择标准，就是柳井正拥有'想要和这个人一起工作'的想法。"

谁能让柳井正产生这样的想法呢？

最具代表性的人物莫过于优衣库的创意总监佐藤可士和。永井弘说过，佐藤是优衣库品牌战略的关键人物。

2006年秋，优衣库在纽约的SOHO商业区开设了第一家全球旗舰店。对这家店进行综合创意包装，就是佐藤可士和在优衣库进行的第一个任务。他将这家店包装成了优衣库世界战略的模范店铺，也成了全球品牌战略的象征。

总而言之，在创意层面与品牌塑造层面，佐藤已成优衣库必不可缺的人才，柳井正会定期约见佐藤，让他参与经营形象建立等工作。也许这正是"活用外界人才"的终极形态。

佐藤与柳井正相识于2006年2月，当时柳井正碰巧看到了一个月前采访佐藤的电视节目，对佐藤的发言与工作态度产生了很大的兴趣。于是并未预约，柳井正便十分唐突地造访了位于西麻布市的佐藤办公室：

> 我本就对柳井正这位经营者很感兴趣，一直期待着能与他见面谈谈。没想到见了面才发现，他跟我想象的完全一样。
>
> 他的语速很快，从不说废话，而且说起话来也不拐弯抹角。我就喜欢这种人，感觉和他特别合得来。他

的思路与理想非常坚定，也非常清晰，与我的一贯主张"整理整顿"完全吻合。

我们聊了三四十分钟吧。这时他突然问我："我能委托一份工作给你吗？"我就问："什么工作啊？"他说："实不相瞒，四天前我在纽约搞定了一块3500㎡的房产[1]，我们优衣库正打算进军世界，能不能请你当我们的创意总监呢？"事后我才知道，他并不是为了这件事来找我的，只是想来"见见我"罢了。

而且当时正好是优衣库的转换期。在跟我见面之前，柳井先生刚做回社长，将迅销变为持股公司，正式启动了全球化战略。所以他必须对企业来个大变革，于是就选中了我吧。

听到他的委托，我二话没说，回答"好啊"，还情不自禁地补充了一句："不是我自夸，不过您选对人了。"

平日里我的上司总是对我千叮咛万嘱咐，不让我"随随便便接活儿"，可当时我完全被柳井正先生迷住了。

在优衣库，佐藤不只是单纯的美术设计师或艺术总监，而是"会参与到深层次的品牌塑造工作的重要伙伴"。

---

1 全球旗舰店1号店的所在地。

那么柳井正对佐藤有怎样的要求和怎样的期待呢？佐藤又做了些什么呢？

　　柳井正先生对我有很多要求，他不光让我做某项特定的工作，还会在关键时刻追加要求。

　　比如设计纽约分店（全球旗舰店1号店）那次，他就明确说了让我当优衣库全球化战略的创意总监。

　　我本就是美术设计师，所以从品牌标志到购物袋都是我亲自设计的。

　　不过伦敦的项目[1]结束后，柳井正先生给我提了个新要求，请我从今天起放眼全世界，包括日本在内。他还补充了一句："从现在起，请你不要设计任何东西。"听到这话，我当然非常惊讶。他还说："不要做设计，而要看看优衣库应该做些什么。"他居然让创意总监不要做设计，我可从没见过这种人。

　　于是我就从创意总监变成了创意制作人……我也不知道这么说合不合适，说白了就是当"大总管"。比如该找谁做设计，该把什么工作交给什么人。其实这都是下单者的业务。我还会和柳井正先生一起构思企业的基本路线。

1　2007年11月位于伦敦牛津大街的全球旗舰店2号店。

巴黎分店[1]开张的一年前,我就描绘出了"优衣库故事"。"明年秋天,'+J'与巴黎旗舰店的开张将迎来世人的瞩目,HEAT TECH趁势大卖……"我的任务是从局外人的角度,设想优衣库的发展蓝图,与所谓的事业计划截然不同。

我的蓝图变成了现实。而柳井正先生交给我的任务就是构思品牌的故事,好让大家为了实现目标齐心协力,有条不紊。

为此,我必须经常约见柳井先生。那时我们每周要磋商三次呢。最重要的莫过于每周一次的单独对话,每次30分钟左右。这样的"一对一会议",我们整整坚持了好几年。

会议的主要议题与企业构想很接近,比如要怎么开展全球化战略、今年的牛仔裤要怎么销售之类的。柳井先生说:"你就当我在找你咨询好了。"正因为我一脚踏在里面,一脚踏在外面,才能提供独到的见解吧。

最让我欣慰的是,我与柳井先生的审美观在本质上是非常一致的。不用讨论也能理解对方的想法,所以每次开会都有紧张感,但不会产生压力。

---

1 2009年10月开在巴黎歌剧院地区的优衣库全球旗舰店3号店。

佐藤可士和

聘请佐藤可士和，是实现"世界优衣库"的重要环节。而塑造优衣库的品牌形象，正是佐藤的职责所在。佐藤是为优衣库构思故事的人，当被问到：优衣库能成为世界第一吗？佐藤可士和的回答是：

如果不去想，就永远没有希望。所以尽可能明确"世界第一"的形象，就是我的职责之一。

其实我正在构思10年后的优衣库故事。这不是事业计划，而是"佐藤可士和的中长期计划"。总而言之，我必须明确优衣库要走到哪个位置才能成为世界第一，并将这种概念普及到公司的方方面面。

在设计完纽约店之后（2006年），我便着手迅销的企业形象，构思了"改变服装，改变常识，改变世界"这条标语，还设计了相应的标志。标语推出之后，公司内部的意识有了很明显的变化。人们终于理解了纽约的全球旗舰店的用意——优衣库并不只是想在外国开一家很大的店。

世界各地的全球旗舰店纷纷开门迎客，而公司上下的所有人都铆足了劲儿，要拿下世界第一。所以，成为世界第一的可能性还是很高的。优衣库与ZARA、H&M、GAP截然不同，是完全不一样的品牌。这也是优衣库的最大优势吧。如果优衣库和它们一样，就不可能成为世界第一了。

优衣库不光是时尚，也是实用品，还具备"生活必需品"的要素，所以优衣库的市场要比以"时尚"为产品设计理念的竞争对手们大得多。而这样的市场与需求还没有完全激发出来。如果能完全激发出这些市场，优衣库就能迅速逼近世界第一的宝座。

说得明白一点，就是优衣库要在服装的世界，实现本田和索尼当年在全世界完成过的伟业，而且还要完成得漂亮。不光要引领潮流，还要在更本质的层面上。

佐藤可士和在优衣库中的位置非常特殊。他不是所谓的顾问，也不是外部董事，至少在传统的日本企业中，不存在佐藤这样的位置。正因为如此，佐藤才能与柳井和优衣库通力合作，构筑起能形成良性循环的关系吧。

我有个朋友这么跟我说，你从广告设计师做起，后来成了品牌设计师，现在可好，开始设计企业了，找遍全世界也没你这样的先例吧。

但我一点不协调感都没有，工作起来也非常顺利。也许我本就喜欢这种状态，与优衣库的合作碰巧把我的这种特质引出来了。

"佐藤可士和的工作报告和演讲特别容易理解。"常有人这么说，他们应该是在夸我吧。其实做设计的人常喜欢夸夸其谈，把人说得晕头转向。尤其在时尚领域，这种倾向就更明显了。而我的设计哲学则是赶走"把人们搞晕"的重重迷雾。客户想做些事情，却不知道该怎么做起，而我的任务就是帮他们明确目标。我的工作，说好听点就是"概念的设计"吧。

从这个角度看，柳井正先生成功激发出了我的潜力与使命感。我真的很感谢他。

佐藤可士和

第十章

要去人多的大城市做生意

"只想在日本卖衣服，那么恐怕连日本这个市场都保不住。"这是柳井正在2009年9月迅销集团事业战略说明会上的开场白。

随着经济与社会体系的全球化，世界开始变成一个单一市场，所以完全本土型零售商则一定会被全球性零售商取代。因此，企业才要打造能在世界市场有竞争力的商品，否则就无法在本土生存下去。

优衣库很早就迈开了进军海外的步伐。2000年6月，优衣库在英国伦敦设立了子公司，并于2001年9月于伦敦市内同时开设了4家新店，可谓来势汹汹，这也是优衣库最早的4家海外分店。之后，优衣库逐渐将英国的分店总数增加到21家，但店铺的业绩总是不尽如人意。2003年，优衣库只留下了伦敦市内与近郊的5家分店，关闭了其他的16家分店则关门大吉了。

那么这些店业绩不振的原因是什么呢？

原因之一：优衣库将经营管理权全权下放给了在当地录用的英国高管。原本优衣库的管理特征是不分阶级，所有人齐心协力，而英国管理模式的阶级色彩非常浓厚，经营者、管理者、店铺员工之间存在难以逾越的壁垒，保守化倾向十分明显，所以在英国，优衣库这种做法终究是行不通的。

原因之二：柳井正提出的目标是"3年开出50家店"。这句话竟变成了英国事业的终极目标。其实柳井正的这句话还有一个前提，"力争在3年内实现盈利"。但人们把全部注意力都集中在了"50家店"，所以开了许多入不敷出的分店。

原因之三：当时优衣库的知名度不够。欧美的著名品牌都在伦敦有分店，而优衣库仅仅打点小广告，是绝不可能让人们对"来自亚洲的休闲品牌"产生兴趣的。

现在想来，优衣库当初的开店策略有些不够成熟，只追求了速度。进军英国时，日本国内优衣库事业恰逢摇粒绒热潮。柳井在《一胜九败》中也用了一种自嘲的口吻，评价当年的失策：

> 我自己也进入泡沫状态了。优衣库在日本国内取得了空前成功，于是我就产生了错觉，以为进军海外没什么难的，只要把在日本取得成功的模式搬出去就好了，但那套模式虚有其表，没有任何实质性内容。

进军英国之后，2002年9月优衣库进军了中国市场，在上海依旧采取两家店同时开张的方法。2005年，优衣库还在北京开了两家分店。其实，优衣库当时是吸取了英国的失败经验，任命了一位有日本留学经验的中国员工担任中国分公司的总经理。那位员工在日本优衣库积累了不少经验，因此柳井认定他一定能在中国贯彻优衣库的风格。不料那位总经理"一心想在中国打造新的优衣库"，太过顾忌中国的收入水平，采取了与日本优衣库截然不同的经营策略，卖了许多价格便宜、质量却不怎么样的产品。

最终这些店铺因为赤字不断、入不敷出，也只能关门大吉了。

优衣库在2005年就实现了进军美国的愿望，但分店开在新泽西州郊外的购物中心。虽然当时优衣库在美国共有三家分店，但知名度几乎为零，也没有引起消费者的关注，最后这三家店也只能灰溜溜地退出市场。

可以说，优衣库早期的海外战略是惨败的。

那么，是什么扭转了优衣库的海外战略？

这个问题的答案就是"全球旗舰店"（Flagship Store）。这类型的店面面积至少是标准店的两倍以上，而且优衣库在这些店铺中投入了最高水平的产品营销策略与视觉营销策略（Visual Merchandising），是一种全新的模式。它们遍及全世界的各大城市，拥有橱窗的展示功能，有效树立了优衣库的品牌形象。

柳井正之所以能摸索出全球旗舰店这种新解决方案，离不开在美国的失败经验。如前所述，优衣库起初选择的并非曼哈顿这样的市中心，而是郊外的购物中心。因为这种地段太差、太不显眼了，所以原本能卖得出去的东西也会毫无销路。

在《一天放下成功》中，柳井正打了个非常好懂的比方：

以日本国内为例，如果一个没什么名气的、没做过什么宣传的外国品牌在琦玉县、千叶县[1]的购物中心，而不是东京的市中心，开了家店，结果会怎么样？优衣库当时在美国根本就没什么知名度，顾客都不会走进店里，所以怎么可能把衣服卖出去呢？

为了处理在美国的剩余存货，优衣库在纽约市中心的商业区租了间250㎡的店面，搞了一个类似奥特莱斯的地方，没想到它的生意比之前的三家正规店还要好。于是柳井正总结出了一条经验：“还是得去人多的大城市做生意，因为那些地方的人对衣服更有兴趣、更敏感。”

之后，优衣库改变了原有的全球化战略，在外国开店时总会选择那个国家最大城市的闹市区，轰轰烈烈地开一家新店，以吸引消费者的注意；先提高优衣库在那个国家知名度，之后再开其他分店。

2006年11月10日，优衣库在纽约SOHO地区的黄金地段开了卖场面积达3500㎡的全球旗舰店1号店——优衣库纽约店，也是当时优衣库分店中规模最大的一家。

负责设计这家店的正是佐藤可士和（创意总监），还有片山正通（装潢设计师）、马克思·吉尔斯坦（艺术总监）等当代超

---

1 在日本，琦玉县、千叶县的经济并不发达。

一流设计师[1]。而且在分店开张之前，优衣库还使用各种促销手段，提高品牌的知名度。比如在曼哈顿的各个位置设置集装箱小店，提前销售优衣库的服装；分发由顶级设计师参与制作的免费杂志；销售优衣库原创的CD等。

从结果看，这些措施发挥出了意想不到的效果，优衣库的全球化战略也是"V字复活"，可谓"失败是成功之母"的典型范例。

之后，优衣库接连在伦敦（311牛津大道店，2007年11月）、巴黎（歌剧院店，2009年10月）、上海（南京西路店，2010年5月）、大阪（心斋桥店，2010年10月）、台北（明曜百货店，2011年9月）、纽约（第五大道，2011年10月）、首尔（明洞中央店，2011年11月）开设全球旗舰店，而最近的一家是在2012年3月开设的东京银座店，也就是第九家全球旗舰店。

对优衣库而言，占领世界发展最迅猛的市场——亚洲，才是成为世界第一的捷径。

因此优衣库加快了在亚洲的开店效率。2013年的新店计划中，有32家日本国内分店与114家国外分店，国外分店的数量是前一年的两倍多，也是国外新店的数量首次超过国内新店。114家国外分店中，有109家位于亚洲。

---

1 之后开张的大多数全球旗舰店都是在佐藤可士和、片山正通组合设计和监督下完成的。

表10-1　优衣库的海外分店

	国家／地区	进军年月	店铺数
亚洲	中国内地	2002.9	142（62）
	中国香港	2005.9	16（1）
	中国台湾	2010.10	17（16）
	韩国	2005.9	81（19）
	新加坡	2009.4	7（2）
	泰国	2011.9	4（4）
	马来西亚	2010.11	4（2）
	菲律宾	2012.6	1（1）
	（小计）		272（107）
欧美	英国	2001.9	12（1）
	美国	2005.9	3（2）
	俄罗斯	2010.4	2（-1）
	法国	2007.12	2（1）
	（小计）		19（3）
（合计）			291（110）
（参考）	日本		852（9）

店铺数截至2012年8月。
括号内为与前期相比的增减（中国、俄罗斯各关闭1家）。

　　截至2012年，已处在营业状态的国外分店为291家，直逼300大关。其中，位于亚洲的店铺有272家，占据了九成之多。优衣库在亚洲的8个国家和地区有分店，而欧美两大洲里，拥有优衣库分店的国家只有4个。由此可见优衣库在亚洲倾注了多大的心血（详见表10-1）。

迅销集团的首席执行董事、日本国内与亚洲经营的总负责人大笘直树这样说:"优衣库在亚洲势头正劲,尤其是这两年刚进军的中国台湾、马来西亚和泰国,新店一开张就十分火爆,顾客简直能用蜂拥来形容。"

大笘称:"亚洲市场与欧美不同,优衣库在亚洲有很大的优势。"也就是说,优衣库的基本战略是趁着还能在亚洲发挥出优势的时候先下手为强,把亚洲市场牢牢握在手心里。

优衣库在亚洲有什么优势?

第一,优衣库的总部在日本,因此优衣库有地理上的优势。优衣库的世界总部(优衣库内部将其称为"全球司令部")位于东京,从东京到其他亚洲国家的地理距离非常近。再加上优衣库的生产体系也均设立在亚洲各国(在中国、孟加拉国等地拥有生产基地),因此有现成的"亚洲生产、亚洲销售"体制。

第二,日本品牌在亚洲市场知名度很高,这一点和欧美市场截然不同。对亚洲人而言,东京是亚洲最发达的城市之一,而且日本的传统文化与流行文化是许多亚洲人喜欢的;亚洲人对日本产品的质量十分信赖,因此优衣库可以在亚洲大打"源自日本"的旗号。

第三,竞争对手。在欧美市场,优衣库与其他企业有着巨大的差距,简直可以说是望尘莫及,但在亚洲的情况却不是这样。至少可以说优衣库能与其他企业站在同一起跑线上公平竞争。

表10-2　跨国服装企业的集团业绩

（单位：亿日元，▲为负）

	销售额	净利润	店铺数	海外销售额比例（%）
Inditex（西班牙）	14 983（10）	2082（11）	5402	29
H&M（瑞典）	13 518（1）	1944（▲15）	2472	16
GAP（美国）	11 717（▲1）	670（▲31）	3263	21
迅销（日本）	8203（1）	543（▲12）	2167	18

业绩根据2011年度12月底的汇率换算而成，括号内为与上一年度相比的增减率比例，欧洲企业的海外销售额比例为欧洲之外的销售额比例。
出处：日本经济新闻，2012年3月8日。

　　如表10-2所示，优衣库在所有跨国服装销售企业中排名第四，与前三名相比，优衣库的海外战略要落后很多。但要是将前三名所在的欧洲和美洲视做一个整体，那优衣库就能超过H&M，与GAP相比也毫不逊色。优衣库在亚洲市场倾注的心血已见成效。然而，优衣库的竞争对手们也在不断加强对亚洲的攻势。比如H&M在2011年度开设的亚洲分店数量为89家，比前一年多了整整八成；而Inditex集团旗下的ZARA也不甘示弱，亚非地区的店铺为251家（截至2011年10月底），比前一年增加了两成。

然而，优衣库依然能在亚洲市场占得先机。优衣库计划在2013年7月之前开出272家亚洲分店，中国的分店数量就足有142家，同比增加了62家。在进军中国的服装销售企业中，优衣库是当仁不让的龙头老大。

"没想到中国的事业能这么快走上轨道。"大笘喜形于色。因为中国的零售业市场的常态是"能提高销售额，却很难盈利"。

优衣库并没有精确公布每个国家的销售额与利润数值，但毋庸置疑的是，分店数较多的中国与韩国，一定贡献了海外事业经营利润的大多数。

其实优衣库在韩国的业务一直非常顺利，因为它与韩国的大型企业乐天结成了贸易伙伴关系。但在中国市场，则是惨淡开场的。"最初进入中国的三年，我们着实吃了不少苦头。"大笘说。

扭转颓势、将中国业务引向成功的人，正是时任迅销集团首席执行董事、大中华区总裁，潘宁。

潘宁于1995年进入优衣库，才26岁。他是土生土长的北京人，而后他到日本留学。当他拿下硕士学位之后，本想进入贸易公司工作，却因为年龄太大没能如愿以偿，最后却敲开了优衣库的大门。

我记得最后一轮面试是在总公司进行的，那是我第一次见到柳井正社长。我说："我想在中国工作。"他竟不假思索地回答："好，三年之内，我一定让你在中国大展拳脚。"当年的我不过是个正在求职的应届毕业生，可柳井正先生竟然当着我的面，滔滔不绝地讲起了他的未来构想。我心想，也许我能在这家公司找到自己的梦想，便下定决心，进入了优衣库。我做梦都没有想到自己会成为中国优衣库的社长。

潘宁

1998年，柳井正将潘宁派往中国广州，管理生产业务和建立生产管理事务所的工作。从那时起，潘宁就开始发挥出了"中国专家"的作用，在中国业务中大放异彩。而且他刚进公司时也在销售现场工作过，还曾经有当店长的经验。

潘宁直言不讳道："那是个非常大的挑战。"出国留学的中国人大多有精英意识，自尊心很强，更何况拥有硕士学位的潘宁。潘宁说："我刚进公司就被分配到了销售现场，打扫、搬货物……真是吓了我一跳。"但最终潘宁战胜了挑战，仅用半年就当上了店长，一年后便回到了总公司。

优衣库将总部定位为"店铺后援中心"，但没有一线经验的人是不会理解销售现场的辛劳的。我是从店员做起的，还做过店长，回到总部后自然是得心应手，这样的经验对我也很有好处。

2005年3月，优衣库成立香港分公司，并任命潘宁担任总经理。同年9月，香港1号店正式开业。这家店虽然选在人气并不高的购物中心，而且店铺的条件也不算好，但从开业起便大排长龙，生意好得超乎想象。

潘宁是中国人，熟知中国市场的消费习惯和消费者的需求，他正是这场胜仗的大功臣。"其实中国人真正想要的，就是原汁原味的日本优衣库。"所以在这家店里，除了价签换成了港币，商品、标签和陈列方式都直接采用了日本式，这才是香港店大获成功的原因。

潘宁为优衣库开拓中国市场立下了汗马功劳。2005年12月，他就任中国事业部的总经理。2006年，他在上海新开设了两家优衣库分店，而这两家店异常红火。2008年，他再次进军曾让优衣库碰壁的北京市场，但这一次取得了空前的成功。

中国事业转亏为盈，顺利走上轨道，由此可见潘宁的能力。他始终否定不完整的本土化策略，坚持发挥日式优衣库的优势。

2010年5月，优衣库在上海最好的地段——南京西路开设了第四家全球旗舰店——优衣库南京西路店。店铺面积为5000㎡。

这家南京西路店与之后将要介绍的巴黎歌剧院店一样，创下了优衣库全球旗舰店的新纪录。南京西路店开张之后，优衣库的中国事业跨上了新的台阶。2011年，中国内地的新分店数为28家，而2012年则增加到了63家。优衣库还计划在2013年之后，以每年新开100家分店的速度扩张。对于这样的成绩，潘宁认为：

之所以现在这么成功，是因为我们遇上了好时代、好时机。优衣库最初是在2002年进军中国的，当时中国的GDP还很低，经济、文化的成熟度也比现在差了不少。直到北京奥运会召开前两三年，中国人才富起来，大众消费才有了活力。

但其实，优衣库在中国的成功还离不开一个重要因素。那就是潘宁很擅长发掘、培养本土人才，同时也善于使用这些人才。

"我是个中国人，但我成为了日本企业的一员。我从普通员工做起，最终成了中国市场的总指挥。"潘宁是从销售第一线起步的领导，他的成功案例对中国员工特别有说服力，因此他的存在也能激起中国员工的干劲与斗志。

都说中国人的个人主义倾向很强、团队合作能力差、缺乏服务精神，所以许多零售企业不喜欢用中国员工。但这也许是因为那些企业的管理层总是高高在上，没能真正理解中国员工的想法，也没能用好中国员工，这么说只是在推卸责任吧？

不过潘宁也苦笑着表示："中国一直在推行独生子女政策，所以现在的确有很多眼高手低的年轻人，换作我们那个时代是难以想象的，所以要用好他们的确很难。"但潘宁总会不遗余力地教导员工"在销售第一线勤勤恳恳地努力有多重要"。可以说，"重视第一线"在潘宁身上得到了完美体现。

潘宁还说："我的使命就是成为优衣库的'传教士'，在中国宣传优衣库的商业模式、企业理念与企业精神。"可以预见,在不远的未来,潘宁领导的中国优衣库定将取得更加傲人的成绩。

优衣库在大中华区(中国内地、中国香港、中国台湾)及韩国的事业开展得如火如荼,下一步的计划是以东南亚地区总部的所在地——新加坡为枢纽,进一步强化"东南亚国家联盟事业"。除了已开设分店的马来西亚、泰国和菲律宾,优衣库还打算在越南开设大量分店,并等待时机进军印度、澳大利亚、新西兰等地。

相比红红火火的东亚、东南亚,优衣库在欧美的经营情况要低迷得多。服装业界中人常会如此贬低优衣库,"在亚洲强,在欧美就不行了",虽然这其中不乏有些眼红的成分。

在时尚行业,有个不成文的规定,根据品牌的原产国,消费者将其分成不同的等级——欧美优于日本,日本优于其他亚洲国家。欧美品牌很容易打入日本和亚洲其他国家,而日本品牌也很容易被亚洲其他国家的人所接受,但反过来就难了,除非有什么特殊情况。优衣库也难以免俗地出现了这样的状况:在亚洲开店就很红火,在欧美市场就缺乏竞争力。

其实,优衣库最早进军的国家就是英国,分店数也是最多的。2007年伦敦的全球旗舰店开业之后,英国的业绩开始逐渐好转,但仍未摆脱赤字,业绩依然不尽如人意。

优衣库于2011年10月在美国接连开设两家分店,纽约第五大道店和纽约第34街店,而且都在极为热闹的商圈。第五大道店的销售情况一直不错,但第34街店却并不乐观。数据显示,2012年的美国事业业绩依旧将会以赤字收场。而俄罗斯的事业虽然呈现出上升趋势，但要扭亏为盈怕是还有很长的路要走。

在欧美优衣库事业中，唯一的"优等生"就是法国。2009年9月开张的第三家全球旗舰店巴黎歌剧院店，生意异常红火，人气也经久不衰，是全球旗舰店中少有的高收益店面。

歌剧院店为何如此成功？

因为这家店开张时，优衣库正好推出了与吉尔·桑达的合作品牌"+J"，而且巴黎人对高品质时尚十分敏感，品位也好，再加上法国人非常尊重日本文化，觉得"日本是个很棒的国家"。所以，也可以说法国是少数几个不受"欧美优于日本，日本优于其他亚洲国家"规则限制的国家。

可只有巴黎的大型旗舰店生意好，实在称不上成功。

优衣库能在欧美开出吸引人的大型店，但还完全没到争夺市场份额的阶段。换言之，优衣库还没找到全球旗舰店之后的解决方案。

优衣库最大的竞争对手就是诞生于欧美的服装销售企业。表10-2中出现的就是此类企业的前三名：Inditex、H&M和GAP。欧美地区是它们的大本营，优衣库要在欧美赢过它们的确有非常大的难度。

欧美的快速时尚军团（H&M与Forever 21）在日本颇受欢迎，因为它们创造出了全新的"一次性时尚"。虽然这种说法不太好听，但却实实在在地激发出了前所未有的需求，引出了新市场。

服装业界人士将这些快速时尚商品戏称为"一次性派对服

194

装"，就是"只为参加派对而准备的服装"。而这些服装与优衣库的正相反。优衣库的特征是"价廉物美、能穿很长时间的便装"。

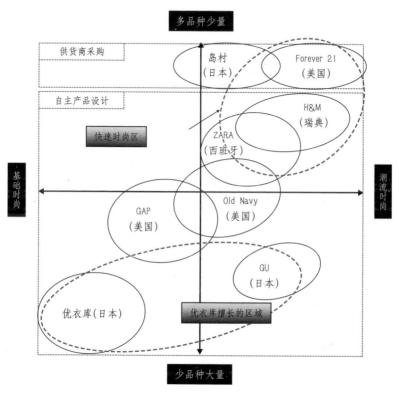

图10-1 世界性服装品牌的商业模式与产品生产定位
（括号内为总公司所在地）

图10-1，所示为是各家世界性服装品牌的商业模式与产品定位。可以看出优衣库与快速时尚正好处在对立的两极。由此可

见，两种企业在制造、供销方式上的思路和目标是截然不同的。

让我们再来详细分析一下这个"一次性派对服装"。

欧美人一直将派对视作重要的社交手段，人们常会在自家设宴招待亲朋好友。当然，"爱美是女人的天性"，无论是什么派对，女人都想穿着最时尚的衣服去参加。高收入阶层当然不在乎这些小钱，但普通人肯定没法为了派对而购买高价的名牌晚礼服，于是就产生了"一次性派对服装市场"这个巨大需求。

而日本根本没有"派对文化"，所以这片市场才会是一片空白，无人涉足。快速时尚进入日本之后，年轻人就被这样的文化吸引了。

2008年9月，H&M在东京银座开设日本第一家快速时尚门店，大多数专家都认定，快速时尚只会红极一时，没有派对文化的日本是绝不会完全接受这种时尚。然而，专家们都猜错了。快速时尚在日本取得了出人意料的成功。

优衣库在欧美采取的策略是创造以往的欧美所没有的新市场，换言之，优衣库正在欧美市场复制"快速时尚"在日本的成功模式。如果此举能取得成功，优衣库就能进入"正在欧美占领市场份额"的阶段了。

当然，柳井正所说的市场是与之前提到的"一次性时尚"完全对立的、日本也有的基础休闲装市场，也就是"功能多、品质好、穿着舒服、平时也能穿"的服装。仔细想来，这个市场的要求其实很高，但它背后正隐藏着日本人的生活消费文化——日本人不容许"便宜没好货"，对商品总是高标准、严要求。

在欧美人的思维习惯中，便宜的商品普遍质量都比较差，对待服装的态度也是如此。比如美国的中下产阶级，常在沃尔玛之类的大卖场买衣服，他们其实也知道"便宜没好货"。对他们而言，"一次性时尚"的价格便宜，质量稍差一些也不要紧。

正因为欧美人有这种思维定式，就很难让他们理解优衣库的优点。他们一看到优衣库的价格，便认定衣服的质量一定不好，就算优衣库再怎么宣传质量和功能也没用。为此，优衣库采取了很多在欧美市场首创的促销方法，比如在2010年的HEAT TECH促销活动中，他们便派人在街头巷尾免费发放商品，让消费者实际体验一下。柳井正解释这样做是因为：

> 我想将优衣库普及到全世界，麦当劳与可口可乐是
> 美国饮食文化的象征，但它们已经成功地开发了全球市
> 场，无论在世界的哪个角落都能找到它们的身影。我想
> 在服装界实现这一壮举，并通过这些事业，将日本的文
> 化传播向全世界。

柳井正最大的"武器"就是日本的高水平纤维技术。他的理念是使用这些技术，将服装"打造成全世界品质最高的产品"。目前为止，提出这个理念的只有优衣库一家企业。

柳井正的另一个"武器"是："日本人的服务精神是世界首屈一指的。"的确，这是日本"最有力的产品"，也是欧美和其他

亚洲国家都无法模仿的。

其实优衣库还有一个容易被忽视的卖点，那就是日本的"高水平消费竞争"，这也是欧美人所没有的。本田、索尼、尼康、佳能、7-11、优衣库……这些品牌都是在日本消费市场中经过千百次竞争之后生存下来的胜利者。而现在这些胜利者中没有打开世界市场的，也就只有服装企业了。

如前所述，优衣库十分注重它的亚洲战略，力争早日成为世界第一的自有品牌服装经销企业。

"称霸欧美本是成为世界第一的必经之路，但以后是得亚洲者，才能成就全球第一。"柳井正说得一点不错。因为亚洲的中产阶级将成几何级数增长，所以只要能称霸亚洲，就能成为销售量的世界第一。

然而，光是成为"量"的世界第一还无法让柳井正满足。欧美市场有悠久的服装历史与文化，还有许多强大的竞争对手。如果能在欧美市场打败它们，就不仅能成为"数量的世界第一"，还能成为"品质的世界第一"。柳井正一定是这么想的。

当然，这条路并不好走。欧美不比亚洲，在服装品牌方面的等级制度十分严格。竞争对手拥有市场主动权，还有地理上的优势，竞争力异常强大，优衣库还没有在欧美构筑起足以支持优衣库发展的市场。佐藤可士和曾说："优衣库与其他跨国服装品牌截然不同，所以才有可能称霸世界。如果优衣库和它们一样，就不可能成为世界第一了。"

而优衣库即将构筑起的市场要比快速时尚市场大得多，也有潜力得多。因为优衣库的商品概念是"男女老少谁都能穿的、兼具实用性与普遍性的服装"。换言之，优衣库不是一次性服装，而是日常生活服装。两个市场孰大孰小不是显而易见的吗？

　　如果优衣库能打开这一市场，就能在欧美这片真空地带飞速发展。因为这是一块全新的市场，没有竞争对手。优衣库要成为名副其实的世界第一，就必须称霸欧洲。如此一来，它就能将优秀的日本消费文化传播到世界，让它在世界各地生根发芽了。

　　迅销是一家积极进行M&A（企业并购）的公司。当然，这也是世界战略的一个环节。起初，迅销这么做的目的是集结多个跨国品牌的"全覆盖经营"。换言之，迅销希望扩充优衣库以外的优秀品牌或企业，并借此进军世界。不过近年来，它的态度有了一些变化。迅销的M&A始于2004年1月，当时它向Link International（现在名为Link Theory Japan，旗下有在日美两国颇受欢迎的品牌"希尔瑞"）注资。之后Link International在东京证券交易所的母市场[1]上市，使迅销的注资得到了高额的回报。2009年迅销以TOB（公开收购）的形式将其收购，使其成为迅销的全资子公司。

　　收购Link International的成功让迅销尝到了甜头之后，它便加快了并购的速度。

　　2004年收购National Standard（日本女装品牌），2005年收购

1　一般情况下，主要证券交易板块被称为"父市场"，而"母市场"为新兴市场板块，类似于中国证券交易市场中的创业板，以扶持中小企业为主。

One Zone（日本鞋业品牌）、COMPTOIR DES COTONNIERS（法国女装品牌），2006年收购丹丹公主（法国内衣品牌）、Cabin（日本女装品牌）、VIEWCOMPANY（日本鞋业品牌）。

然而迅销的战绩并不尽如人意。

除了希尔瑞，也只有来自法国的中档品牌COMPTOIR DES COTONNIERS和丹丹公主的业绩比较稳定，其他的项目都是无果而终，不是再次出售，就是被现有子公司兼并、吸收。如果要对M&A的结果做个客观的评价，那就是"一胜二平四负"。在这些收购中，"国内救济型收购"（One Zone、Cabin、VIEWCOMPANY）则是一败涂地。

表10-2　迅销主要并购案的M&A

	出资／子公司化的企业／品牌	M&A后
2004年	Link International（现 Link Theory Japan）	2009年完全子公司化继续
	National Standard（女装）	2006年撤出
2005年	One Zone（鞋）	2010年移交优衣库 2011年撤出鞋专卖店事业
	COMPTOIR DES COTONNIERS（法国女装品牌）	继续
2006年	丹丹公主（法国内衣品牌）	继续
	Cabin（女装）	2010年与Link Theory Japan合并
	VIEWCOMPANY（女鞋专卖店）	2008年完全子公司化 2010年移交优衣库 2011年撤出鞋专卖店事业

对于企业并购，柳井正认为：

　　那些因为经营出现问题、不得不被收购的企业终究
是不行的。要让它重振旗鼓，就必须从根本上改变它的
文化、价值观和管理层。与其花那么多心思，还不如不
并购，自己重新开办公司反而还更轻松些。

欧美有非常成熟的并购市场，即使是经营状况很优秀的企
业，也会成为买卖的对象。但在日本是截然不同的，在日本成为
被并购的企业，尤其是零售企业，大多是无法自力更生的"死"
企业。因此日本的企业并购，是在贱卖已经没有价值的企业，所
以常会出现"贪小便宜吃大亏"的情况。由此可见，在日本很难
通过并购的方式获得优良企业。

迅销曾对外宣布，"我们不惜进行几千亿日元规模的并购项
目"，但事实上，迅销的并购投资总额不过500亿日元左右。不过
也可以看出，在迅销集团内部还是有大量可用资金的。

与日本国内的并购失败形成鲜明对比，迅销的海外并购项目
都取得了较为理想的成果，Link International就是其中的典型。因
此迅销便将并购的重心转向了海外。

这时，迅销盯上了美国最具代表性的高级服装专卖店巴尼
斯纽约精品店（以下简称巴尼斯）。这也是一个超大规模的收
购项目。

2007年7月5日，迅销提出收购巴尼斯时，引起了国内外媒体的广泛关注。具体的方法是，迅销出资9亿美元（按当时的汇率换算约为1035亿日元），从巴尼斯母公司Johns Apparel手中买下巴尼斯的全部股票。

　　其实早在一个月前，迪拜的政府基金"Istithmar World"已与Johns Apparel达成一致，以8.25亿美元的价格收购巴尼斯。但双方合同上写的是"在7月22日之前允许第三方提案"，这也就是迅销能介入这场争夺战的原因。

　　在长达一个多月的明争暗斗后，迅销于8月9日公布了放弃收购的决定。最终，巴尼斯以9.423亿美元的价格落入Istithmar World手中。

　　其实迅销在2006年还有过一个收购失败的项目。当时迅销的目标是佐丹奴。迅销本想用公开收购的方式将其吞并，却因种种原因无奈放弃。而巴尼斯是迅销大型收购案中的第二次失败。

　　不过，随着华尔街的雷曼兄弟破产，全球金融危机到来。消费长期处于低迷的状态，导致巴尼斯的产业不断恶化，Istithmar World大有将巴尼斯抛售出去的意思。虽然征求了不少收购候选人的意见，收购闹剧并没有再次上演，不过市场分析师们推测，当时的巴尼斯的市场价值不过3亿～4亿美元。也就是说Istithmar World最初的收购资金已经缩水了一大半。不得不说，柳井正的运气很不错。

　　迅销还借助收购巴尼斯的项目，提高了优衣库在欧美服装行业的知名度与品牌价值，免费打了广告。之后，便有不少跨国收购项目主动找上了迅销。可以说这场收购失败对迅销而言是"百利而无一害"。

不过在巴尼斯之后，迅销几乎没有涉足过大型并购项目，而且收购目的也从"全覆盖"型变成"能够帮助优衣库拓展欧美市场的企业"。与此同时，迅销的可用资金不断增加，柳井的原话是："5000亿日元左右，我们迅销还是拿得出来的。"

在2011年8月的迅销决算发表会上，优衣库大胆宣言"2015年度的海外优衣库销售额将超过国内优衣库"。

2011年的海外优衣库事业销售额为937亿日元，而日本国内的则是6001亿日元。如果要在2015年8月期实现"内外逆转"，海外优衣库事业就必须以年平均68%的速度增长（假设日本国内优衣库的年平均增长率为5%）。那时，海外优衣库的销售额约为7500亿日元，这需要至少1100家分店。2012年8月期的海外店铺数为291家，也就是说从2013年起，优衣库必须保证每年开设270家新店才行。

为加快海外事业的发展，优衣库从2012年起正式执行"世界五总部体制"，将全世界分成五个大区，将权限下放给每个地区的总部。地区总部分别位于上海（大中华区事业）、新加坡（东南亚事业）、巴黎（欧洲事业）与纽约（美国事业），而东京总部则管辖日本与韩国的事业。

全世界的地区总部将对各地区的员工录用、培养、店铺开发等事项进行统筹管理。迅销以前的做法是在每一个国家设立当地法人，而东京总部则通过当地法人进行指挥。五总部体制启动之后，东京总部会将权力逐步移交给其他总部，让地区法人负起责任，管辖各地区的事业。

要实现之前提到的"内外逆转"，就离不开"当地主导"的迅速决策能力。这就是采取五总部体制的根本目的。而优衣库的当务之急有两点：店铺开发与人才培养。

有一位负责日本企业出海的业内人士曾说："在亚洲，尤其是在中国的开发商眼中，优衣库是人气店铺，很多人都'排着队'找优衣库开店呢。"因此店铺开发方面应该不成问题。柳井也颇有自信地说："在2013年，我们至少可以在海外开出两三百家新店。"

由此可见，剩下的问题就是如何培养并留住人才，以跟上开店的速度了。都说零售业是"店长产业"，人才是决定一家零售企业能否成功的关键，因此要在海外进行扩张，就离不开熟知当地市场情况的优秀员工。但是新进企业在招聘和培养当地员工上往往都颇为头疼。资深的"优衣库人"——潘宁是中国人，可就连他都在招收本土人才这方面也吃了不少苦头。

　　我常对我们公司的员工说，如果一家企业真有成长的必然性，就一定能录用到优秀的人才，也能培养出优秀的人才。以前我们的人才来源只有日本国内。

可是店铺多了，就应该面向全世界招人。全世界的优秀人才比日本多得多。只要为他们准备好大展拳脚的舞台就行。

现在，优衣库计划每年录用1500名新员工，而外国籍员工的比例占到了八成，大约为1200人。

首席执行董事大笞直树称："其实店铺与人才是现实的问题，总是有办法解决的。更根本的难题在今后的市场营销与商品政策上，要大量开设分店，就必须提高业务的效率；要提高效率，就需要精准度更高的市场营销与商品政策。"

大笞还带着严肃的表情总结道："我们在亚洲的第一阶段进展得很顺利，但这并不意味着我们能顺势进入第二阶段。"

他口中的"第一阶段"指的是在商业区开设旗舰店等大型店面，用于展示型销售，通过广域市场营销活动提高优衣库的认知度、人气。这个阶段，也就是塑造品牌形象的阶段。而第二阶段就是深挖每个国家的市场，在更贴近生活区的郊外和二、三线城市大量开设新店，拉开与竞争对手的差距。优衣库必须进入这个阶段，才能发挥出它固有的优势。

当然，两个阶段的市场营销策略与商品政策截然不同。尤其是第二阶段，要根据每个国家的国情做出细微的调整。比如新加坡的前10家店可以沿用老方法，但要开出30家分店，就不能一直用老一套了。这需要制定针对新加坡国情与行情的深层次战略。

大笘解释道："新的市场营销策略与商品政策的构筑，才是最紧迫的课题。"

优衣库最为重视的关键词就是大笘提到的"提高效率"。之前提到的缺货补充型产品销售策略，减少委托工厂的数量，与纤维制造商和外部设计师的通力合作，大量开设分店等，其目的都在于"提高效率"。

我们可以用优衣库的竞争对手们的海外战略作个对比。Inditex的子公司ZARA进军了80个国家地区，销售额约为1.5万亿日元；H&M进军了40个国家地区，销售额约为1.4万亿日元，而优衣库只进军了13个国家地区，销售额却有8000亿日元之多，平均下来自然是优衣库的单一国家地区销售额最高，而这就是优衣库的优势所在。因此大笘直树认为：

> 像ZARA和H&M那样去很多个国家开店并不是什么难事，可光是那样并无法提高优衣库的效率。更何况要是无法深层次挖掘一个国家的市场，就没有在那里开店的意义。

总而言之，优衣库的亚洲事业即将转入深挖市场的阶段，而这定会是最艰难的时期。

经常看经济新闻的读者们也许知道，优衣库为了扩大海外事业，规定公司内部必须使用英语，还要求店长与总部员工的

TOEIC[1]成绩必须高于700分。为了让员工有更多时间学习英语，2011年9月起迅销总部的上班时间提前了两小时，改成了早上7点到下午4点。不过对于英语不好、还特别讨厌早起的人来说，这样的生活简直是难以想象的。

优衣库的计划是从2013年3月开始在公司内部全部使用英语。在高层强制推行下，该规定有些"不由分说"。不过柳井正称："现阶段我们并不打算彻底普及英语交流，只是希望能在有外国员工参加的会议上使用英语，这样就不会影响外国人参与讨论了。"这就是"不由分说"的用意。同时柳井正还直言不讳道："要是到了2015年，也就是国内外销售额该逆转的那一年，如果公司内部交流还在用日语，那么那个计划肯定没戏。"

英语的问题暂且不论。优衣库计划在五年以内将900名员工（包括店长和总部的管理人员）派往海外，并有更多的外国员工前往日本，最终目标是让外国店长在国内优衣库中所占的比例达到20%～25%。

综上所述，迅销内部的全球化正在不断加速，之前提到的"世界五总部体制"也是其中的一个环节。组织、人才方面自不用说，迅销也没有放缓硬件系统上的全球化步伐。自2009年4月起，它投资数百亿日元巨资搭建名为"G1"（Global One，世界第一）的新信息系统。

---

1 即国际交流英语考试，国内常翻译为"托业"。

G1系统的一部分已于2011年开始运转。该系统由优衣库、希尔瑞、COMPTOIR DES COTONNIERS等相关事业共享，生产、商品质量管理、物流、销售，乃至行政部门的人事、财务，所有业务都能在该系统下执行世界统一的标准。如此一来，员工轻轻一点鼠标就能得到优衣库在任何一个国家的任意信息，业务效率有了显著提高，还能让全体员工共享全球化意识。

优衣库还有一项每半年评选一次的店长竞赛制度，人称"优衣库第一名大奖赛[1]"。最初的参赛范围仅限于日本国内的优衣库分店，但从2012年开始，全世界的所有分店都能参与其中。

2012年下半年的评比中，优衣库全球860家分店中，排名前五的都是海外分店（韩国两家、中国两家、法国一家）。

企业已采取了如此彻底的措施，恐怕没有一个员工能躲避这场全球化的大潮。从这个角度看，迅销内部的全球化正在稳步推进。

全世界约有68亿人，而其中的六成，也就是40亿人是生活在发展中国家的低收入群体。他们位于收入金字塔的底层（Base of Pyramid），因此也被称为BOP市场。他们的年家庭收入大多不足3000美元，也就是说每天的收入不足8美元。

这个BOP市场也是各类企业开展新业务的主舞台，备受世界的瞩目。现阶段世界大众消费的主角是包括中国在内的亚洲中等

---

1 将销售额目标完成程度、顾客满意度、人力成本控制制度等标准换算成分数，比较总分的高低。

发展国家的中间层市场，而未来的主角正是BOP这个即将崛起的超大型市场。

BOP原本只是发达国家经济援助活动的对象，但近年来有越来越多的企业致力于解决当地人的问题，在构筑更安全更富足的生活基础的同时推进自身的事业。

欧美企业在BOP业务中占得先机，已有约400家欧美企业在亚洲与非洲的贫困地区开展了相关的业务。

日本企业起步较晚，但也有了不少成绩。比如养乐多总公司在中国、印度、巴西等14个国家录用当地的女性当"养乐多Lady"，专门负责上门推销养乐多饮品。

迅销也雇佣了孟加拉国的女性，专门推销在孟加拉国委托工厂生产的超低价服装。这当然也是实实在在的BOP业务。

优衣库的企业任务是"创造真正优良的、拥有前所未有的新价值的服装，向全世界的人们提供穿衣的乐趣、幸福和满足"。而且优衣库的服装都是基本款，男女老少谁都能穿，再加上集团旗下还有比优衣库便宜一半的品牌GU。所以说，迅销其实很适合开展BOP业务。

40亿BOP人口是潜力无限的巨大市场，优衣库将如何运用孟加拉国的现有资源攻占这片市场？让我们拭目以待。如果优衣库能成功攻占这片市场，就会在通向世界第一的道路上迈出坚实的一步。

优衣库计划于2015年实现销售额的内外逆转。然而，眼下日本国内优衣库事业所占的份额仍具有压倒性的优势。2012年8月期的海外优衣库销售额为1600亿日元（同比增长70.5%），经营利润为170亿日元（同比增长89.9%），增长幅度相当可观。即便如此，海外优衣库事业在全体优衣库事业中所占的份额也不过销售额20.3%、经营利润13.8%而已。

从这个角度看，日本国内优衣库事业在为海外优衣库事业提供莫大的支持与担保，如果日本国内优衣库事业走了下坡路，优衣库的海外战略定会受到巨大的负面影响。

日本国内优衣库事业力争在2020年之前达到1万亿日元销售额的目标[1]。2011年的日本国内销售额约为6000亿日元，而目标是它的1.7倍。如果优衣库能成功实现目标，那就意味着它在9万亿日元规模的日本现有服装市场中，份额从6.7%上升到11.1%，突破两位数。

假设2020年日本国内优衣库事业的单位营业指数与现在相同，那么优衣库的分店数就是1400家左右，即2011年分店数量的1.7倍；卖场面积约为110万㎡，即2011年卖场面积63.5万㎡的1.7倍。换言之，优衣库的理论目标值是"1万亿，1400家分店，营业面积110万㎡"。

2011年的事业战略说明会描绘了日本国内优衣库中长期事业

---

[1] 2020年的5万亿日元销售额目标，原本包括日本国内优衣库事业1万亿日元、大中华区优衣库事业1万亿日元、亚洲其他地区（包括大洋洲）优衣库事业1万亿日元、欧美优衣库事业1万亿日元、其他子品牌全球事业1万亿日元，这就是"优衣库业务5万亿日元"。不过后来迅销集团将欧洲与美国的优衣库事业目标又各提高了1万亿日元。

的蓝图：

> · 3300㎡级别的超大型店 100家
> · 1600㎡级别的大型店 200家
> · 1000㎡级别的标准店 500家
> · 小型店、站内店 200家

总共1000家分店，卖场面积约为117万㎡（假设小型店、站内店的平均面积为50㎡），与之前的推测值有很大出入。

大笘直树说："卖场面积也就罢了，细究分店数量没有任何意义，比如优衣库的东京银座店的面积有4500㎡，但那只算一家店。只有30㎡的站内店也算一家店。"

优衣库的分店平均卖场面积只有773㎡（2011年）。一直以来，优衣库规定的标准店面积是825㎡以上，但在之前的事业蓝图中，标准店的面积扩大到1000㎡。而且2011年，优衣库1500㎡以上的大型店有129家，这些大型店的数量在四年里增加了四倍多，蓝图中的大型店与超大型店总数则是300家，又比现有数量增加了一倍，可见优衣库倾注了很多心血在扩大经营面积上。与分店的大型化同时推进的是现有分店的推倒重建。由此可见，优衣库的开店位置与业态会随着时代的变迁不断变化。

优衣库从"不到500㎡的郊外公路边独立型店铺"起步，之后转向市中心与郊外购物中心（500～800㎡级别），然后进军市中心的时尚大楼、车站大楼、车站内部及百货商店，大搞大型店，近年来还在国际性大都市的黄金地段开出了超大型旗舰店……今后的优衣库又会给我们带来怎样的惊喜呢？

不过变化之中也有不变的潮流。那就是"在更好的地段开更大的店"。此处的"好地段"并不一定代表城区或市中心。今后优衣库兴许会更加重视地方城市和郊外的地段，回归原点。

优衣库的具体策略是在中小城市开设1000～1500㎡级别的旗舰店，然后在它周围的近郊地区大量开设标准店级别的卫星店铺。

优衣库为什么要采取这样的策略？因为它想将国外的快速时尚竞争对手甩在身后。H&M、ZARA、Forever 21这类外资对手在位于大城市的大型店具有相当大的优势，但却很难在地方城市和郊外展开分店网。它们在日本碰到的问题，就是优衣库在欧美遭遇的问题。而优衣库本就是从地方城市和郊外做起的，拥有在日本每个角落都能扎根的优势与基础。只要充分发挥出自身的优势，优衣库就能让竞争对手们望尘莫及。

第十一章

改变服装，改变常识，改变世界

本书中屡次提到的"+J"是优衣库与德国著名设计师吉尔·桑达的合作品牌。

2009年3月，优衣库与吉尔·桑达签订了设计顾问合同，让世界时尚界为之一惊。低价格的优衣库竟会与超级名牌设计师联手，这自然出乎了世人的意料，而且吉尔在时尚界一直是以"难相处"著称，也难怪业界会惊叹：优衣库居然能与她合作。

+J从2009年秋冬季开始在全世界的主要优衣库分店销售，累计推出了850种商品，双方的合作时间持续了5个季度。不过在2011年秋冬季之后合同到期，+J也从优衣库的货架上消失了。那么在这跨越了两年的5个季度里，究竟发生了什么？

与享誉世界的设计师合作，十分明显地提升了优衣库在海外的知名度与品牌形象。"对时尚尤其敏感的巴黎、纽约和伦敦对这个系列的评价很高。"柳井正如此回忆当时的情形。至少当时，+J成了优衣库攻占欧美市场的重要武器。在日本国内，+J虽然也深受业界相关人士和大城市的时尚达人的好评，但从优衣库的大众业务角度看，它的销售业绩始终不尽如人意。优衣库原计划在日本的90家分店（以大型店为主）销售+J系列，但后来则将范围缩小到50家、30家……最后甚至减少到18家。甚至2009年项目刚起步时，优衣库打算开设单独销售+J系列的分店，可最后不得不打消这个念头。双方的合同中还有"参与所有优衣库商品的设计"这一条，但吉尔并没有想要插手的迹象。

吉尔·桑达向来以讲究细节而闻名，她的完美主义也许无法与优衣库的量贩模式相容吧。柳井正也感慨道：

> 在项目推进的过程中出现了双方都无法让步的矛盾，而这就是终止合作的背景原因。在商品开发上，吉尔女士希望我们让她自己确定产品思路，但我们只是想与她合作而已。要是不能做到一心同体，合作就没有意义了。

+J项目究竟给优衣库造成了怎样的影响呢？笔者认为，优衣库有感于自己没有世界顶级设计感的产品，而采取了这种创新手段填补了产品的空白。但+J项目因为双方不肯退让的理念差异，最终只能不欢而散了。

取代+J登上优衣库舞台的正是"UIP（Uniqlo Innovation Project，优衣库创新计划）"。只是它不同于+J，并非独立品牌，而是在商品开发层面上的企业项目。不过两者都是优衣库世界战略的一个环节。

在2011年9月14日的事业战略说明会上，优衣库发布了UIP的具体内容和第一季的产品。UIP的理念为"拥有卓越功能与大众设计的便装"。UIP的设计总监是泷泽直己（原为顶级时装品牌三宅一生的设计师），创意总监为佐藤可士和，时尚总监为尼古拉·弗米切蒂（Nicola Formichetti，是Lady GAGA的造型师），个个都是精英，以东丽为首的合作伙伴企业也在项目小组之中。

其实，该项目于2010年9月就已经正式启动了，UIP小组的成员们每周都召开例会，展开激烈讨论。"何为优衣库的服装"就是他们最常讨论的议题之一。不过在那次宣布该项目的事业战略说明会上，柳井正一反常态，用颇为激动的语气说道："这是具有革命性意义的定义。因为它将改写服装的概念，拓展服装的可能性。有了这个定义，我们走向世界时的定位就明确了。"

而这个定义的英文，是与日本文学家迈克尔·埃梅里克（Michael Emmerich）先生经过多次磋商后得出的，可见优衣库在这个概念上花了多少心血。当然，这也是优衣库进军世界时必不可缺的信息。

换言之，UIP的终极目标不是制造商品，而是根据它的定义催生出新商品的过程，改变商品开发体制的决心。借柳井的话说，就是"先构筑UIP的概念，再根据概念改变优衣库的商品"。从这个角度看，UIP也许称得上优衣库的终极措施。

何为优衣库的服装

优衣库的服装，是时尚风格的缔造者。

Uniqlo is the elements of style.

优衣库的服装，是构筑生活方式的工具。

Uniqlo is a toolbox for living.

优衣库的服装，是适合穿衣人价值观的。

Uniqlo is clothes that suit your values.

优衣库的服装，是用"超前意识"创造的。

Uniqlo is how the future dresses.

优衣库的服装，是拥有超实用性之美的。

Uniqlo is beauty in hyperpracticality.

优衣库的服装，是毋庸置疑的顶级服装。

Uniqlo is clothing in the absolute.

柳井正想靠UIP打开国门，走向世界。那么他究竟有多少把握，又有多少胜算呢？

世界上的大多数名牌都是为了上层阶级存在的。反之，便宜的衣服则基本只面向社会的底层。但我觉得这种体制是有问题的。因此我们将面向广大中产阶级，生产出从没有人提供过的"谁都能穿的、真正优良的服装"。

日本不同于欧美，全国上下几乎都是中产阶级，所以"谁都能穿好衣服"的市场才能在日本成立。而且日本消费者对商品品质的要求非常苛刻，日本的纤维产业拥有世界顶级技术。在这些现有基础上，"我们将开发、销售前所未有的'未来服装'"。柳井正认为，优衣库最大的胜算就在于此。

最成功的例子便是HEAT TECH。的确，HEAT TECH拥有前所未有的功能，引出了潜在的市场。优衣库进行的全国消费者调查显示，穿过HEAT TECH的消费者中，80%都对HEAT TECH非常满意，认为优衣库将他们从厚重的衣服中解放了出来，再冷的天都不怕出门了。

柳井正还认为，"丝袜改变了世界"，有了丝袜，女性就不用在乎裙子的长短了。因此丝袜有效提高了女性的生活质量，也帮助女性在社会中展示魅力。"服装拥有改变世界的力量"，是柳井正的一贯主张。

UIP所体现的正是优衣库的最高理念——"改变服装，改变常识，改变世界"。柳井正在接受《思考者》杂志的采访时也评论了UIP对优衣库的价值：

> 我们希望能用UIP的思路，统一优衣库的所有商品。希望全世界能有更多的顾客，在日常生活中自由使用我们的商品。我们的终极目标是，在未来社会中将优衣库打造成服装的基础设施。

不过，UIP还没有孕育出备受关注的超人气商品，而且启动时间还很短（2012年春夏为第二季），所以商品种类较少。如果将UIP视作一个新生品牌，那它的实力到目前为止还是个未知数。

当年的HEAT TECH，从开发到发售，整整花了四年时间，而且它是在发售几年后才成为超人气产品的。所以也可以说UIP是一项中长期项目。柳井正曾明确表示："这是个要花10年去完善的项目。"

但最令人担心的是，如果没有人气商品，这个项目真能搞得下去吗？

优衣库总会毫不犹豫地撤出收益不佳的事业。如前所述，它之所以中止+J的合同，有很大一部分原因是该系列的销售业绩不佳。而且，虽然用"终极"来形容UIP，但它的理念是否太过于抽象了呢？气势是否太强硬了呢？追求理想是优衣库和柳井的长处，但过于理想化会不会变成其短板呢？UIP会不会因为太脱离现实而变成空想呢？

不过有担忧也有期待。2012年3月16日，优衣库银座店开门迎客，而同时推出市场的正是它的新品牌"UU（Uniqlo Undercover）"。

UU是优衣库与年轻设计师高桥盾的人气品牌"UNDERCOVER"的限时合作项目。高桥盾是服装界的明日之星，在巴黎时装周与东京时装周广受好评。而UU也是+J之后的第一个大型合作品牌。银座店的10楼全分给了UU，除此之外，全日本共有31家优衣库分店销售UU系列，目前的口碑相当不错。

当然，+J与UU的思路、概念完全不同，本书不打算将两者相提并论。它们唯一的共同点，是前卫的设计感和服装本身散发出来的时尚光芒。这恰恰也是优衣库有意向开发，却迟迟难以实现，或是故意不去实现的。

总而言之，+J与UU之类的项目虽然收效很快，但却不能一直合作。所以，优衣库既会用"限时"合作品牌解决企业的现实发展问题，又会用UIP塑造企业的品牌理想，两者的平衡把握得恰到好处。

第十二章

企业社会责任：让世界变得更美好

2011年3月11日，日本遭遇了前所未有的灾难——"3·11"日本大地震。除了NGO（非政府组织）和志愿者团体外，众多民营企业也纷纷参与了受灾地区的救援活动。而迅销更是举全集团之力，采取了迅速而积极的措施，给人留下了极为深刻的印象。

"地震发生的那天是周五下午，而我们集团在次周一之前就定下了援助方针。"集团执行董事、社会责任部的负责人新田幸弘如此回忆道。

正如新田所说，震后第三天，也就是3月14日，迅销便捐出了14亿日元善款[1]，以及包括防寒服在内价值7亿日元的救援物资，并公布了许多后续的援助计划，比如在全世界的所有分店举行募捐活动等[2]。

迅销集团共有两百多名员工参与此次援助活动，从3月18日到10月16日，这些员工先后17次前往各个灾区的避难所分发衣物，

---

[1] 善款包括：迅销集团捐出的3亿日元，全世界的迅销集团员工捐出的1亿日元，作为当年日本首富的柳井正个人捐献10亿日元。

[2] 2011年迅销集团援助的货品总额约为32.9亿日元。

而新田幸弘负责指挥这项工作。在大约三个月的时间里，他每周五晚上都会亲自前往受灾地区，周一早上再赶回东京。

当他看到灾区迟迟没有走上复兴的轨道，心中的焦躁自是不言而喻：

> 我们最重视的是只有我们才能进行的援助。地震发生之后，我们立刻与NGO和各级政府展开合作，派员工前往受灾地区发放衣物。
>
> 善款与物资的确送到了受灾地区，解决了生活上的问题，但却没有人关注精神层面上的问题。受灾地区的人口不断流失，生活状况十分糟糕，人与人之间的信任感就此切断，很多公司也在灾难中被毁，导致许多人失业……要是不解决这些问题，就称不上真正的复兴。

新田将受灾地区的情况逐一汇报给柳井正，并摸索出了颇具优衣库风格的第二阶段援助活动。

"我们能直接帮上忙的地方很有限，但我们可以成为让世人重新审视复兴援助的契机。"优衣库于2012年2月28日对外发表了优衣库灾区复兴援助计划。

项目的主要内容是：

一、划分3亿日元资金，向开展自主援助、创造工作岗位、经济复兴活动的NGO（5～10个）提供每年2000万日元的资金援助（援助时间为3年）。

二、将优衣库及迅销集团的员工派往各个NGO组织中担任志愿者。

三、在受灾地区开设优衣库临时店（气仙沼店和釜石店，两店于2012年3月9日开业，计划营业期限为一年），重开毁于地震的优衣库原町店（福岛县南相马市），并通过这些分店为受灾地区创造工作岗位。

话说回来，在开展复兴援助活动的众多企业中，优衣库这样脚踏实地并且有持续性的例子非常少。优衣库为何对这类活动如此关注呢？本章就将详细剖析优衣库的CSR（Corporate Social Responsibility，企业社会责任）活动的方针、现状与目的。

在日本大地震发生的二十多天前，也就是2011年2月23日，优衣库宣布与UNHCR（联合国难民署）结成全球合作伙伴关系。

UNHCR成立于1950年，是联合国的难民援助机构，致力于从根本上解决全世界4300万难民的生存问题，而迅销是第一家与UNHCR合作的日本企业。

双方展开合作的契机，是优衣库从2006年开始的全商品回收再利用活动，将消费者送回店铺的废旧衣服送往难民营。在这项活动的过程中，优衣库加深了与UNHCR的相互了解，为最后的合作建立了基础。

双方的合作分为三个方面：

一、扩大回收再利用服装的捐赠范围。

二、迅销员工可前往UNHCR实习。

三、通过"日本难民认定"的人可以优先在优衣库店铺实习。

从2001年起，优衣库开始在各个店铺回收顾客不再穿着的摇粒绒外套。这是回收再利用活动的起点。活动刚开始时经常有顾客询问"为什么只回收摇粒绒啊"，于是优衣库便从2006年开始推出了全商品回收再利用活动。

新田幸弘对此发出了疑问：

> 我们不光要制造商品、销售商品，更要在商品卖出去之后尽到一个企业的社会责任，为此我们该做些什么呢？

于是活动的基本方针就从"回收"转向了"再利用"。

优衣库向UNHCR咨询能不能把旧衣服送给难民，结果被告知："水、食品和生活物资倒是够了，但衣服特别短缺，要是你们愿意帮忙，我们一定举大力支持。"

只是向难民提供物资援助存在如何操作的问题："该在什么时

候，将什么样的物资送到什么地方？""如何保证难民能真正拿到那些物资？"这些问题就要考验援助者收集信息的能力和执行力了。

于是，新田与CSR部的员工们亲自前往难民营的所在地，观察和确认难民的状态，他们有怎样的需求，以及如何使用衣服。并坚持贯彻"人对人"的援助活动，即亲手将衣服交到难民手中。从2007年起，新田本人先后走访过亚洲、中东、东欧、非洲等地的十多个难民营。

优衣库正在将全商品回收再利用活动推广到全世界，目前已在6个国家（日本、韩国、新加坡、英国、法国、美国）回收到了1164.3万件服装[1]，接受捐赠的国家多达22个，捐赠服装总数已达420.1万件。

优衣库的社会贡献活动由CSR部负责。这究竟是个什么部门呢？其实很少有企业会设置专门负责CSR活动的部门。

"我们部门的前身是由柳井直辖的社会贡献室。2005年才从室升级成了部。"新田如此说道。从这个部门设立之后，他一直是部门的负责人。

新田幸弘于2000年10月进入迅销，原是位银行精英，曾在日本债券信用银行工作过12年之久，负责经营企划与人事工作。刚进公司时，他充分发挥出了金融专家的作用，之后担任管理财

---

1 数据截至2011年8月。GU于2010年10月加入回收计划中。

务、会计、总务等管理业务的董事，同时兼任CSR部部长。但后来柳井提出"希望他专注于CSR活动"，于是他便在2009年3月卸下其他职务，专注于CSR部门。迅销历来都有能力越高的人兼任的职务越多的传统，但柳井正只让新田专营CSR，可见他是何等看重CSR活动。

现在CSR部在日本有7名员工，在中国有3人（主要负责工厂监控业务），孟加拉国有8人（主要负责社会事业），共计18人。业务范围如下：

一、社会贡献类：灾后复兴、灾害援助、回收利用活动、雇佣残障人士、支援特奥会等。

二、企业伦理类：在中国等地的海外合作工厂监控劳动环境。

三、环保类：在店铺、商品开发层面减轻环境负荷，援助濑户内橄榄基金等。

四、社会事业类：在孟加拉国开展的格莱珉优衣库活动。

CSR部的基本活动方针是：寻找课题，再通过优衣库的产品解决课题。其中的关键是要用"产品"。如前所述，无论是灾后复兴援助、难民援助还是特奥会的援助工作，其主要内容都是"提供优衣库的服装"。

而且新田还断言："如果不是和我们公司的利益相关者——顾客、员工、股东、工厂、店铺等有关的活动，是没有意义的。"优衣库会有如此独特的CSR方针，离不开柳井正对企业CSR活动的明确意志。

> 一个企业进军一个国家时，那个国家的人肯定会问你："你们会为我们国家做什么好事？"如果是跨国企业，还会问："你们对世界做出了怎样的贡献？"其实真正优良的企业都会以某种形式回馈社会。换言之，如果没有社会贡献活动，就不可能实现全球化。因此我们对公司而言，商务与CSR是缺一不可的，必须双管齐下。

柳井正在《柳井正：我的德鲁克式经营论》中提到了优衣库的CSR活动理念：

> 一件事就算再怎么有意义，要是对公司没有好处、对经营没有促进，我就不会去做。优衣库所开展的CSR活动也是企业战略的一部分。

打造优良企业的形象，是优衣库的品牌战略的中心思想。而CSR活动不光能提升企业的形象，还能帮助优衣库保留和培养出更多优秀的人才，可谓"Win-Win"（双赢）。

据说迅销的CSR部门是全公司最受欢迎的部门之一，竞争人数非常多。尤其是近几年，学生和年轻员工对这类社会贡献活动非常感兴趣，而且是越有能力的人就越感兴趣。"3·11"日本大地震也在某种程度上激发出了日本年轻人的贡献精神。

> 优良企业的形象一旦深入人心，自然会招收到志存高远的优秀人才。如果想培养他们，那最好的方法就是让他们参加CSR活动。从长远看，这么做一定会有利于企业的成长。说到底，我们开展CSR活动并不仅仅为了回馈社会。

这是一个良性循环。优衣库的CSR原则是"让世界变得更美好"。新田十分赞同这个原则："我们希望能和所有利益相关者通力合作，与全社会携起手来，让我们的CSR活动升华到引发社会变革的水平。"

如果这些活动能提高消费者对优衣库和优衣库品牌的忠诚度、信赖感与安全感，加强员工的归属感与自尊心，提升优衣库的知名度和品牌形象，那它的确是非常有效的品牌塑造活动。因此，CSR的确是优衣库的"事业"之一。

优衣库的残障者雇佣率为7.19%，是法定雇佣率（1.8%）的4倍。尤其是日本国内的优衣库分店，2011年，有96%的分店有残障员工，韩国的分店也开始录用残障人士。优衣库正计划将该制度普及到全世界的分店中。

　　然而，优衣库之所以关注残障者雇佣率，并不仅仅是为了回馈社会，而是因为柳井正发现，雇佣残障者对企业是有好处的。如果店里有一位残障员工，那员工之间就会互相帮助，从而孕育出团队协作精神，提升员工的士气与服务精神。这是典型的优衣库风格，"同时追求理想与实际利益"。

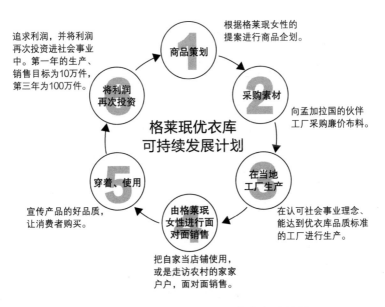

追求利润，并将利润再次投资进社会事业中。第一年的生产、销售目标为10万件，第三年为100万件。

将利润再次投资

格莱珉优衣库可持续发展计划

穿着、使用

宣传产品的好品质，让消费者购买。

由格莱珉女性进行面对面销售

把自家当店铺使用，或是走访农村的家家户户，面对面销售。

商品策划

根据格莱珉女性的提案进行商品企划。

采购素材

向孟加拉国的伙伴工厂采购廉价布料。

在当地工厂生产

在认可社会事业理念、能达到优衣库品质标准的工厂进行生产。

图12-1　格莱珉优衣库可持续发展计划

　　"格莱珉优衣库"在当地录用的"格莱珉女性"已经超过了100人。她们的工作是前往孟加拉国的农村地区，销售平均1美元左右的超低价商品。

但是，单价只有1美元的商品不免出现低质量的情况，而且在价格上，也无法与当地生产的粗糙商品相竞争，更无法宣传"高品质的日本优衣库"的魅力。因此新田表示："现在我们决定放弃1美元，转而生产2～3美元的、质量比较稳定的商品。就算是穷人，每年也能买个几件，而且这个价位更好和工厂合作，格莱珉女性也能拿到更多佣金。"

优衣库还在不断改良销售方法。新田幸弘认为：

> 上门销售的效率太低了，销售业绩较好的格莱珉女性会招几个人到她们家里，开个临时店铺，或是跑到军队那种人比较多的地方，进行展示型销售。

格莱珉优衣库正在教导格莱珉女性们采用效率更高的销售方法，并计划将服装销往现有的零售店或在孟加拉国的大城市开设格莱珉优衣库专卖店。

优衣库的努力并没有白费，格莱珉优衣库事业已逐渐呈现出好转的趋势。优衣库的目标是5年内完成"雇佣1500名格莱珉女性，年销售量100万件"的目标。但新田依旧认为："5年的时间太长了，必须尽快达成目标。"

表12-1　迅销集团的CSR活动历程

2001年	3月	社会贡献室成立，推进残障人士的录用（将目标定位每家优衣库分店1名）。
	4月	开始援助濑户内橄榄基金，在所有优衣库分店设置捐款箱。
	10月	开始摇粒绒回收活动。
2002年	6月	开始援助特奥会日本代表队。
2004年	5月	开始监控伙伴工厂的劳动环境。
	9月	制定面向员工的行为规范"code of conduct"，设置"code of conduct"委员会。
2005年	9月	残障人士雇佣优良企业获厚生劳动大臣表彰。
	12月	FR集团CSR部正式启动，召开第1届CSR委员会。
2006年	6月	因优衣库的女性活跃推进活动，荣获"性别平等企业"东京劳动局长优良奖。
	9月	回收对象从摇粒绒扩大到全部商品，全商品回收再利用活动正式开始。
	11月	发行第一版"CSR报告"。
2007年	2月	访问泰国、尼泊尔的难民营。开始难民援助活动。
	6月	因雇佣残障人士荣获内阁府援助功劳奖，因援助印尼爪哇岛中部地震荣获藏青绶带奖章。
	10月	制定环境方针与环境大纲。
2008年	10月	全商品回收再利用活动荣获第5届朝日企业市民奖。
2009年	3月	全商品回收再利用活动的回收件数首次突破100万。
	6月	在工厂劳动环境的监控工作中引进新标准。
2010年	3月	全商品回收再利用活动不再设时间限制。
	9月	为解决孟加拉国的社会课题，通过服装的企划、生产与销售展开社会业务。
	10月	GU加入全商品回收再利用活动。
2011年	2月	与UNHCR（联合国难民署）缔结全球合作伙伴关系。
	3月	在"3·11"大地震后展开援助工作。
	9月	全商品回收再利用活动的回收地区扩大至英国、美国与法国。
	9月	公布索马里饥荒援助计划。
	11月	公布泰国洪灾援助计划。
	12月	新加坡分店加入全商品回收再利用活动。

出处：迅销2012年CSR报告。

第十三章

这个价格一点都不震撼，定990日元吧！

优衣库的兄弟品牌GU的势头正劲。从2011年秋起，现有店铺每年营业额的增幅都超过20%，可谓势如破竹。它在2012年还提前一年实现"年销售额500亿日元"的目标。

2012年，GU新开的分店数量为35家（净增加26家），超过优衣库（32家，净增加9家），而总的分店数将达174家。

2012年3月30日，GU在银座的黄金地段（优衣库银座店旧址）上，开了营业面积约1500㎡的旗舰店，与优衣库的银座旗舰店咫尺之遥。这家店是GU第一家配备时尚顾问的分店，引起了广泛的关注。如今这家店已成为银座的新兴旅游胜地之一，年轻顾客络绎不绝。

GU始于2006年，苦苦经营了5年才总算实现了大逆转。现在的GU人气虽然很高，但GU起步时却遭遇过十分艰难的情况。

GU始于优衣库与日本最大的零售商——大荣公司的合作。大荣为了刺激服装部门的发展，决定向优衣库提供百货公司内的场地，而优衣库则开发了新品牌——GU进驻其中。

GU银座旗舰店

不过大荣并没有GU的垄断权,也没有限制GU在其他地方开店。2006年秋冬季,GU进驻了12家大荣分店,又将7家优衣库分店转成了GU分店,还在其他地方(购物中心或独立式分店)开了6家分店。

GU有什么魅力呢?

一、它的价格便宜,比优衣库低三成左右。优衣库希望用GU这个新品牌,试水超廉价服装市场,并希望抢占先动优势。

二、商品本身的定位。优衣库的商品以基础款为主,而GU则会积极推出最流行的时尚单品。

现在的GU已经不再是优衣库的新品牌，而成了迅销的全资子公司。顺便一提，GU是日语"自由"的谐音。中岛修一（GU的第一任社长）曾说：

> 优衣库的做法是从实用性的角度不断完善单品，而GU则追求时尚感。在产品策略方面，GU不会受到优衣库的任何影响。例如，优衣库并没有超短裙，但GU就有。

GU在创立后的第一年便强行开出50家分店，但结果却惨不忍睹。2007年GU的年度销售额为35亿日元，却只有计划的1/3，年终赤字14亿日元。

GU最初采用的方法和快速时尚、岛村很像，是ODA（其他公司进行企划、生产）采购的多品种少库存量销售法，以高周转率为前提，产品卖光之后也不会补货。其实正是与优衣库正相反的手法，但所有人都没想到结果会那么糟糕。

GU的现任社长柚木治曾在伊藤忠商事工作，1999年12月进入迅销集团。他曾经是电子商务方面的专家，在历任食品事业FR Foods（迅销于2004年4月退出该业务）社长、市场营销部、人事部的负责人之后，2008年就任GU的副社长。2010年9月，他接替中岛修一成为GU的社长。

"再这么下去可不行"，柚木不得不彻底改变GU的产品策略。

于是，GU放弃了并不擅长的快速时尚，转为以基础款为主的"廉价版优衣库"。然而，如果仅仅比优衣库便宜三成，其实跟优衣库在平时搞活动的价格是差不多的，而这种定价是无法抓住顾客的。

2009年春，GU推出了传说中的超人气商品"990日元牛仔裤"。在最初定价时，大多数人的意见是1200～1400日元。"这个价位一点都不震撼，定990日元吧！"柳井正的这句话，铸造了GU的传说。

在"990日元牛仔裤"的牵引下，GU起死回生。新的价格战略"优衣库价格的一半"也发挥出了功效。2009年8月，GU首次实现年度盈利的目标。

GU看似步入正轨，可新的问题又浮出水面。GU是优衣库基础款的廉价版，于是GU卖得越多，优衣库卖得就越少，简直是"自相残杀"，而这也就失去了培养新品牌的意义。

GU现任社长柚木治也曾表示："消费者想要的并非是廉价版的优衣库。其实他们想买优衣库，但因为价格的原因，只能无奈地选择GU的产品。这么搞下去，整个集团都没有未来可言了。"

"990日元热潮"退去之后，GU的现有店铺增收率便遭遇瓶颈。于是GU只能再次改变方针。柚木制定了新的发展路线："还是回归创业的原点，贯彻"低价格 + 时尚"的路线吧。"2011年3月，GU推出王牌女装产品——"be a girl"，效果极为理想，GU还在同年秋冬季进一步扩充了该系列的产品。如今"be a girl"已是GU最具代表性的品牌。

从那时起，GU开始逐渐放弃由其他公司进行企划和生产的模式，而充分利用优衣库的基础设施，朝自主设计生产的方向靠拢，自主设计的产品比例也在不断提高，2010年秋冬季的商品，有五成都是自主设计的，而到了2011年秋冬则暴涨至九成左右。当然，之前提到的"be a girl"也是GU自主设计后推向市场的产品。

最为关键的是，GU在此过程中构筑起了独一无二的商业定位。

照理说，讲究潮流的快速时尚一般会采用多品种少库存量型模式，这样的企业位于图10-1（本书195页）中四个象限的右上角，例如Forever 21与岛村，GU起初走的也是这个路线。但现在的GU下到了右下角。既追求潮流，又采用了优衣库最为擅长的少品种大库存量/缺货补充型模式，而这也是从没有人涉足过的新领域。现在GU每一季的商品数量为500种左右，与优衣库一样少，不过是竞争对手的几十分之一。这样的商业模式真能成立吗？柚木治说：

> 我们尝试了一下，发现只要是消费者想要的商品，就能卖出许多，无论是基础款还是时尚款。比如现在很流行在雪纺上衣里使用蕾丝。优衣库是不会出这种衣服的，但我们可以。只是这个蕾丝会加得比较保守，每个年龄层的人都能接受，这样就有销路了。我们必须把握设计和点缀的平衡，减少商品种类，提高每种产品的销

量，这就是GU的新模式。

GU能"在销售中不断追加潮流商品"，但其他快速时尚企业绝无法做到这一点。换句话说，GU是使用优衣库式的产品模式，而销售的却是优衣库所没有的潮流时尚服装。

改成这种路线之后，GU简直是如鱼得水。也许GU与优衣库一样，让有新需求的"廉价市场"浮出了水面。

当然，GU走红的原因不仅于此。它通过大阪的心斋桥店（2010年10月开张）、银座店提高了知名度，还请日本的人气偶像前田敦子等明星出演电视广告，其中的协同效果不容忽视。

GU急需解决的课题是：如何构筑低成本结构。没有低成本，就无法保证"比优衣库便宜一半"的价格，但"价格可以减半，销售管理费并不会跟着减半"。而且价格低廉会导致销售额难以提升，所以管理费在销售额中所占的比例反而会提高，而这正是GU的弱点。

为此，GU想方设法压缩经费，比如充分利用优衣库的生产基础设施；用GU的新店取代优衣库的旧店，减少开店成本；将间接部门全部外包给迅销[1]等。在店铺运营方面，GU是不会把衣服叠起

---

1 GU虽是迅销集团的子公司，但由于每年结算时，账目是各子公司独立结算的，所以将一些部门"外包"给总公司或者总公司旗下的其他子公司，这样的做法的确可以在结算时缩减大量开支。

来放在货架上的，因为这样需要更多的人手去把顾客打开过的衣服重新叠好。GU把所有衣服都挂在衣架上，以扩大每个员工的责任范围，尽可能降低员工数量，节省人工成本。

但只是采取这些措施，很容易让企业过于注重内部管理而忽略向外拓展的经营。因此GU不仅会在郊外低成本地段开店，同时也会加快在城区与市中心的开店速度，因为这些地段和"新生GU"的匹配度很高，而且GU还改进了产品的生产流程，引进了新的视觉演示系统（visual presentation），货品进店后能立刻成套上架。当然，这种手法需要建立在"挂售"的基础上。

而且"新生GU"和优衣库形成了相辅相成、相得益彰的关系。在池袋市的东口区和东京的银座，GU与优衣库的分店离得很近，有时两个品牌还会进驻同一家购物中心。这是因为两个品牌的价格不同，提供的价值（时尚感和实用性）也截然不同，很多顾客能根据自己的需要选择买优衣库还是GU。

柚木已有雄心壮志："希望今后GU能与优衣库一起在世界各大城市开设超大型分店，在全世界打一场漂亮的胜仗。"GU也计划在2013年8月首次试水亚洲其他国家。

不过柚木也表示："越是低价品牌就越是容易建立品牌效应。"的确，英国的Primark（廉价服装品牌）、GAP的Old Navy系列（GAP的低价格服装系列）、中国的Meters Bonwe（美特斯邦威），都是在推向市场后不久便成为家喻户晓的品牌。

如果一切顺利，GU极有可能成为大众品牌，给大家一个惊喜。确切的GU的销售额目标是多少？我相信至少有1万亿日元。

——柚木治

第十四章

事业，就是很多人在一个想法的
指导下，为实现这个想法而工作

优衣库在2013年使用了新的招聘条件。与此同时，它也从2011年12月推出了全年录用制度——应届生或者有跳槽意愿的人，一年四季都能应聘优衣库。而且优衣库在录用大学生时也不在乎学生的年级，只要有能力，就算是大一新生也会录取。

优衣库之所以引进如此开放的录用方式，当然是为了提高求职活动的自由度，招到更多优秀的人才。大多数日本企业与大学有不成文的就业协定，限制了求职活动的时期（一般是从大三开始），而优衣库的做法打破了常规。

> 把应届生跟跳槽的分开，在大三之前不能找工作……这些做法实在太闭塞、太不合理了。所以我们便打破陈规，使用了全年录用制度。我们希望其他企业能向我们学习，可惜到目前为止它还是我们的"专利"。
>
> 柳井正

2012年2月3日，全年录用制度实施后的第一次企业说明会兼求职会，在优衣库总公司所在地东京六本木的市中心举行。共有765名求职者参加，其中有三十多位大学一、二年级的学生。

柳井在会上慷慨陈词了40分钟之久。因为台下的听众是年轻人，所以他的演讲比较直接。但我们依旧能从演讲的内容中读出他的人生观与工作观：

人生只有一次，不能从头来过。活着，就是用一生去发现自己，完善自己。我希望所有进我们公司的人都能具备成为经营者的能力。现在日本的经济状况处于低潮，而且还在不断地衰退，前景可谓十分不乐观。年轻人应该憋着一口气，努力改变现状。但是所谓的前景都是人所创造的，所以我们应该着眼于大局，让自己成为能够适应各种环境的人。用自己的双手打造可持续发展的企业，面向未来，创造全新的企业模式。这样，就必须明确"我想变成什么样""我想做什么"，否则就不可能实现梦想。因为这需要我们理解"工作即是人生"。我希望新员工能尽早当上店长。对我们公司而言，店长是个人事业的出发点，也是最终的目的地。同时我还希望大家能在工作中不断追求自己的希望、梦想和理想，活得更积极，因为自己的命运，终究还是要靠自己去改变。希望大家对自己充满信心，无论条件如何，只要有理想、有方向、有计划、有思考、会实践，就一定能成功。我认为，我们公司仍是一家不断上升、不断进步的企业。我坚信，没有挑战的人生是不完整的。我们公司会继续强化在日本、在全球取得成功的策略，因为只有这样的策略，才可能改进之后以适用于未来的发展。

柳井正对年轻人职业的建议和对迅销集团发展的理想，都是非常坦诚的，也是他的真心话。柳井虽然已年过花甲，但对人生和事业依旧满怀关切与热忱。

遗憾的是，听完柳井正的慷慨陈词，有不少年轻学生退缩了，而这更证明了柳井正的担忧——"再这么下去日本肯定不行！"但正面的想法是，"如果优衣库招到这样的员工，那就永远成不了世界第一"。

柳井正的成长意愿太强，可有时也会得到不尽如人意的结果，比如和其他董事们的紧张关系和冲突。冲突升级，还会导致董事离职等高层变动。不过为了"称霸世界"，这也许是优衣库的必经之路。

让我们来深度剖析一下柳井正这个人。

青野光展曾在四国的某家连锁店工作，于1992年进入优衣库。他从优衣库松山店的店长做起，曾任地区经理、子公司的店铺运营部长等职务，从1998年起专攻公共关系，之后一直任职于优衣库的全球沟通部。可以说他是离柳井正最近、跟柳井正一起打拼时间最长的人之一：

> 项目具体措施时，柳井正社长常会出现朝令夕改的情况，但他的本质却始终如一，发言也很有一贯性。我在20年前接受了他的面试，当时他就明确表示要"称霸世界"了，而现在这依旧是优衣库的目标。仔细想想，真是让人感慨万千。

"世界第一"的信念给青野留下了深刻印象，而"创造更好的服装，必须向顾客提供有价值的商品，否则没有任何意义"，这也一直是柳井常说的话。青野说："他对生意的热忱与执着始终如一。"

柳井正很"单纯"，但也有着高标准严要求的冷酷的一面。青野说："他是个几乎没有私生活的人。"柳井正已是日本首富[1]，却从不追求奢侈的生活。

---

1 在2012福布斯排行榜上，柳井正的资产约为100亿美元，排名世界第88位，连续两年蝉联日本首富。

某家杂志在采访柳井时问道："1994年公司上市之后，您在一夜之间成了富翁，那您的生活有什么变化吗？"柳井正不假思索道："有啊。"记者便问："是什么变化啊？"他竟一本正经地回答："以前我去逛书店时要是看中了两本书，就只能二选一，但现在可以把两本都买下来，真是太开心了。"

青野说："我当时就想，无论公司和事业做到多大，这个人的想法和坚持都不会变的。"

面对工作，柳井正总是"严于律己，也严以待人"。他最看重的莫过于工作效率。他曾在《一天放下成功》中用略带抱怨的口吻说："大伙儿的动作都太慢了，工作起来应该像跑步一样快！"

据说当年的柳井正比现在还严格。青野笑道："我当店长那会儿他常教育我们，身在卖场，如果要走三步以上的话，就应该直接跑！"

如果你在讯销集团总部，你就总能看到员工捧着笔记本电脑跑来跑去，而且每个员工没有固定的办公桌。

当然，也有不少员工无法融入优衣库特有的工作风格，选择了离开。在被问到离开的人和留下的人有什么区别时，青野光展表示：

最近我们在说明会上都会详细介绍优衣库的行事风格和思维模式，还会让员工在正式入职之前去店里实习一段时间，所以我们的离职率在零售业中算是比较低的。而辞职的人能大致分成两种情况：一种是有其他想做的事情；另一种则是觉得这样就行了。

前者很好理解，可后者是怎么回事？让他为我们详细解释一番吧：

> "觉得这样就行了"，就是对工作不积极进取、追求安稳的人。当然我们不会主动辞退他们，但他们会自然而然地发现自己在公司里待不下去。因为员工在公司一天，我们就会要求他有所成长。最理想的员工是会为自己和公司的成长而喜悦、一心追求进步的人才。

而青野本人，也是在优衣库只有十多家分店时进入公司的，当时优衣库还没上市。可以说他亲眼见证了优衣库的飞速发展，是公司元老。

> 其实我年轻时什么都不懂，只是跟着柳井正，投身于公司的飞速发展之中。只是参与这个过程就让我非常激动，而且我总能废寝忘食地工作，甚至会忙得忘了时间，但那种成就感与满足感真是不知道

如何形容。

打个不太恰当的比方吧，也许可以说柳井正让青野变成了"工作狂"。

即使公司的经营状况很好，柳井正依旧能发现经营过程中出现的新问题，并且不断控制、完善现有的管理手段。他的确是一位非常卓越的经营者。

总而言之，从企业高层到基层员工都能进入正面的"狂热"状态，齐心协力，共同推进公司的发展——这就是柳井正心目中的理想企业。

柳井正曾在《一天放下成功》中提道："事业，就是很多人在一个想法的指导下，为实现这个想法而工作。从这个角度看，事业其实和信仰很像。"

所以说能否接受"优衣库教"的"洗礼"，打从心底里"信奉"优衣库，才是能否留在优衣库的分水岭。

《日本电产公司决算资料》的"事业风险"一项中有这样一句话："对永守重信的依赖。"这件事在日本经营界可谓无人不知无人不晓。日本电产公司就是由永守重信创立的，他有非常卓越的能力、影响力和领导力。但公司在进行客观的风险管理分析时，将企业对永守重信的依赖看作风险。

优衣库的实质创业者（严格说，柳井正是以继承人的身份进入优衣库的前身小郡商事的）柳井正也是优衣库的"上帝"。他在公司中的地位绝不逊色于日本电产的永守重信。"没有柳井正，就没有优衣库。"那么，谁能成为这位卓越经营者的接班人呢？

柳井正主动进行的两次交接班都以失败告终。第一次是让年轻的玉塚元一就任社长，结果却不尽如人意，于是柳井正只能在2005年重新出任社长，并推行委任型执行董事制度，而他本人在其中扮演"教练"的角色。

后来，柳井正决定直接从公司外招聘成熟的经营者。最具代表性的人选就是曾任日本GE副社长的松下正与曾任三菱汽车常务的有贺诚。他们都拥有大企业管理的经验，拥有高管的价值观。但优衣库的风格是重视销售现场，随机应变，两者拥有本质上的区别，导致第二次接班也以失败告终。

于是，优衣库又回到了由柳井正负责的状态，并一直持续至今。现在柳井正既是子公司优衣库的社长，也是负责监督优衣库的母公司——迅销的代表董事长兼社长（CEO）。在迅销集团董事会的五名成员中，有四位是外部董事[1]，只有柳井正例外。

---

1 外部董事，即由公司外部人员担任公司董事。这一制度的本意在于避免董事成员与公司实际管理者的身份重叠和角色冲突，保证董事会独立于管理层之外，进行公司决策和价值判断，更好地维护股东和公司利益。

"我也知道这个体制有问题。"柳井正也明白自己身份的尴尬。但优衣库迟迟无法做出改变。可见优衣库后继管理者的难题是何等难缠。

柳井正是优衣库最为激进、最执着于成长与进化、最富有激情与能量的人。而且在优衣库面临危机时，柳井是永远的教练兼主力选手。所以，柳井正虽然有意让贤，但却迟迟难以退位。不难想象他有多么头疼，多么孤独。

在写作本书前，笔者曾对他进行过一次采访。而他在采访中表示："只有高层努力的公司是最难以为继的。"

2012年，柳井正63岁。"经营离不开集中力与体力"是他的一贯主张。接班一事刻不容缓。平时他也常说："希望在65岁之前找到接班人，负责日常的执行工作。"

不过他也在优衣库发行的《2011年报》中如此断言："我本打算在65岁功成身退，但我毕竟是创业者，是永远都没法退休的。"

优衣库计划在2015年实现国内外销售额逆转的目标，而柳井正将会在2014年迎来65岁生日。届时他将会站在怎样的位置，以怎样的职务领导优衣库与优衣库的事业呢？

他给出的答案是："当会长，就像美国企业的主席一样，当董事会的议长，专门负责甄选、评价社长和其他董事。"

为了构筑新的接班体制，迅销集团设置了一个专门培养企业经营者的机构——FRMIC（Fast Retailing Management and Innovation

Center，迅销集团管理和创新中心）。为了将迅销打造成世界第一的服装企业，该机构计划从世界各地招募精英，在5年内培养出200名人才。

该机构于2010年4月，得到了一桥大学国际企业战略研究科的鼎力相助。柳井正担任校长，时任一桥大学名誉教授的竹内弘高（现为哈佛大学商学院教授）担任副校长。

有不少企业开办了经营者养成机构。比如GE（通用电气）的克罗顿维尔村（Crotonville）[1]，就是全世界第一所企业内商学院。而柳井正对竹内教授提出的要求正是"打造超越克罗顿维尔村的、独一无二、史无前例的教育机构"。

FRMIC与以往的企业内部干部培训和以Off-JT（Off Job Training，脱岗培训）为主的企业内大学截然不同，专注培养实战型人才是它最大的特征。克罗顿维尔安排课题时多让学生以小组为单位，但FRMIC则倾向于让每个学生单独解决问题。

FRMIC的第一期在读学生约有120人，其中约有30人的课题通过了最后的考核。柳井正本人也是面试官之一，据说要通过最后考核是十分困难的。而且柳井正的要求十分严格，看来接班人确立还有很长的路要走。

---

1 正式名称为约翰·F.韦尔奇领导力开发研究所，位于纽约州的克罗顿维尔。

如果让我给现阶段的FR MIC打分，那我只能给50分。架子已经搭好了，但每一个经营者终究需要不同的培养方式，怎么能像没有灵魂的量产产品呢？

柳井正

在2011年10月，迅销对外宣布，由柳井正的长子柳井一海出任Link Theory Japan和另一家子公司的的董事局主席。消息一出，业界中人议论纷纷：莫非优衣库要采用世袭制了？

柳井一海毕业于波士顿大学，还有MBA学位，曾在高盛公司任职，于2004年进入集团。作为创业家的后继之人，他的学历与能力是无懈可击的。但柳井正向来反对世袭制，当被问道："您会不会让儿子接班呢？"柳井正的回答是：

至少我绝不会在经营执行的层面上搞世袭。但我辞去会长一职之后，一海就成了公司的大股东，也是董事会的一员，所以我希望他以会长或副会长的身份帮我监督其他经营者。这种形式应该是最理想的。

由此可见，柳井正的意向没有丝毫变化，而这次的人事调动反而让他的思路变得更明确了。

但我们不可否认，集团的规模已经很大了，光找一个接班人肯定指挥不过来。这也许就意味着迅销会走向集体经营。其实柳井正早已为此埋下伏笔。2011年，他成立了由五名集团执行董事组成的经营执行小队，而现在的经营方向盘正掌握在这个小队和柳井正的手中。今后柳井正也会随时从其他执行董事、高级干部、FRMIC成员中提拔人才，不断提高机体经营的质量与精确度。

总而言之，"柳井正"是一座永远无法逾越的丰碑。

后　记

如今，优衣库不仅是日本的零售业巨头，更是能代表整个服装行业的超巨型企业。它的每一次公共发布会，以及柳井正的每一句发言，都会成为经济媒体争相报道的焦点。

市面上已有许多与优衣库有关的著作，而且杂志等各种媒体也不断发表关于优衣库的文章。可以说对优衣库这家企业及其商务模式、战略的剖析，还有对柳井正这位创始人的研究已经做得差不多了。于是笔者决定，从业界媒体和其他有识之士从未涉及的角度展开以时代为背景的全新的"优衣库论"，也想通过优衣库与柳井正的经营思维与行动，与各位读者探讨优衣库的市场营销论。

笔者能力有限、水平有限，不知道能否实现这一"野心"。功过是非，还请各位读者判断，也欢迎大家提出宝贵的意见与建议。

感谢柳井正社长及其他高层领导在百忙之中接受笔者的采访；同时感谢迅销广告部古川启滋部长、优衣库全球公共关系部青野光展先生给予的大力支持。

在执笔过程中，笔者因某些私人原因耽误了进度，导致出版时间大大迟于原计划，给日本经济新闻出版社的樱井保幸高级编辑造成了巨大的不便，实在抱歉。

本书中的敬称一律省略，请见谅。

2012年6月

月泉　博

激发个人成长

多年以来,千千万万有经验的读者,都会定期查看熊猫君家的最新书目,挑选满足自己成长需求的新书。

读客图书以"激发个人成长"为使命,在以下三个方面为您精选优质图书:

1. 精神成长

熊猫君家精彩绝伦的小说文库和人文类图书,帮助你成为永远充满梦想、勇气和爱的人!

2. 知识结构成长

熊猫君家的历史类、社科类图书,帮助你了解从宇宙诞生、文明演变直至今日世界之形成的方方面面。

3. 工作技能成长

熊猫君家的经管类、家教类图书,指引你更好地工作、更有效率地生活,减少人生中的烦恼。

每一本读客图书都轻松好读,精彩绝伦,充满无穷阅读乐趣!

十点家长需牢记

（1）注意书写。如果你经历孩子成长的整个过程，你会感悟到，孩子写一手帅气的钢笔字，是非常有价值的技能。教孩子把字写好，是每一个家长的责任。在中考时，书写在各科特别是语文作文和英语作文中很重要。

（2）叛逆期的冲撞。孩子到了青春期叛逆，原因之一是你没确立规矩惯的。记住，对孩子的缺点要对症下药，尤其是对原则问题就是不能让步。譬如，关上电脑，就是不许玩游戏。请你一定记住，如果你舍不得对孩子说"不"，到时你就不敢对孩子说"不"了。不要埋怨孩子不听话，是你自己埋下了隐患。还请你记住，老师管不了学生的逆反心理。学生往往怕老师，但是孩子不怕你，就是因为你没有制定让孩子尊重并且畏惧的规矩。

（3）读书的兴趣。读书的兴趣,孩子爱不爱看书,跟父母的表现有直接关系。家里的书多,孩子读得就多。家里没什么书,孩子就不喜欢读书。我们家长,不要埋怨孩子不喜欢读书,父母没给孩子营造爱读书的习惯,孩子怎么爱读书呢？孩子从记事起,对父母读书就没印象,孩子就只能模仿读书以外的事情。

（4）快乐教育。如果家长一直以为孩子上学很辛苦,一直以为国外教育多么好,多么优秀,国外孩子没有作业,可以无拘无束……除非你现在就把孩子送到国外,否则就不要有这种育儿理念,因为你改变不了中国的教育大环境,你这样的想法最终是害了孩子。事实证明,凡是开始讲究快乐教育的家长,到头来你会发现,孩子会越来越不听话,在班级等集体中格格不入,孩子的成长过程才是最痛苦的;凡是从小就刻苦的孩子,他将来都会拥有自信,拥有很多快乐。请你记住,快乐教育不是你一个家长可以做到的。孩子从小接受了你的快乐思想,可是在大环境下孩子没有志同道合的同伴,没有老师的鼓励与表扬——因为他与大家背道而驰,老师不可能天天表扬他。那么,其实他并不会快乐,他就会变得孤独、偏执、逆反,一旦你发现了这些现象,那就后悔莫及了。

（5）争胜心。如果家长经常给孩子树立目标,要求孩子夺得某个名次,并且为孩子的学习付出关注和代价,那么,孩子的成绩距离家长的目标,差距就不会大。如果你对孩子要求成绩差不多,弄个中上游就可以了,那么你家孩子不会考到前几名。因此,我们家长必须给孩子制定一个切实可行的目标,班级多少名次,年级多少名次,然后鼓励孩子去努力。如果孩子因为学业的懈怠而导致成绩下滑,此时,写反思写检查等,都是可行的。请你记住,父母的格局高,孩子的斗志才高。这种遗传的气质,光靠老师也教不会。

(6)关于网瘾。对于一个有网瘾的孩子,尤其是男孩,他形成网瘾的过程,就是父母失职的过程。记住,孩子最初有网瘾,责任就在父母。父母对孩子的行为缺乏警觉,孩子一旦滑入深渊,带给父母的就是无尽的哀怨。记住,孩子从上学开始,就要控制住家里的电脑和手机,孩子想玩电脑和手机的时候,你一旦迁就他,就等于给孩子喂了一口毒药。每一个沉溺网吧的学生背后都有一对失职的父母。请你记住,当学校老师接手管理你家孩子的时候,孩子的习惯已经成形了。老师可以在校园里和课堂上关注你家孩子。而类似这样的"网瘾",都是发生在校外的。

(7)学习和生活习惯。龙生龙,凤生凤,老鼠的儿子会打洞。家长爱卫生,孩子也就爱卫生。家长乐于助人,孩子也就助人为乐。要想让孩子成为高尚的人,家长的行为绝对不能卑劣。请你记住,老师教给孩子的多是课本的知识,课本以外的,尤其是生活习惯,做人的道理,等等,家长永远是孩子的第一任老师。

(8)面对现实,迎接考验。凡是抱怨孩子功课压力大的家长,孩子也会觉得学业多,自己学习累。凡是告诉孩子应试教育能改变命运,风雨中这点痛算什么,这样的家长养育的孩子也就会坚强,变得对生活充满信心。天下的学生,要想学习好,都是一样累的。作为家长,无论是老板,还是工薪层或普通百姓,都在为谋生而辛苦工作。学习远远比艰苦谋生容易多,家长何必心疼孩子累呢?难道,你希望孩子到了中年,比你还辛苦吗?请你记住,老师给孩子布置的作业,都是对孩子的磨砺。不要指望老师培养你家孩子的意志。我们明明知道很多作业都是没用的,但是它是创业的过程。咬紧牙关吧,最出息的孩子,都是从题堆里闯出来的。

(9)孩子细节上的管理。有些孩子做作业磨蹭,有些孩子做作业马虎,有些孩子总是在最后时刻才想起赶作业。这些不好的习惯,都是家长娇纵出来的。家长要学会督促孩子,利用边角缝的时间,早早地完成作业,免得孩子最后搞突击。尤其是在开学初,家长必须要培养孩子尽早完成作业的好习惯。你迁就孩子,就等于坑害孩子。完成作业了,剩下的时间,孩子可以自主学习,可以自己弥补弱项。聪明的家长,会帮助孩子解决问题,而不是与孩子一起抱怨,更不是和孩子一起埋怨老师或者学校。好的学习习惯,是家长培养的。

遵守交通规则,培养安全意识。无论老师嘱咐了多少遍,总是有学生在放学路上违反交通规则。对孩子安全规则的教育,必须从娃娃抓起。家长别闯红灯,别抱侥幸心理,遇到孩子有乱跑乱窜行为,必须要严加训斥。尤其是骑电动车的女家长,不乱闯红灯,就是给孩子做表率。请你记住,老师只负责校内的安全,管不了路上的交通。一旦你家孩子违反交通规则而受伤,你将会心疼一阵子,乃至一辈子。

(10)给孩子一个和谐的成长环境。孩子厌学,孩子逃学,孩子跳楼,貌似孩子的事儿,但实质上,是家长没有从小对孩子进行胸怀培养的结果。家长们要记住,夫妻和睦,家庭幸福,孩子就不会想不开。父母吵闹,父母离婚,父母生活习气不好,孩子成才则是奢望。请你记住,家庭的和睦,比任何教育都重要;良好的家庭学习氛围,就抵得上一个优秀的老师。不要在孩子面前抱怨,不要在孩子面前争吵,不要在孩子面前诋毁他人,尤其不要在孩子面前对老人说三道四,如果那样,将来的你,也许就会饱受孤独之苦。

思考——时间都去哪儿了呢

　　同学们,开学已经四周了,时间过得真快,我们的时间都去哪儿了? 记得开学初每位同学都激情满怀,目标远大;经过一个多月的努力,特别是面对学习的困难,承受考试的压力后,班里开始出现了一些分化,许多同学选择了坚持努力,但是也有部分同学开始懈怠放弃,我们的时间哪儿去了呢? 老师想对你说:现在懈怠睡觉会做梦,现在珍惜时间努力学习会圆梦。

　　本周老师老师想跟大家分享以下几点:

　　第一,我们要懂得把握人生最初的财富——时间。

　　瑞士是世界上第一个实行电子户籍卡的国家。婴儿一降生,医院就会通过户籍网络查到他是这个国家的第几位成员,然后以此为编号开始在户籍卡中输入这个孩子的姓名、性别、出生年月及家庭住址，还有财产状况。所有的瑞士人，在为孩子填写拥有的财产时，写的都是"时间"。他们认为对一个人，尤其是对一个孩子来说，他们拥有的财富，除了时间外，再不会有其他东西，瑞士人对财富的理解，对我们或许有启迪。

时间不同于其他资源，它有弹性，找不到替代品来替代它，而且永远是短缺的。时间的耗费也是固定的，谁也没有办法阻止时间的流逝，时间既不能停止，也不能储存。总之，时间是一种特殊的无可替代的不可缺少的稀有资源。这些年，我们的时间都到哪里去了呢？

你还没重视一分钟的价值。走进哈佛的学生首先就要背诵"因迟到一分钟致使拿破仑兵败滑铁卢的故事"。还有个故事：获得哈佛大学荣誉学位的发明家、科学家本杰明·富兰克林有一次接到一个年轻人的求教电话，于是两人约好了见面的时间和地点。当年轻人如约而至时，本杰明的房门敞开着，而屋子里却乱七八糟、一片狼藉，年轻人很是意外。

没等他开口，本杰明就招呼道："你看我这房间，太不整洁了，请你在门外等候一分钟，我收拾一下，你再进来吧。"然后本杰明轻轻地关上了房门。

不到一分钟的时间，本杰明又打开了房门，热情地把年轻人让进客厅。这时，年轻人的眼前展现出另一番景象——一切已变得井然有序，而且有两杯倒好的红酒，飘着淡淡的香气，漾着微波。

年轻人在诧异中，还没有把满腹有关人生和事业的疑难问题向本杰明讲出来,本杰明就非常客气地说道:"干杯! 你可以走了。"手持酒杯的年轻人一下子愣住了,带着一丝尴尬和遗憾说:"我还没向您请教呢……"

"这些……难道还不够吗?"本杰明一边微笑一边扫视着自己的房间说,"你进来又有一分钟了。""一分钟……"年轻人若有所思地说,"我懂了,您让我明白用一分钟的时间可以做许多事情,可以改变许多事情的深刻道理。"珍惜眼前的每一分每一秒,也就珍惜了所拥有的今天。哈佛的这句话实际上揭示了一种人生哲学,那就是人生要以珍惜的态度把握时间,从今天开始,从现在做起。对此哈佛大学提醒学生说:"我荒废的今日,正是昨天殒身之人乞求的明日。"

同学们,进入初二,功课很忙,任务越来越重,而事情越多越能锻炼或考验一个人的时间管理能力,我们要把每个睡醒后的早晨都当成一件美妙珍贵的礼物。

第二,我们要培养一种高度自制的能力。

有这样一个神话故事:参加十二生肖选拔的猫,原来跟鼠是好朋友,说好请老鼠叫它起床,没想到老鼠却食言,自己去参加了选拔,成为十二生肖的老大。所以,今天的十二生肖里没有猫! 这个在中国流传上千年的古老故事,是否在讽刺起不来床的人呢? 记住! 人们需要闹钟,是因为不敢信任自己的生理时钟;至于那除了闹钟之外,还要请别人催起床的人,就是不信任自己的毅力了! 将自己的成败完全寄托在别人身上,则是可悲的事! 那实在是对自己不负责。

再看看许多同学热爱的科比,他拥有怎样的自制力和毅力呢。"凌晨4点的洛杉矶",这是科比的自称。自从他进美国职业篮球联赛打球以来,长期坚持凌晨4点起床练球,每天都要投进一千个球才算结束。因此,当有记者问科比为什么能那么成功时,科比反问道:"你知道洛杉矶早晨4点的样子吗?"记者摇头。"我知道每天洛杉矶早晨4点的样子。"科比说。他的成功完全出于他的勤奋,当大多数人还在睡梦中时,他已出现在湖人队的训练房了。所以科比上赛季高效率的表现一点也不让人吃惊,他在比自己年轻10岁的年轻球员头上扣篮也不令人意外,他赛季初在得分榜上领跑,更是一点也不奇怪了,这就是科比,凌晨4点的科比。

自制是目标和成就之间的桥梁,缺乏自制约束必然导致失败。有两个痛苦,我们每个人一定会遭受到其中之一:遵守纪律的痛苦和承受遗憾的痛苦。两者的不同在于,纪律的痛苦是以斤两计算,而遗憾的痛苦是按吨计算。要实现梦想,离不开自制。

同学们,如果缺乏自制,那至少是对自尊的侵袭的开始。

第三,我们要拿出将梦想照进现实的行动能力。

不少中学生都曾想提升自己,苦思冥想制订各种计划、构想。甚至信誓旦旦从明天开始我要……可也存在"光说不练"的通病,几天后,一切依然如故。

事实告诉我们,光有理想的计划是远远不够的,只有真正的身体力行,才会体现它的价值。这样的道理老师已对你们说了很多次,相信大家都很清楚。

让我们再去看一看凌晨4点半哈佛大学图书馆的一幕:

据说,凌晨4点多的哈佛大学图书馆里,灯火通明,座无虚席。

哈佛大学的学生餐厅,很难听到说话的声音,每个学生端着比萨可乐坐下后,往往边吃边看书或是边做笔记。很少见到哪个学生光吃不读,也很少见到哪个学生边吃边闲聊。在哈佛大学,餐厅不过是一个可以吃东西的图书馆,是哈佛100个图书馆之外的另类图书馆。哈佛大学的医院同样宁静,不管有多少人在候诊,也无人说话,无人不在阅读或记录。医院仍是图书馆的延伸。

于是,从哈佛走出了44位诺贝尔奖得主、8位美国总统。

哈佛校园里,不见华服,不见化妆,更不见闲晃的人,只有匆匆的脚步,他们坚实地写下人生的篇章。

哈佛不是神话,哈佛只是一个证明,人的意志、精神、抱负、理想的证明。

人到底有怎样的潜力? 人的梦想,为什么在哈佛就能实现?

央视《世界著名大学》制片人谢娟曾带摄制组到哈佛大学采访。

她回忆说:"我们到哈佛大学时,是凌晨2时,可让我们惊讶的是,整个校园当时是灯火通明的,那是一个不夜城。餐厅里、图书馆里、教室里还有很多学生在看书。那种强烈的学习气氛一下子就感染了我们。在哈佛,学生的学习是不分白天和黑夜的。那时,我才知道,在美国,在哈佛这样的名校,学生的压力是很大的。"

在哈佛,到处可以看到睡觉的人,甚至在食堂的长椅上也有人在呼呼大睡。而旁边来来往往就餐的人并不觉得稀奇。因为他们知道,这些倒头就睡的人实在是太累了。

究竟是什么让哈佛的学子有这样坚定的信念,会这样勤奋努力地学习呢?哈佛大学图书馆墙上的20条训言似乎已经告诉了我们答案。虽然只是寥寥数语,却发人深省。

(1)此刻打盹,你将做梦;而此刻学习,你将圆梦。

(2)我荒废的今日,正是昨日殒身之人祈求的明日。

(3)觉得为时已晚的时候,恰恰是最早的时候。

(4)勿将今日之事拖到明日。

(5)学习时的苦痛是暂时的,未学到的痛苦是终生的。

(6)学习这件事,不是缺乏时间,而是缺乏努力。

(7)幸福或许不排名次,但成功必排名次。

(8)学习并不是人生的全部。但既然连人生的一部分——学习也无法征服,还能做什么呢?

(9)请享受无法回避的痛苦。

(10)只有比别人更早、更勤奋地努力,才能尝到成功的滋味。

(11)谁也不能随随便便成功,它来自彻底的自我管理和毅力。

(12)时间在流逝。

(13)现在流的口水,将成为明天的眼泪。

(14)狗一样地学,绅士一样地玩。

(15)今天不走,明天要跑。

（16）投资未来的人，是忠于现实的人。

（17）受教育程度代表收入。

（18）一天过完，不会再来。

（19）即使现在，对手也在不停地翻动书页。

（20）没有艰辛，便无所获。

第四，"勤能补拙"这句古训并非空穴来风。科学家研究发现，大脑是由大量的神经细胞所组成，它们之间互相传递着"信息"，而"传递者"则是一种名为"突触"的组织。这位"传递员"是否称职，将直接影响到"信息"传递的效率，进而影响到人脑的学习和记忆能力。但一部分"传递者"会出现"消极怠工"的现象，从不进行信息传输的工作，它们被科学家称为"沉默突触"。在实验中，科学家们通过给神经元加上一定的电刺激，成功激活了"沉默突触"，使它们开始传递信息。而这样的电刺激其实是模拟人们平时脑细胞的活动情况，人类在遇到丰富多变的外部环境和勤于思考的时候，脑中也会出现类似的刺激，多思考就能激活更多"沉默"的突触，使它们完成信息传递的任务。人的智商高低，不但与先天因素有关，也与后天的刺激有关，当先天不足时，后天的努力的确可以提高智商，使人变得更聪明。

同学们，成功和安逸不可兼得，选择了其一，就必定放弃另一结局，正像哈佛所提醒的那样，现在流的口水，将成为明天流下的泪水，今天不努力，明天必定遭罪。希望若干年后你回想起曾经的梦想和努力时，拥有的是无尽的欣慰的笑容，而不是因蹉跎流下的悔恨泪水。

我们的时间哪儿去了？我们知道吗？如果知道了，又如何让时间有效化？请从此刻开始，行动起来吧，管理好自己的时间，做时间的主人！

怎样过好每一天

成功不可能一蹴而就,它需要你付出点点滴滴的努力——

(1)告诉自己已经是初中生了,这是一个特殊的时期,是为中考打基础的时期,希望同学们珍惜时间,把每一个"今"天当作"金"天。不让一日闲过!

(2)早晨起床洗漱时,对着镜子笑一笑,告诉自己:每天的太阳都是新的。

(3)按时起床,吃好早餐再上学,路途上一定要注意安全,早上不要迟到!

(4)到校后要学会管住自己。好学生都是能够努力管住自己的。

（5）早晨读背东西前，想想读背的内容，再划分一下时间，制订的计划一定要设法完成。朗读一定要大声，这样才会记得更牢。

（6）课前要做好准备，包括学习用具、书本的准备，思想的准备，情绪的准备。上课迟到要喊报告，经老师允许后方能进教室。

（7）课间要文明休息，不可追赶打闹。课间不可以到小店买零食，因为课间休息时间本身紧张，而且课间吃零食容易导致上课分心（两节课后可以吃点水果牛奶之类）。

（8）上课眼睛要盯牢老师，脑子要跟上老师的思维。分心的时候，要多提醒自己，努力克制，要学会记课堂笔记。来不及记的时候，可先不记，跟上老师思路，把课听懂最重要。笔记可课后补上。

（9）如果作业太多可向老师反映，但是不可抄袭，老师发现可是要惩罚的！还有作业得认真书写，不得涂涂改改，完成后须按时交给组长。

（10）中午、自修课、晚上的时间一定要学会自己安排，每一块时间都要有计划，要做哪些事，先做什么，后做什么，每件事情大概需要多少时间，都要心中有数（可备一小记事本记录）。

（11）制订计划后还要有督促自己的相应措施，每个人都有偷懒的时候，动动脑筋，那时候如何提醒自己，战胜自己的懒惰情绪。

（12）各科都应准备一本错题集，把一天或一周作业、试卷上做错的题都订正上去,别怕烦,日积月累,你会发现获益多多! 还要及时复习功课,最好先复习后做作业。

(13)睡觉前可反思一下自己一天的学习、生活,想想哪些做得好,哪些需改进,这样你才会进步得更快! 睡觉前还须先收拾好东西,检查是不是有什么东西忘了带,这样早晨才不会手忙脚乱。

(14)大胆地和同学、老师交往(好学生都会追着问老师的,所谓学问学问,很多知识都是问出来的)。

(15)宽容别人就是宽容自己,尊重别人就是尊重自己!

(16)作为一名中学生,在校应穿戴整洁,要穿校服(不要过分追求名牌,只要干净整齐就好)。

(17)要注意保持公共卫生,不准乱丢垃圾(因为请你想想若是你值日的那天教室垃圾多得扫不完,自己会有什么感受)。

(18)平时,遇到老师尽量主动问好。你把老师当成天使,你就生活在天堂里;你把老师当成魔鬼,你就生活在地狱里。

(19)成绩的差距是在日积月累中产生的,也许一时难以察觉,但若不养成好习惯,长此以往,你就会落后,所以每一天都不能放松学业。

(20)到食堂用餐请排队,吃完饭把餐具放到指定位置(这只是举手之劳,请别偷懒啊)。

好习惯成就美好人生

　　著名心理学巨匠威廉·詹姆斯说："播下一个行动，收获一种习惯；播下一种习惯，收获一种性格；播下一种性格，收获一种命运。"正所谓观念变，行动就变；行动变，习惯就变；习惯变，性格就变；性格变，命运就变；命运变，人的一生就改变。

　　英国作家培根曾经说过："习惯是人生的主宰，人们应该努力追求好的习惯。"我们要做"习惯"的主人，不要做"习惯"的仆人。的确，行为习惯像我们身上的指南针，指引着每一个人的行动，习惯犹如一把雕刻刀，人的许多品性都是它的作品。

　　习惯不是一时的心血来潮，也不是几天几月的短期行为，它一旦形成就有旺盛的生命力和持久性，常常会与人相随一生。

对于绝大多数同学来说,学习成绩的好坏,虽然与智力因素有关,但与非智力因素的关系更加密切。而在信心、意志、习惯、兴趣、性格等主要非智力因素中,习惯又占有重要地位。古今中外在学术上有所建树的人,无一不具有良好的学习习惯。如进化论的创始人达尔文说过:"我的生活过得像钟表上的机器那样有规律,当我的生命告终时,我就会停在某一处不动了。"达尔文所说的"规律",就是指"良好的习惯",当然也包括良好的学习习惯。就连智力超群的中科大少年班的学生们,在谈到自己成绩优异的原因时,也都强调自己有良好的学习习惯。

我们已经度过了初一的适应期,初二是个分水岭,在这个阶段如果不注意自己的学习习惯、学习态度、学习方法,那么等待你的就只有滞留原地或是一落千丈,就会出现严重的两极分化。对于初二的学生,要保证自己在两级分化的浪潮中不会刷下,那么思维的逻辑性,思维的连贯性,思考的严谨性必须要高出一个层次。我们不仅仅要学会基础知识,并且要能够熟练应用。各科难度加大,怎么办? 最好的解决办法就是:第一,了解本学期所学的知识,为自己制订计划,每天坚持完成。第二,做题要学会总结题型,把同样的题提炼出解题方法。第三,改掉不良的学习习惯,改掉懒惰,改掉马虎。第四,不会的问题先思考再提问,不要不敢问,也不要不想就去问。要保证每一道题都能给你带来知识的增加。第五,保证心态的平衡,无论对于新知识的感觉如何,都不要放弃学习的热情,要相信自己。一分自信,一分成功,十分自信,十分成功!

因此这一年里好的习惯的养成就显得特别重要。甚至可以说,你养成了什么样的习惯直接决定你成功与否。请你尽快形成下面的这些好习惯:上课积极配合老师,不走神;勤于动手,随手记东西;勤于思考,遇事多问"为什么";当天学的知识当天"清";善于总结归纳,每周知识进行"周结";不把老师布置的作业当成一种负担;独立思考,从不抄袭别人的答案;对每天的每个时间段都有具体的学习计划,并能坚持执行;少闲谈,多读书;做每一件事,都力求完美(包括擦黑板和拖地做值日工作等,从不草草了事,养成认真做事的习惯);常与老师、家长沟通;勇敢地说出自己的想法,特别是敢于把自己的目标公之于众;每天早晨起来后对自己的一天做个计划;每天晚上总结一下自己一天里所做的事;经常反思自己所做的一切;等等。

记不清是谁说过这样一句话:"成功就是简单的事情重复做。"从柏拉图长年累月坚持"每天甩手300下"的故事中,我们不难想象,柏拉图在治学、创业上无疑更是这样做的。坚持"简单的事情重复做",包含着一种毅力、韧劲和执着精神——柏拉图的功成名就,也正是他不忽视简单、持之以恒、坚持不懈奋斗的结果。

所以我需要和同学们指出的是,要养成好习惯,你得有坚韧的毅力。事实上,成功改掉坏习惯和养成好习惯的先决条件是你必须具备坚韧的品质。其实坚韧本身就是一种习惯,是一种高度的自律。有了这种高度的自律,你才能养成好的习惯。贵在坚持,难在坚持,成在坚持,好习惯在坚持中养成。

一位高中橄榄球队的教练,试图激励自己的球队度过战绩不佳的困难时期。在赛季过半的时候,他站在队员们面前训话:"迈克尔·乔丹放弃过吗?"队员们回答道:"没有!"他又提高声音喊道:"怀特兄弟呢,他们放弃过吗?""没有!"队员再次回答。"那么,埃尔默·威廉姆斯怎么样,他放弃过吗?"

队员们长时间地沉默了。终于,一位队员鼓足勇气问道:"埃尔默·威廉姆斯是谁呀? 我们从来没听说过。"教练不屑地打断了队员的提问:"你当然没听说过他——因为他放弃了!"

岁月路长长,人的一生,关键就那么几个阶段。初二无疑是为初三打基础的最重要的阶段,我们要认真走好每一步,过好每一天,到初三才能厚积薄发!

让我们从现在做起,养成好习惯。昨天的习惯已经造就了今天的我们,而今天的习惯决定我们的明天。祝愿我们所有的同学都能养成更多的好习惯,引领我们走向成功的彼岸!

除了法纪严明,人人自律也非常重要。一个人的自觉反省,比一百个监督员都管用。真正的教育是自我教育,真正的管理是自我管理。养成自律的好习惯,可以受用终身;而养成放纵、迷恋电脑游戏等玩物丧志的坏习惯,你的人生会吃尽苦头。

最后特别嘱咐,在今后的各科作业和测验中希望同学们给自己、给老师、给家长一个承诺:考试的目的是查漏补缺,在以后的任何一次测验中我坚决不作弊,做到不轻易丢分,坚决不丢人! 作业的目的是巩固知识,在以后的作业中尽量独立思考,坚决不抄袭!

教师节,感恩和祝福老师

　　我们感恩和祝福老师不能只停留在语言上,要落实到行动中。老师希望同学们用实际行动庆祝教师节,学会感恩,感谢为我们付出辛劳的教师。感恩老师,并不需要我们去做惊天动地的大事,它表现在日常生活中的点点滴滴:课堂上,一道坚定的目光,一个轻轻的点头,证明了你在全身心投入,你在专心致志地听讲,这便是感恩;下课后,在走廊里遇到了老师,一个淡淡的微笑,一个轻轻的招手,一声甜甜的"老师好",这也是感恩;我们知错就改,接受老师的批评教育,这同样是感恩;我们积极进取,尊重老师的劳动成果,这依然是感恩。当然,认真地完成每次作业,积极地举手发言,认真思考,主动参与,靠自己的努力换来理想的成绩,取得更大的进步,获得更好的发展,这便是对老师辛勤工作的最好回报,也是老师最大的欣慰,更是给老师最好的礼物。

杰出的父母只做三件事

父母对待孩子无外乎三种情况：一是事事管、时时管，做了很多事，效果却不好；二是什么都不管，什么都不做，放任自由，不闻不问，结果更不好；三是管但不全管，做得不多，但都切中要害，孩子成长一帆风顺。

显然，"什么都做"和"什么都不做"都过于极端，失之偏颇，并不可取。杰出的父母从来都选择"有所为有所不为"，准确地说，只做三件事。

第一件事：培养良好的亲子关系。

好的关系胜过许多教育。父母什么时候与孩子关系好，对孩子的教育就容易成功；什么时候与孩子关系不好，对孩子的教育就容易失败。而建立良好的亲子关系，其关键在于

"定位"。

（1）不当"法官"，学做"律师"。

有些父母看到孩子出了问题，便迫不及待地当起了"法官"，这是很危险的。

孩子的内心世界丰富多彩，父母要积极地影响与教育孩子，不了解其内心世界便无从谈起。而了解孩子的第一要诀是呵护其自尊，维护其权利，成为其信赖和尊敬的朋友。即父母对待孩子，要像"律师"对待自己的当事人一样，了解其内心需求，并始终以维护其合法权利为唯一宗旨。

（2）不当"裁判"，学做"啦啦队"。

在人生竞技场，孩子只能自己去努力。父母既无法替代孩子，也不该自作主张去当"裁判"，而应该给予孩子一种保持良好竞技状态的力量，即"啦啦队"的力量。这样更能帮助孩子建立自信心，而这正是家庭教育的核心任务。父母做孩子的"啦啦队"，既要善于发现孩子的优点和赞美孩子，还要引导孩子正确面对失败，在孩子受挫时做孩子的战友。

（3）不当"驯兽师"，学做"镜子"。

孩子只有认识自己才能战胜自己，但他们通常只能依据他人的反馈来认识自己，这时父母的"反馈"作用即镜子的作用就很重要了。不做"驯兽师"，学做"镜子"，才能帮助孩子提高自我意识，才能让孩子不害怕父母的"权威"，转而和父母沟通。

教育是三分教，七分等。"等一等"是很有用的。比如我们被蚊子叮一下，不管它，很快就会没事，若总去挠，却要很长时间才能好。原因就是人体有一定的自我治愈功能,被蚊子叮一下自己很快就会好,施加外力只会适得其反。

教育也是这个道理。停下来,等一等,给孩子倾诉的机会,和孩子有效地沟通,不用教育就能解决问题。

第二件事:培养孩子良好的习惯。

习惯决定孩子的命运,再也没有什么比习惯养成更重要了。父母如果不注重培养孩子的良好习惯,无疑是在葬送孩子美好的未来。

(1)一切从习惯培养开始。

养成教育是管一辈子的教育。智育是良好的思维习惯,德育是细小的行为习惯,素质教育更加体现在人的细小的行为上。

大量事实证明,习惯是一种顽强的力量,可以主宰人的一生。孩子的一切都从习惯培养开始。

(2)习惯养成绝非一日之功。

习惯是个大问题,是大智慧。良好习惯的养成绝非一日之功,其主要原则是:低起点,严要求,小步子,快节奏,多活动,求变化,快反馈,勤矫正。

习惯养成关键在头三天,决定在一个月。父母要充分尊重孩子的权利,让孩子在习惯养成中发挥主人作用。

(3)通过习惯培养铸造品格。

教育犹如海上行船,必须按正确的航线行驶,否则,船越大越有触礁沉没的危险。

人的品质,决定了人的发展方向。家庭教育的一个核心任务就是培养孩子成为一个真正的人。但人格的培养问题通常很难落实到具体操作上来。

不过,研究者发现,习惯与人格相辅相成,习惯影响人格,人格更会影响习惯。正派、诚实、责任心、爱心、合作精神、讲究效率等品格都可以通过习惯培养来铸造。

第三件事:引导孩子学会学习。

吸引孩子热爱学习、引导孩子学会学习是父母的一项重要职责,也是父母的真正魅力所在。

(1)孩子厌学是有原因的。

放任不管,任其潇洒;乱管瞎管,种瓜得豆;唠叨数落,肆意打骂;代替包办,制造"机器"……父母若采取如此种种不明智的做法,只会使孩子越来越不爱学习。

孩子不爱学习只是表面现象,背后一定有原因:是没有养成良好的学习习惯?是孩子没有找到最擅长的方面?是没有科学用脑?是孩子父母阻碍了"玩中学"的天性?是孩子没有意识到学习是他自己的事情……找到背后的原因,才可能帮助孩子走出厌学的阴影。

(2)孩子的求知欲和学习潜能是可以被激发的。

孩子缺乏求知欲,通常不是父母的影响或者严格要求不够,而是阻塞了孩子的兴趣。

兴趣(好奇心)、梦想、成就感、质疑、感恩、发奋等都是能激发孩子的求知欲。而对于孩子来说,所谓竞争优势就是潜能得到有效开发。心情、开窍、暗示、遐想、砥砺、计划是激发孩子学习潜能的六大原则。

　　潜能开发虽没有绝对的"时间表",但也有步骤,比如建立目标、控制情绪、磨砺意志、专注于一点等都是非常重要的。

　　(3)孩子考第一是有方法的。

　　"爱学"是"会学"的前提,而"会学"是"爱学"的保证,"会学"才能"学好"。

　　孩子要想考第一,必须掌握一些具有决定性作用的好方法,如:按计划完成、认真写字、慢慢看课本、整理错题、随手笔记、无私帮助同学、高效率考试、自由自在地作文等。

　　教育孩子并没有父母想象的那样复杂,抓好了亲子关系、习惯培养、学习这三件大事,父母将成为杰出的父母,孩子将成为杰出的孩子,这些都不是遥远的梦了。

给学习迷茫学生的忠告

我有一句话送给每位同学：你可以长时间不学习，但是你学习的每一分每一秒都必须是高效的。

怎样提高学习效率呢？想打球，我痛痛快快地打，浑身出汗，畅快淋漓。想听音乐，我就全神贯注好好听，陶醉于音乐中，让刚才波涛汹涌地进行的数理化得到休息。只要一打开书本，你就必须做到全情投入、不受干扰。最糟的是，学习的时候还想着电视节目，玩的时候又想着今天作业还没写完。有些学生作业做一晚上并不出活，为啥呢？就是因为三心二意！有些家长也浑然不觉，只要看到孩子关在房间里，坐在书桌前，就觉得踏实。孩子干什么了？他也不管。有时候孩子在房间里坐了一个晚上，出来喝点水看看电视，家长就横眉冷对、唠唠叨叨："你看你磨磨蹭蹭的，又出来干啥！"（坐在书桌前面写作业重要还是高效地完成简单的任务重要？我们要解决的是是否做作业的问题，还是高效地完成学习任务的问题？）

学习有两种状态。一种像快要饿死的人扑在面包上；一种是眼馋肚子饱，感觉饱了，又想再吃一口。像快要饿死的人扑在面包上一样学习的人，往往是短时间内就进步很快的学生。只有进入这种状态，孩子才能领略到攻坚大战前夕，那种波澜壮阔的盛况。而眼馋肚子饱的孩子往往学得不专心，玩得不痛快。

我们每位老师都对丁元淞同学那种孜孜不倦、好学勤奋的精神十分佩服，相信每位同学也有同感。老师看到在他的带动下，许多同学都捧着书本进出办公室，追着问老师，老师觉得这是人世间最美的画面。

王金战老师曾教过一个学生，叫马建波。这孩子是高二提前参加高考的，当时称为"冲刺"，让高二年级一些成绩比较突出的学生先试试水。高二距离实际高考还远，学生们并不紧张，但是，马建波就拼着命地去学。那时学校条件还比较艰苦，学生们都在平房里上课，没有电扇，更没空调。高考前，教室被晒透了，学生们坐在里面，个个热得大汗淋漓。好在平房外面有许多树，氧气充足，空气凉爽。马建波坐在树荫下，一上午都不抬头。什么苍蝇的袭击、蚊子的叮咬，他毫无察觉，纹丝不动。

功夫不负有心人，当年高考，一个高二的孩子和上千名高三的学生一起考试,竟然拿到了全县第十名!马建波被国防科技大学录取,后来又考到清华大学读研究生,现在是美国一所大学的教授。就马建波的实力,即使读完三年高中,要冲击一所名牌大学,也很困难。但是,他在高考前表现出来的这种拼劲,那种专注,就像一个人在看一本妙趣横生的小说:外界已经不存在,只有书中的世界呈现在脑海里,通宵都不觉得累。第二天,昨晚的每个情节他还能历历在目。当一件事把一个人的兴趣完全吸引过来的时候,不论年龄大小,他已经不需要自制力了,全身心乐在其中,就已经是一种享受了。可见一个人的潜力是无穷的。

德国教育家卡尔·威特曾严格地规定儿子的学习时间和游玩时间。小威特学习功课时,老威特决不允许有任何干扰。幼年的小威特平均每天有15分钟的学习时间。这个时段,其他任何事情一概予以拒绝。父亲总是说:"小威特正在学习,现在不行。"到后来,小威特每天只需花费2个小时学习,就足以胜过同龄的孩子。余下的时间,小威特都用来运动、休闲和社交,从而成长得更为优秀和全面。

所以,作为家长,要想提高孩子的学习成绩,培养和开发他们的智力,第一步就要训练他们的注意力,养成高效率的学习习惯。

诺贝尔医学奖得主埃蒙德·费希尔给中国学生的最大忠告是:多思考。科学和艺术一样,也需要直觉和想象力。孔子也说,学而不思则罔。善于思考对提高成绩帮助很大。

有些人说,现在的孩子学习负担太重。学习负担不是一个绝对概念,而是相对的。100斤的担子让一个小女孩挑,她可能被压得龇牙咧嘴;可对于成人来说,就很轻松。清华、北大的学生没有几个是死学的,为什么?光靠体力、毅力拼命是考不进清华、北大的,这也不单是智力的问题;大部分考进清华、北大的学生凭借的是良好的学习能力、学习方法和自我管理能力。对那些中游以下的学生来说,学习方法不完善、学习效率不高,学习就显得负担过重了。没有时间去休息,没有时间去思考,没有时间去消化,没有时间培养兴趣和能力,他们光忙着做作业了。因此,学习方法很重要,要知道问题症结在哪里,希望同学们对症下药,争取有所突破。只要每位同学已经尽力在学了,结果就不是最重要的。

总之,我希望学生学的时候是疯学、痴学、专注地学,玩的时候又是放开了玩,玩也要争第一。

但愿我能送你一轮明月

你的低落、沮丧、遗憾、抱怨，我都看在眼里了，此刻，在我眼中的你就是一个被偏执蒙蔽的孩子，就如同被乌云遮住的明月。一个人若不能自见光明是多么不幸的事，所以我有话要对你说！

我仔细看了你的试卷，原因不能再简单地归为马虎、不小心、运气差，这样你还会以自己的固有思维习惯寄希望于下一次考试仔细些就行了！其根本原因，不是你的学习能力，而是你的学习态度及答题习惯。之所以有此态度与习惯，那是你对自己认识不清，这才是最根本原因，你被"优秀"两个字蒙蔽了，凭借以往不错的成绩自认为自己是优秀生，于是就很自然地将考试中出现的问题归为马虎，而没有深刻地去反思，因而也就看不到自身的弱点。

拥有优秀的考试成绩的人，未必就是优秀者，你明白这句话的含义吗？因每个人天生的禀赋不同，所擅长的领域也不一样，单看考试成绩来定义优秀与否是有偏差的。

真正的优秀者展现在我们面前的应是这样的形象：有责任感、积极乐观、诚信、进取、勤奋、守时、认真、坚强、坚持、有毅力、追求梦想等。这每一种能够给人们带来成功的优秀品质和独特气质，并不是与生俱来的，而是在后天的努力和奋斗中一点点磨炼出来的。

古希腊哲学家亚里士多德说："优秀是一种习惯。"一言一行都是日积月累养成的习惯。有的人形成了很好的习惯，有的人形成了很坏的习惯。拥有好习惯的人将一点一滴浇铸在生命奋斗的过程之中，最终得到了绚烂的花朵和丰硕的果实，展现了强者的风范；拥有不好习惯的人也将一点一滴逐渐转变成一种负面因素，拖着自己的脚步，想要加速则越来越不可能，最终只能在失败的旋涡中盘旋。

所以，不要抱着买彩票的心态去买人生的船票，也不要试图走捷径。优秀需要的是每一种品质、每一个细节、每一种习惯、每一次经验、每一份成功的不断积累。那就让我们从现在起把优秀变成一种习惯，使我们的优秀行为习以为常，变成我们的第二天性。让我们习惯性地去创造性思考，习惯性地去认真做事情，习惯性地对别人友好，习惯性地欣赏大自然。最后，当这一切真的成为习惯的时候，你会惊喜地发现，变得优秀其实并不难，因为你拥有优秀的气质，这是最好的催化剂。

一个人的品行不取决于这个人如何享受胜利,而在于他如何忍受失败。总是看到比自己优秀的人,说明你正在往高处走;总是看到比自己差的人,说明你正在走下坡路。你对别人要求松一点,就不会失望;你对自己要求严一点儿,就不会沮丧。倘若心中愿意,道路千千条;倘若心中不愿意,理由万万个。

著名作家丁玲说:"对于一个有思想的人来说,没有一个地方是荒凉偏僻的。在任何逆境中,他都能充实和丰富自己。"一个人想追求有价值的人生,首先心中就不能没有关于成功人生的想法意识,只有心中先有了这样的想法,才有永不放弃的追求动力。

那么,一个人的想法为什么能够决定活法呢?这是因为,一个人的想法决定着他的选择,而选择决定他的生活方式。人和人选择生活方式的区别在于,思维不同、心态不同、修养不同、品位不同,所以自然会形成不同的心境。因为人每天都要面对不同的选择,他对生活有怎样的认识,他就会做出怎样的行为;而他的行为恰恰又反映出他的品位;他的品位又决定了他的层次;而他的层次的高低又可以决定他的生活方式。正因为每个人的生活方式不同,创造的生活价值也就不同,因此也决定了一个人的人生。这就是一个人的想法决定他的活法的原因。

一个人只有自己努力向上,自我勉励,奋发图强,才能让自己变得越来越强大,才能有机会成为战胜困难的勇者。外部的条件和环境可能会促使一个人自强,但是,起主导作用的还是内因,还是自我要求和对自己人生负责的态度,这是不断提升自己的直接动力。

送你一轮明月,愿如水的月光涤净心中失意的尘埃。

送你一轮明月,愿如洗的清辉拂去伤痛的心痕,洒满人生道路。

送你一轮明月,愿如珠的璀璨划破迷茫,直伴你迎接下一轮太阳。

期中考试动员讲话

时光飞逝,不知不觉间期中考试就要来临了,本学期已过去一半,为了更好地迎接考试,我想在这向全体同学做个动员:

不管什么考试,都是对我们学习情况的检测,学习成果的总结,同时也是比较,是竞争,是较量,更是机会。同学们要努力考出水平、考出成绩,在班级、年级比较中找到自己的位置,在竞争中进步成长,在总结反思中进一步明确自己努力的方向。希望同学们认真地反思自己,总结自己的不足之处,扬长避短,争取在期中考试中考出自己理想的成绩。

首先,送给大家三句话。

第一句,态度决定一切。有这样一句话:"当我冷眼旁观时,生命是一只蓝色的蛹;当我热情相拥时,生命是一只金色的蝶。"学习也是这样,当你把学习当作自己成长发展的需要时,才能体验到学习的快乐;当你把学习当作一种负担时,学习就是一种痛苦。谁愿在一片郁闷和痛苦中学习呢？所以说,我们首先要调整心态,以愉快的心情投入到紧张的学习生活中,并善于在学习的过程中体验获取知识的快乐,体验克服困难的快乐,体验取得成功的快乐。

第二句,目标是前进的灯塔。一个人没有目标,就像大海中迷失方向的航船,不可能达到成功的彼岸。生活中,每个人都应该有一个既定目标,瞄准目标奋力攀登,就一定会取得成功。最终的总体目标,是由一个个切合实际的具体目标逐步递进而实现的。因此,每个阶段性目标的实现都关系到总体目标的实现。在这个历程中,需要不断地将自己行为的结果与阶段性目标相比较。反思自己的目标,并进行合理的调整,制定出切合实际、通过努力能够达到的目标。所以,请同学们一定要确立自己的努力方向和适当的近期目标,在不断地超越中成长自我、成就自我。

第三句,勤奋是成长的阶梯。书山有路勤为径,天上不会掉馅饼,要学习真本领没有勤奋的耕耘是不行的。有句诗这样写,"梦里走了许多路,醒来却还在床上",不勤奋,理想永远是梦想、是幻想。但勤奋并非只是简单的忙忙碌碌,更需要思考和反思。有的同学终日劳累,却没有明显的进步,原因何在？我想,也许是因为缺少思考和反思,还未认识到自己学习中的"短处",课前不预习,抓不住关键的课堂学习环节,重作业轻复习,忽视学习规律的总结和学习方法的琢磨,学习在高耗和低效中进行。所以,我劝同学们忙中偷闲,时时反思自己的"短处",力求一分耕耘两分收获!

其次,我给大家提几点要求和希望。

第一,希望同学们做学习的有心人,有计划地安排好各科复习。要统筹兼顾,全面复习,切不可"单科突进"。我们看到有部分同学严重偏科,同学们要想取得好成绩,必须各科平衡。另外,要保证复习时间的有效投入,日常琐事要抓紧处理。要学会统筹安排,合理地利用时间。时间是挤出来的,不管是整块时间还是零散的时间,都要倍加珍惜。零散时间也是宝贵的光阴,一样是"时不再来"。

第二,要有好成绩,就必须拥有好的复习方法及策略。

1. 要克服急于求成的思想倾向,重视基础、重视课本,做好基本题,练好基本功,拿到基本分。夯实基础,消灭"知识死角"。

2. 要重视归纳总结,做错的题目要及时纠正。我建议每个同学结合错题本,把学习中遇到的一些错题再拿出来看看,养成反思自我、分析错误、提高自己的好习惯。

3. 要努力培养自己思考问题、分析问题、解决问题的能力,要在老师的统一安排下,强化专题训练,提高解题能力。

4. 要突出"五练",这"五练"是练规范、练速度、练重点、练技巧、练能力。

5. 要锻炼良好的心理素质。谁的心理素质好,谁就肯定会发挥出自己应有的水平,肯定能取得好成绩。希望同学们把每一次练习都当作考试,这样到正式考试时就不至于因为紧张、害怕而影响发挥。对待考试要做到"不烦恼、不害怕、不着急、不骄傲",用一颗平常心来对待成绩和名次。

第三,要诚信考试。

一个班级的班风是和学生的考风密不可分的,考风是学风的具体反映,考风不正实际上是对刻苦学习、认真答卷学生的一种打击,考试作弊是自欺欺人的做法,不但不能弥补自己学习上的缺失,相反还会让自己失去诚实的宝贵品质。老师和家长期待的不是所谓的"虚假繁荣",需要的是真实的成绩和反馈,在此,希望同学们做到诚实守信,自尊自爱,不弄虚作假,遵守考场纪律。

同学们,你给生活多少懒惰,生活就会回敬你多少苦涩;你为生活付出几分耕耘,生活就会回馈你几分收获。希望同学们做到:不轻易丢分,坚决不丢人!

最后,祝全体同学学习进步!

附:送给孩子们的励志座右铭

★一个人的改变,源自自我的一种积极进取,而不是等待什么天赐良机。

★在最艰难的时刻,更要相信自己手中握有最好的猎枪。

★任何一次对自己的原谅,都会导致下一次更大的错误。

★当你开始学会把说话变成一种成功的资本时,你一定能发现其实成功并不像人们所想的那样艰难。

★从早晨到傍晚,你反问自己一天究竟做了什么,或许对第二天会有更多的触动。

★相信别人,放弃自己,这是许多人失败人生的开始!

★做事成功的要诀就如同钥匙开锁的道理一样,如果你不能准确对号,那么一定无法打开成功之门。

★用自己的能力证明自己,胜过用空话吹嘘自己。

★不懂放弃,等于固执;不能坚持,等于放弃目标。最聪明的做法是:不该坚持的,必须放弃!

★任何道路都是靠自己走出来的,而不是靠自己在梦中等来的。其中准确迈出第一脚,是尤为重要的。

★没有一种成功是可以必然实现的,但是只有你敢于攀登你所选择的山顶,成功才会越来越靠近你。

★当雄鹰在天空飞翔时,它告诉人们:勇气和胆量,眼光和行动是最重要的成功元素。

★不断反思自己的弱点,是让自己获得更好成功的优良习惯。但有些人总怕这一点,所以最终成为弱者。

★学会下一次进步,是让自己强大的有效法则。因此千万不要让自己睡在已有的成功温床上。

★如果你比别人更具智慧,别人会从你的行为中看出来。

★即使爬到最高的山上,一次也只能脚踏实地迈一步。

★人之所以有一张嘴,而有两只耳朵,原因是听的要比说的多一倍。

★别想一下造出大海,必须先由小河川开始。

★金字塔,只有两种动物可以去到它的顶端,一是老鹰,一是蜗牛。

如果你不是天才的老鹰，那么请你做一只勤奋的蜗牛，因为所有的事情必须从基础开始抓起。在没有长出翅膀以前，必须像蜗牛一样辛劳地在基层积累知识，慢慢地向上爬。

即便暂时落后，也永远别泄气，坚持是世界上最优秀的品质！

期中考试孩子成绩暂时不理想,家长要从这7件事做起!

期中考试已经结束了,如果孩子成绩不理想,家长要记住,不要随便埋怨孩子。这是因为,孩子遇到困难没有得到解决,也可能因为家长没有及时关注,这也是我们家长反思自己教育方法的时候了!

家长首先要做好这7件事,然后才能"对症下药",帮助孩子提高成绩。

1. 和孩子沟通谈心。

分数并不是最重要的,重要的是和孩子之间及时交流。例如,家长是否想过孩子成绩的下滑是情绪问题引起的呢?不管大人还是孩子,行为都会受情绪影响。孩子和老师、同学之间的相处,和父母的关系,都可能成为情绪的爆发点。当孩子和老师、同学或父母关系不好的时候,就会产生消极情绪,这时孩子会生活在紧张、焦虑、烦躁之中。如果被这种情绪主宰,孩子就没有办法集中精力学习。所以,此时家长要帮助孩子,把他从这种状态中拉出来。如果一味责骂孩子,只会使孩子的情绪"雪上加霜"。

2. 改善孩子的学习方法。

学习讲究的是方法,如果孩子只会一味地死记硬背,多做题,肯定学不到真知。这样孩子不仅浪费了大量的时间和精力,而且也没有融会贯通,付出 10 分的努力,可能连 3 分的收获也没有。因此,家长要注意对孩子学习方法的指导。家长在指导孩子时,不要代替孩子学习,养成孩子的依赖心理和遇事求人的习惯。要教给孩子获得知识的方法,如教孩子如何去查工具书,如何获得自己想要的资料,等等。

3. 改善孩子的学习习惯。

孩子在家不主动学习,一直玩手机和电脑,容易受到外界干扰,需要爸妈一直提醒才肯开始学习。如此缺乏自律性,也是孩子成绩受到影响的一个原因。还有孩子的学习效率低,十个单词背一个晚上,解答一道数学题花了一小时,经常在学习的时候注意力不集中。用心去学是学习成绩提高的必要手段。学习要用心,才能彻底地掌握知识。家长要让孩子知道,天下没有免费的午餐,只有不断进取、努力学习才可以使成绩飞速进步。家长也必须自我检讨,在孩子学习的时候,是否对他们造成了干扰。如果有,要尽量避免。

4. 自我反思，别做这三类家长。

家长要自我反思，自查下自己是否是以下三类家长之一，如果是，要自我纠正。第一是唠叨型家长。每天对着孩子唠叨，孩子做什么在你眼里都是不顺眼的，久而久之，孩子会对你产生一种厌烦的心理。其实这种唠叨式的家庭教育普遍存在，很多家长都还没有明白这种唠叨式的家庭教育效果是很差的。第二是陪读型家长。有的家长，对于孩子的学习，采取包办陪读形式，问长问短，没完没了地辅导，一天到晚陪着孩子学习，这样孩子的学习自主能力没有了，而且容易让孩子做什么都依赖父母。第三是攀比型家长。喜欢拿孩子的成绩和别人家的孩子比较，在乎面子，一旦不合心意，就贬低自己的孩子。孩子原本是想从你这里得到鼓励并且再接再厉的，可你的一句话可能把孩子的学习热情完全浇灭了。

5. 对孩子要求要合理。

望子成龙、望女成凤是每一个家长的心愿，但每个人身上都存在着不完善之处。很多父母过度关注孩子，对孩子期望和要求过高，这都是对孩子非理性的爱。这种失去理智的爱会与孩子内心最强大的力量——成长的力量为敌，绊住孩子的脚步，束缚孩子的心灵。家长到底该如何对待孩子的成绩呢？眼里不要只有分数，更重要的是孩子的进步空间。当孩子考了98分的时候，不要去苛刻孩子为什么没有考100分。孩子明明从78分，努力考到了98分，其中的进步不值得鼓励一下吗？我们不能只看分数的多少，还要看孩子每次与自己相比，是进步了还是退步了？如果退步了，就帮孩子分析原因,制订一个更好的学习计划,争取每一次都有一个对得起自己的成绩。

6. 用赏识促进孩子主动学习。

孩子学会自主学习,既能使孩子走上成才的道路,又能减轻父母的负担,这是两全其美的事情。所以父母要创造机会给予孩子鼓励和肯定,让孩子体会到自主学习的乐趣。可以在孩子自主学习之后及时给予夸奖和鼓励,赏识孩子的每一点进步。孩子自己完成了家庭作业,自己完成了预习、复习后,都可以给予积极肯定,孩子会在家长的赞赏中更加主动地学习。

7. 帮孩子形成正确的学习心态。

家长对孩子成绩的反应,决定了孩子的学习态度。很多家长很容易纠结在孩子丢失的那"几分"上,考问孩子为什么会丢分,其实完全没有必要。分数只是能力的一个侧面反映。相比于孩子没有拿满分,家长更应该关心孩子在学习上是否养成了好习惯,孩子现在的学习是否卓有成效,等等。我们更要注意培养孩子的学习积极性和好的学习习惯。望子成龙、望女成凤是所有父母的想法,谁都希望自己的孩子有出息,尤其是在学习上。但是爸爸妈妈们要知道,每次考试分数的高低,并不能代表孩子的综合实力。家长要合理看待孩子的成绩,孩子考差了,您的理解和鼓励是给孩子最大的礼物,孩子考好了,您的表扬是孩子继续努力的动力!

考试后,家长如何与孩子一起分析试卷

考试后,我们除了要关注考试分数外,还有什么更需要我们去认真挖掘呢?一次认真的考后试卷分析,是比单单知道那个考试分数更加具有意义的。那么考后如何进行试卷分析?

考试的功能有两种:检验和选拔。除了中考、高考、竞赛类考试以外,其余几乎都是检验学生对知识的掌握情况,从中发现问题,帮助学生查漏补缺、调整学习方法的。所以,考后试卷分析其实是考试的一部分,或者说,与分数的获得相比,考后试卷分析才是真正收获的手段。因此,考后试卷分析应该成为学生的必修课。

但是,有些学生只盯着考试分数,对试卷分析不重视,或根本不会分析,致使考试的检验功能不发挥作用。这是很坏的习惯,因为不会积累经验、吸取教训的人是不可能进步的。事实证明,成绩优异的学生都十分重视考后试卷分析,而且都有一套分析的策略和方法。下面是考后试卷分析的一般方法,希望能给学生一些启发。

一、分析有策略

所谓考后试卷分析,是指考试后订正试卷中出现的错误,分析考试的收获以及考试暴露出的问题,然后归类,逐一进行对照并制订出自我提高的措施与方法。所以,试卷分析要讲究以下四个策略。

1. 从逐题分析到整体分析。

从每一道错题入手,分析错误的知识原因、能力原因、解题习惯原因等,分析思路如下。

(1)这道题考查的知识点是什么?

(2)知识点的内容是什么?

(3)这道题是怎样运用这一知识点解决问题的?

(4)这道题的解题过程是什么?

(5)这道题还有其他的解法吗?

在此基础上,学生就可以进行整体分析,得出一个总体结论了。通常情况下,学生考试丢分的原因有三种,即知识不清、问题情景不清和表述不清。所谓"知识不清",就是在考试之前没有把知识学清楚,丢分发生在考试之前,与考试发挥没有关系。所谓"问题情景不清",就是审题不清,没有把问题看明白,或是不能把问题看明白。这是一个审题能力、审题习惯问题。所谓"表述不清",指的是虽然知识具备、审题清楚,问题能够解决,但表述凌乱、词不达意。上述问题逐步由低级发展到高级。研究这三者所造成的丢分比例,用数字说话,也就能够得到整体结论,找到整体方向了。

2. 从数字分析到性质分析。

(1)统计各科因各种原因丢的分值。如计算失误失分、审题不清失分、考虑不周失分、公式记错失分、概念不清失分等。

(2)找出最不该丢的5—10分。这些分数是最有希望获得的,找出来很有必要。在后续学习中,努力找回这些分数可望可及。如果真正做到这些,那么不同学科累计在一起,总分提高也就很可观了。

(3)任何一处失分,有可能是偶然性失分,也有可能是必然性失分,学生要学会透过现象看本质,找到失分的真正原因。

3. 从口头分析到书面分析。

在学习过程中,反思十分必要。所谓反思,就是自己和自己对话。这样的对话可能是潜意识的,可能是口头表达,最好是书面表达。从潜意识的存在到口头表达是一次进步,从口头表达到书面表达又是一次进步。书面表达是考后试卷分析的最高级形式。所以,建议学生在考试后写出书面的试卷分析。这个分析是反观自己的一面镜子,是以后进步的重要阶梯。

4. 从归因分析到对策分析。

以上分析,都属现象分析,在此基础上,学生就可以进行归因分析和对策分析。三种分析逐层递进：现象分析回答了"什么样"，归因分析回答"为什么"，对策分析回答"怎么办"。对此，学生要首先做到心中有数，下面将做详细探讨。

二、稳打九字诀

考后试卷分析，学生要牢记九字诀：马上写，及时析，经常翻。

1. 马上写。

首先，学生把做错的题重新抄一遍，然后请教老师或同学，详细写出正确过程和答案，主观性试题还应根据老师讲解的解题思路补充齐全。

2. 及时析。

及时写出对试卷的分析内容，包含以下两步：

（1）综合评价，即哪些题目做得比较好，哪些题目存在失误。

（2）在纠正错题的基础上，对错题进行归类，找准原因，对症下药。

错误原因一般有三种情况：一是对教材中的观点、原理理解有误，或理解不广、不深、不透；二是对某些题型的解题思路、技巧未能掌握，或不能灵活地加以运用；三是表现在答题时的非智力因素方面，如遇到复杂些的论述题，便产生恐惧心理等，从而造成失误。

如果是第一种原因，学生应针对题目所涉及的有关知识要点及原理内容认真地加以复习巩固，真正弄懂弄通。如果是第二种原因,学生应要求自己务必掌握某一题型的答题要领。无论是哪一类题型,都有答题思路和方法,但关键是对某一特定试题具体作答的"个性"和"特殊性",只有细心体会,才会有所感悟和提高。如果是第三种原因,学生应在平时训练中有意识地培养和锻炼自己的良好应试心理素质,努力克服不良心态,在答题时做到从容不迫、沉着冷静。

3. 经常翻。

试卷自我分析写完后,和试卷粘贴在一起,要注意保存。积累多了,可以装订成册。千万不要束之高阁,要经常翻阅复习,以达到巩固知识,加强理解,培养能力,掌握规律的目的。

三、亡羊补牢不二过

通过考后试卷分析,学生可以从以下几个方面得到收获。

1. 知识上的查漏补缺。

所谓查漏补缺,就是找到学习上的薄弱环节,及时采取有效措施进行补充完善,让知识的吸收全面化、系统化、有效化。在试卷分析过程中,通过正确答案和错误答案的对比,学生要重点找到掌握不牢的知识点,而要巩固这些知识点,除了复习好课本上的基础知识外,还要做好对知识的精细加工,做到举一反三。

有效巩固薄弱知识,可以通过多种方式。比如,英语学科可以制作单词卡片,然后将考试中拼错的单词写在卡片上,随身携带,随时复习,提高记忆效率。还可以建立各个学科的"错题本",尤其是较弱的学科。"错题本"不仅可以汇总错题,还可以将老师讲过的一些典型的、思路巧妙的、对自己有所启发、让自己有所领悟的例题整理上去，但要记住，平时要及时整理和总结，多看、多思、多问。这样可以快速弥补知识上的漏洞。一本或数本"错题本"记满以后，可以再重新整理，自己会做的可以删去，不会做的可以保留，如此反复，直至完全掌握。

2. 注重学习方法和习惯的调整。

考试不仅仅是考查学生对知识的掌握情况，也在检验学生学习方法的优劣和应试能力的强弱。学生在考试中往往集中暴露粗心、做题方法不对、不会审题、检查不细等方面的不足，弥补这些不足对后面的学习至关重要。学生要端正考试的态度，不能只关注分数，重要的是找到适合自己的高效学习法，养成良好的思维习惯，逐步培养自己的应试能力。要把考试当成检验自己各方面能力的一次机遇。比如，学生平时学习不够踏实认真，容易浮躁，考试时看到自己会做的题目就沾沾自喜，容易掉以轻心，最终失分。这个问题反映出学生学习习惯与态度不好，要想有针对性地解决，需要在平时注意培养良好的习惯。

一个优秀的学生要具备以下良好的学习习惯：预习与复习；勤于思考与全神贯注；积极融入课堂学习，并做好笔记；多动脑，勤动手；大胆发言，敢于质疑，敢于表达自己的见解；独立完成作业并经常反思。

而培养这些好习惯，有以下几个步骤。

（1）逐渐培养自己对各个学科的兴趣。

（2）心里要清楚什么是好习惯。

（3）坚持不懈地强化训练，让自己由被动到主动再到自动。

3. 分析自己的付出和收获是否成正比。

一般来说,只要平时学习努力,做到考前认真复习,都会取得理想的成绩,但是也有例外:有的同学分数不低,但很有可能是靠投机取巧或吃老本得到的分数;有的同学学习明显比前期努力了,但还是没有考好。这时也不要灰心,而要继续努力,慢慢储备知识,做到厚积薄发。所以,如果考了高分,不要只是一味高兴,应和自己的努力情况对比,找老师点评试卷,弄清楚自己付出了多少努力,这样,可以让自己持之以恒地努力学习下去。

学习如同长跑,贵在持之以恒。长跑是耐力的比拼,开始跑在前头的,未必能笑到最后,一开始落在后边的,最终不一定是失败者。

4. 正确对比,增强学习的信心和勇气。

最简单的是纵向比较,就是拿本次考试的成绩与上次考试的成绩对照,看是否比上次有进步。不仅从总成绩上比,更要比到细处,具体到每科,细化到每科的知识点。如语文考试,上一次"基础知识与运用"失分较多,这次通过努力失分减少了,这就是一种进步。

另一种是横向比较,即拿自己的成绩跟班、年级各档次分数线比。举例来说,语文满分150分,数学满分120分,而自己语文考110分,数学考98分,哪一科考得好? 不好判断,因为没有参照物。这时可以参照各档次分数线,通过对比,帮助自己找到相对处于弱势的学科,及时补救,预防偏科。

　　对比,既要找到自己的不足,也要发现自己的亮点,及时给自己打气,这样才会有信心和勇气继续进步。所以,进行试卷分析时,一定要把亮点找出来,要把进步找出来,要把劲头找出来,把考试当成学习的助推器,让自己更加优秀。

平衡各科很重要

期中作业检测结束了，又一次让我们每个人认识到平衡的重要性！

第一，平衡是一种最经济的学习方式。

不能保持平衡的船只，不可能一帆风顺；不能保持学科平衡发展的学生，也很难有一个理想的成绩！

初一年级，是整个初中阶段打基础的关键时间。初一这一年中基本功的扎实与否和各门学科的平衡与否，会直接影响我们接下来整个初中的学习。只有充分准备才能完胜初中三年的学习，所以我们一定要认识到平衡的重要性。

第二，认真进行分析，确定主攻的方向。

根据自己各科学习成绩，分析自己的水平和潜力，哪些学科自己有兴趣,说明你已经取得了不小的成绩;哪些学科你感到比较吃力,甚至有恐惧的心理,这些科目在你接下来的学习生活中将是重点攻克的对象。在学习方法上也要进行回忆和小结,哪些方法对自己是行之有效的,是否可以继续优化。学习的各个环节在以往是否都落实了。了解自己的现状,对自己作出客观的分析,是制定切实有效的计划的前提。这样才能确定在关键的一年中主攻的方向。我们最终的目标中考中,学校是依据总分的高低来录取的,各科的平衡发展是至关重要的。

大家都已经上了6年小学了,什么是学习呢? 我认为对学习要有如下认识:首先,学习是一个心理过程,它注重在学习的过程中的心理体验。你通过学习对内容认同了,内心有一定的体验了,才能接受知识。通过做作业等形式,模拟进行实践和应用,使知识在新的情景中再现,得到强化,如此反复,才能内化成为你的知识。不能再靠死记硬背来进行学习,因为那是低效率的。其次,学习是人们改变生活方式的必由途径。也就是说,只有通过学习才能形成学习的方法,好的学习方法能不断引导你适应新的学习环境和任务。再次,学习是一种习惯。成功的人都有学习的好习惯,那是需要你长期坚持培养的一个大目标。

第三,树立较高目标 提高自己的信心。

每个人行动前,首先要有目标,因为目标是指引我们前进的灯塔。你可以制订初一一年的总目标,你还应该制订一个个短时期的小目标。这些目标的制订既要符合你的实际,又要制订得略高一点点。"看不到将来的希望就激发不出今天的动力",这话说得太对了。当你一步一步达到自己的目标,你就取得了一个一个的"成功",这些成功是你一生成功的阶梯啊!定下目标后,每周每月还要对照计划看自己的执行情况如何,以提高自己的学习主动性。在执行目标时,不要因为一次测验的失利而丧失信心,应该分析原因,朝着既定的目标奋斗。目标能最大限度地激发你的潜能,当你过一个时期,检查自己的学习达到预期的目标时,你在喜悦的同时,会充满自信。

以全新的面貌面对接下来的一周又一周,努力进取,不留遗憾,这就是我们现在应该做的。

为什么懂了还是会错?

1.上课听懂了——从已知的结果推导出整个思路,比凭空产生思路容易。

这个道理非常浅显,"接受"远远比"产生"容易得多。"听懂了"容易,是因为老师们大都会采用"通俗易懂、潜移默化、循序渐进、深入浅出"等教学方式,听懂不是难事。

听懂而不会是缺乏思考和动手能力,是思维上的欠缺,而不是能力上的不足。思维上的欠缺指的是思考问题的主动性不足,不善于分析条件和问题之间的关联性,虽然一听就懂,但是光听而不改变被动接受灌输的特性,是不会进步的。

2.下课会做了——充其量只反映出听众的模仿能力合格。

下课会做,是由受众自身的短期记忆与天生的模仿能力所决定的。只要听懂了,就能模仿老师的典例进行自我练习。

3.考场出错了——考试不会只是卡在某个步骤,由于考场环境,容易钻牛角尖。

很多同学发现,题目其实都见过,知识点都会,题却不会做,往往只是卡在某一步骤。只要这一步骤通顺了,后面都会做,这也是大家听得懂但是不会做的原因。考试时由于时间有限,大家做题时容易只朝一个方向去思考,钻了牛角尖,导致不会做。

针对这些问题,有以下解决方法。

第一,主动思考,积极动手,改变观念。

平时多思考试题条件与问题之间的关联性。多花费一些时间"看"题,看每个步骤之间的思维转变,步骤与步骤之间是如何推导的。

第二,还要学会逆向推导的思维:要想获得什么结论,前提条件是什么。要想解决听懂不会做的问题,就得明白原因,要想解决这些"原因",我们应该始终本着从题目出发,思考题目的问题和条件,而不是凭空套用题目。

4.怎样解决考场上不会做而一出考场就明白的现象。

心理学研究表明,有些人处于紧张状态时,大脑控制兴奋与抑制的神经系统失调,使大脑原有信息的输出产生障碍,思维和记忆都受到影响。

所以考试时,一看到题就不会做。出考场后,紧张消除了,大脑也清楚了,记忆也恢复了,思维也活跃了,于是,考试时百思不得其解的问题就可能瞬间会做了。

一上台就忘词,一被老师叫起来就不会答题,也属于这种现象。要改变这一状况,一个有效的办法是,经常参与容易造成紧张的活动,让自己在活动中得到锻炼。

针对这些问题,有以下解决方法。

第一,"把平时考试当期末大测、把期末考试当平时测验",也许是一种很好的自我调节。

第二,在考试的前一天适当地听听音乐,远眺,以减缓压力。只要平时认真听讲,课下多做习题,考前做到心中有底,考试时自然不会紧张了。

5.弱科紧张现象:谈"××学科"色变。

若某学科成绩长期不理想,学生就会产生心理阴影,对那一科目麻木,不愿学习某科,放弃攻克该学科,把时间转移到自己喜欢的学科上,甚至还会产生"自知我笨""我没有学习好数学的天赋"的想法。

针对这些问题,有以下解决方法。

第一,端正思想,不能稍有难处就放弃;循序渐进,补弱得一步一步地来。

第二,对照大纲,回归课本,查漏补缺,及时弥补,这是提高分数最有效的办法。你可以看看考纲是怎么要求的,你可以看看课本中某知识点是怎么讲解的,你还可以看看课本上的例题是怎么示例的,等等。

第三,学习的过程就是不断改正错误的过程,所以建立错题集十分关键。补习弱科就是要在减少错误上面下功夫,谁功夫下得越多越真,谁对改正错误越重视,考试分数提高就越快,成绩就越好。

第四,向优势学科要体会。一般来说,每个人都有自己学得好或者学得不够好的学科,我们不妨停下来精心研究一下学得好的学科的体会,再反思一下学得不好的问题,十有八九就会突然间开了窍。同时,也可以向学习相对较好的同学请教。

懂得感恩的人是幸福的人

一、感恩父母

懂得感恩的人是幸福的人。孝，其为人之本也。一个人只有懂得感恩父母，才能更好地感恩他人、感恩社会。亲爱的同学们，你们想过没有？从我们出生到现在，那个被我们称为母亲，称为妈妈的人为我们做过什么？

当你1岁的时候，她喂你吃奶并给你洗澡；而作为报答，你整晚地哭。

当你3岁的时候，她怜爱地为你做菜；而作为报答，你把一盘她做的菜弄得满桌都是。

当你4岁的时候，她给你买下彩笔；而作为报答，你涂了满墙的抽象画。

当你 5 岁的时候,她给你买了漂亮的衣服;而作为报答,你穿着它在泥坑里玩耍。

当你 7 岁的时候,她给你买了球;而作为报答,你用球打碎了邻居的玻璃。

当你 9 岁的时候,她付了很多钱给你学钢琴;而作为报答,你常常旷课并不去练习。

当你 11 岁的时候,她陪你还有你的朋友去看电影;而作为报答,你让她坐另一排去。

当你 13 岁的时候,她建议你去把头发剪了,而你说她不懂什么是现在的时髦发型。

当你 14 岁的时候,她为你付了一个月的夏令营费用,而你却一整个月没有打一个电话给她。

当你 15 岁的时候,她下班回家想拥抱你一下;而作为报答,你转身进屋把门插上了。

…………

这就是母亲为我们做的事情,当然,母亲为我们做得还远远不止这些!"滴水之恩,当涌泉相报。"亲爱的同学们,我们回报给父母的又是什么呢?你是否在他们劳累一天后为他们递上一杯茶,送上一双拖鞋?是否为他们洗过一件衬衣,哪怕一双袜子?你是否觉察到父亲那已经微微驼了的背,母亲那满脸的皱纹、缕缕的银发?

亲爱的同学们,让我们一起珍惜父母在身边的日子吧!父母一直都是我们的奇迹!不要等到我们失去他们的那一天才发现我们不曾做的事还有很多很多……让我们从现在开始学会感恩吧。真心地为父母做些事情,哪怕捶捶肩、洗洗碗,哪怕陪他们散散步、聊聊天,哪怕给他们唱段曲子、讲个笑话!让我们一起将这份感恩之心延续,我想父母的冬天将不再寒冷,黑夜将不再漫长,幸福快乐将常常陪在他们身旁!

在此,祝愿天下所有父母安康、快乐!

二、感恩之心

1. 感恩母亲。

母亲的泪:母亲为了孩子的光华,可以做最陈旧的幕布;母亲为了孩子的渴望,可以做最深情的隐忍;母亲为了孩子的成长,可以化最长久的钙质。如果将来孩子的跳跃奔腾需要母亲让出最广阔的空间,那母亲可以把身体贴在墙上,紧紧地,紧紧地……爱你,母亲!

2. 感恩父亲。

原谅我 15 岁才读懂你父亲:父亲是一部书,年轻的儿女常常读不懂父亲。直到我们长大成人之后,站在理想与实现、历史与今天的交会点上重新打开这部大书的时候,才能读懂父亲那颗真诚的心。

3. 感恩亲人。

一生挑着家在风雨中奔走,沉沉的扁担,深深的脚痕。你年轻的腰杆,诗意地弯成湖边的拱桥。我多少次在这儿走过,猛然回首,是天边美丽的彩虹,只是多了重压少了颜色……

4. 感恩老师。

温暖的触摸:当你记忆起自己黄金般的学生时代,你会惊讶地发现,老师在这段记忆中占着主要的位置,老师曾经给你那么多! 而那些曾经让你耿耿于怀的误会和不快,如果你愿意,你再去找你的老师,你会发现,这一切会成为你和老师连在一起的纽带。

5. 感恩兄弟姐妹。

哥哥的肩,为我撑起一生的天:血浓于水,用来形容手足之情最为恰当。哥哥的肩撑起妹妹新生的天空,弟弟的骨髓燃起姐姐生命的火种。在兄弟姐妹一起画的爱的同心圆里,脉脉亲情,总让人心里有股股暖流涌动。

6. 铭记故乡。

水是故乡甜:多少次梦里回故乡,思念打湿了通往故乡的路;多少次夜里望月亮,总感觉月是故乡明……正如冰心奶奶说的……梦可以通到人心里最深的地方……

童年的回忆,少年的足迹,熟悉的乡音,可爱的民俗,都融在故乡的往事中。故乡,这个永恒的主题,不知印刻在多少游子的心里,滋润着多少的眼睛……

7. 感恩生命。

生命,是一个过程,也是一种体验。用我们柔弱敏感的触角,体验春夏秋冬,体验人情冷暖。在体验中,我们逐渐成熟;在体验中,我们不断丰富自己,体味着生命的灿烂和深邃。

生命,是娇美的一朵花,末叶是坚硬的一块钢。刚柔相济,有爱有恨,才是完整和美丽的人生……

三、三大教育——让教育深厚

1. 感恩教育——最好的道德教育。

孝敬父母、尊敬老师、和同学友好相处、爱学校、爱生活。

2. 责任教育——最好的理想教育。

学习是自己的责任,养成主动学习的习惯;人要有生活目标。

3. 自制教育——最好的行动教育。

真正的教育是自我教育,真正的管理是自我管理。好学生都是能管住自己的。

四、宣誓词

我不愿成为默默无闻的小草,去衬托参天大树,也不愿做温床上的幼芽,弱不禁风。为此我要扬帆起航,去和雷电风雨较量。我宣誓:为了不让父母焦虑,虚添白发;不让老师希望成空,汗水东流;不让自己悔恨终生,碌碌无为,我要学会自律,懂得感恩和责任的意义! 从此懂得孝敬父母,感恩老师,努力拼搏!

"尖子生"学习的十大技巧

　　"尖子生"这个群体有着共同的优点,那就是聪明和爱做题。聪明体现在记忆力好和思维敏捷,当然这些也是可以训练出来的。只要是他们做过的、老师讲解过的题目,他们就能很快地写出答案来;只要老师把题目读完,他们就有了解决的思路,不需要老师太多的点拨。爱做题,是"尖子生"优秀的根本原因,有大量的实践练习,做题的速度飞快,中档题对他们来说是小菜一碟。除上述优点外,他们在学习过程中还具有下列特点和技巧。

　　第一,以学为先,全神贯注:玩的时候痛快玩,学的时候认真学。他们一旦打开书本,绝大多数都能做到电视不看、电话不接、零食不吃,精力高度集中,有一种投入其中、自得其乐的状态。他们目标高远,思想单纯,不胡思乱想。在他们心目中,学习是正事,理应先于娱乐,他们一心向学,气定神闲,心无旁骛,全力以赴,忘我备战。

第二,珍惜时间,分秒必争:"尖子生"学习十分自觉,有的在夜深人静时勤奋学习;有的鸡鸣即起刻苦用功;有的放学回家就趁热复习。能够闹中求静,不会太多地受环境干扰,他们坚持不懈,做事专一,始终如故。绝不把时间浪费在无谓的事上,显示出独特的处事方法。善用零碎时间,每天在晨跑中、吃饭时、课间、课前、休息前等零碎时间里记忆词语,背诵公式,破解疑难,调整情绪。无论怎样各具特色,有一点他们是一致的:保证学习时间,学会见缝插针利用好空余时间,经过日积月累,效果很可观。

第三,喜欢读书,阅读有方:学会了速读和精读,阅读前先看目录、图表及插图,先有初步了解后再阅读正文就能学到更多的知识。当积极的阅读者,不断地提问,直到弄懂字里行间的全部信息为止,特别是弄懂知识的起点和终点,梳理好知识要点。一有空,就广泛涉猎课外其他领域的知识。

第四,合理安排,注意整理:学习过程中,把各科课本、作业和资料有规律地放在一起。待用时,一看便知在哪。做事有主见、有策略,每天有天计划,每周有周计划,按计划有条不紊地做事,不一曝十寒。在合理的时候做合理的事情,该做啥时就做啥,不背道而驰。比如抓课堂效率,当堂听,当堂记,当堂理解,不理解的话课下或者当天主动找老师请教,做到堂堂清。比如利用好时间,勉励自己完成当天的学习任务,做到日日清。比如能够劳逸结合,张弛有度,动静相宜。比如坚持紧跟老师步伐复习,不误入歧途。比如坚持勤睁眼常开口,对课本上的东西多看,对未懂的内容能多问。总之做好学习、工作、生活的"司令员",从容做事。

第五,积极思考,勇于提问:课堂上积极思考,勇于提问是"尖子生"渴望和追求知识的表现,他们知道高分是来自对知识的透彻理解和掌握。在学习的过程中,把没有弄懂的问题通过提问、爱问,达到深入研究,仔细体会的目的。所以在学生群体中间,好问的学生占有老师大量的资源,有一种得天独厚的优势;而不爱问的学生,就主动放弃了别人的帮助,让自己在困境中越陷越深。

第六,认真听讲,善做笔记:"尖子生"听课非常专注,往往一边听课一边记重点,不是事无巨细全盘记录,特别善于记下老师补充的东西,课本上没有的东西,特别是思维方法更是认真记录。老师在课堂上强调的重点,在他的笔记本里应该都能找到。有位"尖子生"在自己笔记中间画一条线,一边记老师的重点,一边写课文里的注释,一举两得。能及时整理自己平时细心积累的笔记本和错题集,特别注意让知识系统化,积极思考能解决什么问题。

第七,学思结合,善于总结:这一条贯穿于听课、做作业、复习等各个阶段。比如:做完一道题后,要对答案,这里他们会有一个反思总结的过程,弄清这道题考的是什么,用了哪些方法,为什么用这样的方法,起到举一反三、触类旁通的效果。又如:学习时不仅将课本中各知识点记住,还通过总结,抓住各知识点之间的内在联系,甚至注意到不同学科之间的渗透,以便形成清晰的知识网络。

第八,书写整洁,注重细节:通常,书写整洁的解答比潦草乱画的得分高。大家都有体会,乳白的鲜牛奶装在脏兮兮的杯子里,谁喜欢喝?其实不是老师在试卷评判过程中有多大的随意性,工整地书写便于老师判断解题的过程,也是培养一种很好的书写习惯。"尖子生"作业规范,审题认真,冷静应答,把每次作业当作中考,作业工整,步骤齐全,术语规范,表述严谨。规范不仅训练仔细认真品质,更能养成细心用心习惯,从而激发学习潜能。

第九,自我调整,心情愉悦:不回避问题,遇到问题能通过找老师或者同学或者自我反思进行自我调节,摒弃外界和自身的压力,自觉地放下思想包袱,化压力为动力,不管是课业繁重还是轻松顺利时,都保持一颗平常心。不断地对自己进行积极的心理暗示,在这样不断的积极心理暗示下,信心值就不断上升,通过努力,去想了,去做了,没有什么不可能的。一旦在学习中遇到挫折,心情变得非常急躁时,就暂时停止学习,一个人静静地思索,进行心态的调整,不断地告诫自己——"宁可不打仗,绝不打乱仗"。每一天都努力学习,完成当天的学习任务,追求高效每一天,保持愉悦的好心情。

第十,学习互助,自助助人:与同学开心地相处,遇事不斤斤计较,宽容豁达;珍视同学间的友谊,在学习中互相支持和帮助,经常一起讨论学习中的问题,使用不同的解题方法并相互交流心得。有了这种和谐的同学关系,才能全身心地投入到学习中,从而保持较高的学习效率。

除此以外,绝大多数"尖子生"还有一条无密可言的"秘诀",那就是:父母熏陶。他们的父母对孩子高标准、严要求,不娇惯,父母用以教育孩子的使命感,在孩子身上得到了延伸。许多"尖子生"从小就在父母熏陶下热爱学习、善于学习,对学习充满激情,在学习中体验乐趣,在学习中增长见识,在成功中充满自信。

总结以上十点,"尖子生"都很讲究方法,而改进学习方法的本质目的,就是提高学习效率。

学习效率的高低,是一个学生综合学习能力的体现。在学生时代,学习效率的高低主要对学习成绩产生影响。当一个人进入社会之后,还要在工作中不断学习新的知识和技能,这时候,一个人学习效率的高低则会影响他的工作成绩,继而影响他的事业和前途。可见,在中学阶段就养成好的学习习惯,拥有较高的学习效率,对人一生的发展都大有益处。

可以这样认为,学习效率很高的人,必定是学习成绩好的学生(言外之意,学习成绩好未必学习效率高)。因此,对大部分学生而言,提高学习效率就是提高学习成绩的直接途径。

提高学习效率并非一朝一夕之事,需要长期的探索和积累。前人的经验是可以借鉴的,但必须充分结合自己的特点。总之,"世上无难事,只怕有心人"。

美国的潜能成功学专家说:"人与人之间的差异其实很小,但这很小的差异却造成了很大的差异。"很小的差异是习惯,很大的差异是人生结果。请同学们培养一个良好的学习习惯,具备一种可贵的学习精神,用精神武装自己,用行动证明自己,用汗水感动自己,努力让自己成为优秀学生,"尖子"学生!

成绩起伏是正常现象吗?

作业检测结束,同学们的成绩有进步的,也有退步的。有的同学说,我每次考试成绩都有波动,这次也不例外;有的家长说,我孩子每次考试都不稳,有时考到第十名,有时考到第二十名;还有的家长说,我孩子考得太差了,气人啊,我怎么办呢?

从家长、孩子问我的这些问题中,我发现了一些不正常的思维。

1. 他们以为成绩起伏好像是一个不好的现象。

我教了二十多年书还没碰到一个学生一直是平稳的,潮起潮落,斗转星移,这是大自然的规律。所有学生的成长都是波浪起伏的,所以一个人的成长过程是不断犯错误并改正错误的过程,一个学生成绩的起伏是再正常不过了。

2. 家长学生大多只能接受前进,不能接受后退。

当一个学生、一个家长要求成绩始终上升,也就意味着已经违背了正常的成长规律了。从某种角度来讲,我们追求一个完美的结果,但绝不是追求完美的过程。在过程上越跌宕起伏越能造就完美的结果。这是第二点。

3. 太看重作业检测的结果,而不去看作业检测的意义。

如果大家深刻认识到作业检测的意义,就不会在乎成绩是否波动是否稳定。严老师理解作业检测有四大意义。

第一,作业检测是最好的复习,因为一旦有了作业检测,学生就会紧张,学习效率就高。作业检测达到目的了。

第二,作业检测是最好的查漏补缺方式,通过作业检测,把这一阶段的问题都暴露出来,抓住作业检测后的宝贵时间把这些问题全部解决掉,这次作业检测就达到目的了。什么叫没考好呢?没考好就是不该暴露的问题都暴露了,大家说如果它不是高考,也不是中考,如果它不是决定命运的考试,你说这样的考试是不是有好处呢?

第三,作业检测是对最近学习状态的一次最佳反馈,很多同学考完后拿着卷子哭哭啼啼地来找严老师,说这次没考好,老师你帮帮我。我说你打住,你给我分析一下是这一次你没考好,还是这一阶段没学好呢?在严老师的引导下,所有的学生经过分析发现几乎都不是这次没考好,而是这一个阶段没学好。所以不要抱怨这次没考好,而要回想一下这阶段学习是不是出现问题了,那这次作业检测就达到目的了。还有的同学跟我说,老师,我平时测验还行,作业几乎都对的,可是一到作业检测就不行了。我该怎么办?我告诉他,那说明你平时就不行。平时考试还行,一到大考就不行了,这是自我欺骗。所以这次阶段成绩不理想说明了你前一阶段的学习状态不对,要想在下一次考试中有进步那就从现在开始改变。这是作业检测的第三个作用。

第四,作业检测是对自己心理状态的一次最好磨炼。同学们记住,每一个参加中考的学生,都可能会碰到意外,但遇到意外,谁能够笑到最后呢?我跟你讲,谁的意志顽强谁就能笑到最后。那么这个顽强的意志品质靠什么来历练?就是靠平时的一次次检测。所以如果哪次考差了,能够自己擦干眼泪,及时奋起,励志在下一次的检测中取得成功,那么你这次失败便让你多了一份顽强,也多了一份财富。所以这样的检测对你的锻炼是巨大的。

看我14班正能量:(每天写三个)

我最欣赏_____同学的勤奋,具体表现在_____

我最欣赏_____同学的机智,具体表现在_____

我最欣赏_____同学的爱心,具体表现在_____

我最欣赏_____同学的勇敢,具体表现在_____

我最欣赏_____同学的细致,具体表现在_____

我最欣赏_____同学的谦和,具体表现在_____

我最欣赏_____同学的韧劲,具体表现在_____

我最欣赏_____同学的正直,具体表现在_____

我最欣赏_____同学的顽强拼搏,具体表现在_____

我最欣赏_____同学的关心集体,具体表现在_____

我最欣赏_____同学的热爱劳动,具体表现在_____

我最欣赏_____同学的勤学好问,具体表现在_____

我最欣赏_____同学的宽容大度,具体表现在_____

我最欣赏_____同学的沉稳踏实,具体表现在_____

我最欣赏_____同学的乐于助人,具体表现在_____

我最欣赏_____同学的礼貌待人,具体表现在_____

我最欣赏_____同学的有教养,具体表现在_____

我最欣赏_____同学的孝敬父母,具体表现在_____

我最欣赏_____同学的懂得感恩,具体表现在_____

我最欣赏_____同学的_____,具 体 表现在_____

我最欣赏_____同学的_____,具 体 表现在_____

我最欣赏_____同学的_____,具 体 表现在_____

我最欣赏_____同学的_____,具 体 表现在_____

我最欣赏_____同学的_____,具 体 表现在_____

我最欣赏_____同学的 _____,具 体 表现在_____

请严肃地告诉孩子：学习肯定是辛苦的

人生不同阶段都有不同的使命，在学生阶段，学习掌握知识，为他们以后的人生获得成就的能力，就是他们这个阶段最重要的使命。为了这个使命，他们必须学习忍耐、学会放弃、学会付出，这不仅仅是学习的需要，也是人生的一种修炼。

1. 学习从来就不是一件轻松的事，全世界都一样。

纵观我们身边的人，但凡取得一定成就的都要经过艰苦的努力，天下没有掉馅饼的事，只有通过自身的不懈努力，刻苦钻研才有成功的可能。学习也是一样，谁不是一路考试拼搏上来的，谁小时候不是一大堆家庭作业，有时做得不好还要被老师批评两下？

孩子毕竟不是成年人，心智不成熟，在这过程中更加感受不到什么快乐。有一些家长以为国外的教育就是快乐的,其实在国外,优秀的学生一样要很努力学习才能取得好的学习成绩。

2. 没有经过无聊和艰苦的学习过程,就不可能有快乐的学习成绩。

绝大部分孩子都不可能把学习当作一件快乐的事,优秀学习成绩的取得,需要孩子在别人玩游戏的时候,别人在看电影的时候,静下心来学习。有的孩子心智比较早熟,从小便有自己的远大志向,所以他们在学习过程中有自己的奋斗目标,并为此而努力;有些孩子没有树立远大的目标,但至少有一个像考上好中学或好大学这样的短期目标。

但无论是哪种情况,他们首先是有一个目标,并在实现目标的过程中,努力付出,这个过程是谈不上快乐的。快乐是体现在学习的结果上,当孩子取得优秀的成绩,辛苦的努力得到回报时,学习的快乐才会显现出来。但是也不排除极少部分智商很高的人,本身具备极强的天赋,不需要太努力就能取得很好的成绩,但这只是个例,不在我们讨论的范围内。

让孩子知道,努力学习是一种责任。

在孩子学习的过程中,家长更多的是要让孩子通过辛劳付出,培养出他们向上、拼搏的精神和责任感。孩子在上学阶段,主要任务就是学习,对于这个阶段的孩子而言,努力学习就是他们的责任。

我们很难想象,一个人在小时候不努力学习,没有目标,不懂得付出,整天吃喝玩乐,长大后在工作过程中会变得肯付出、肯努力、肯拼搏。所以与其说是在培养孩子自主学习、勤奋拼搏,不如说是在培养他们自小树立起积极向上、有责任感的优秀品质,让他们长大后踏入社会具备积极向上、努力付出的责任感,这才是孩子在努力学习过程中应该树立的最重要的目标。

孩子天性就喜欢玩,家长不让他们知道学习是辛苦的,他们怎么可能主动努力学习?

所以我们必须让孩子知道,取得一定成就的道路总是伴随着曲折,充满着艰辛,想要优异的学习成绩,就必须努力,要辛苦付出,这是每一个孩子学习的责任。我们要让孩子去体会努力学习后取得好成绩的快乐,去培养一种不付出就没有收获的价值观。

要让孩子们知道,人生不同阶段都有不同的使命,在学生阶段,学习掌握知识,为他们以后的人生获得成就的能力,就是他们这个阶段最重要的使命。为了这个使命,他们必须学习忍耐、学会放弃、学会付出,这不仅仅是学习的需要,也是人生的一种修炼。

格局=成功，计较=坟墓

1. 做人。

做人智商高不高没关系，情商高不高也问题不大，但做人的格局一定要大，说白了，你可以不聪明，也可以不懂交际，但一定要大气。

2. 格局。

如果一点点挫折就让你爬不起来，如果一两句坏话就让你不能释怀，如果动不动就讨厌人、憎恨人，那格局就太小了。

3. 胸怀。

做人有多大气，就会有多成功。海纳百川，有容乃大；壁立千仞，无欲则刚。因为宽广的胸怀，才是成功者的标志。

4. **铭记**。

永远要记住这句话:越努力,越幸运!

5. **空杯**。

放下你的浮躁,放下你的懒惰,放下你的三分钟热度,放空你禁不住诱惑的大脑,放开你容易被任何事物吸引的眼睛,管住你什么都想聊两句八卦的嘴巴,静下心来好好做你该做的事,该好好努力了! 有时候真的努力后,你会发现自己要比想象的优秀很多。

6. **希望**。

世上除了生死,其他都是小事。不管遇到什么烦心事,都不要为难自己;无论今天发生多么糟糕的事,都不要对生活失望,因为还有明天。

7. **目标**。

有目标的人在奔跑,没目标的人在流浪,因为不知道要去哪里! 有目标的人在感恩,没目标的人在抱怨,因为觉得全世界都欠他的! 有目标的人睡不着,没目标的人睡不醒,因为不知道起来去干什么!

8. **生命**。

生命只有走出来的精彩,没有等待出来的辉煌!

9. **坚持**。

如果,此时感到很辛苦,那告诉自己:容易走的都是下坡路! 坚持住,因为你正在走上坡路,走过去,你就一定会有进步。

10. **努力**。

如果,你正在埋怨命运不眷顾,那请记住:命,是失败者的借口;运,是成功者的谦辞。命虽由天定,但埋怨,只是一种懦弱的表现。

学习上的"四抓三勤"

一、学习上四个"抓"

（1）抓住课堂听讲不放松，提高课堂听课的质量。

（2）抓住书本不放松，以自己的笔记做辅助。中考70%的考题来自课本，不读书，只做题是无源之水，无本之木；你要复习的精华很多都在课堂笔记上，会记笔记会听课，总复习时才有据可依。回归课本是根本，优秀笔记是保障。

（3）抓住练习作业。百闻不如一见，百看不如一练，见多识广，提高能力，在做题中寻规律，找方法，清思路，提高能力，凡是成绩好的学校，都是从狠练上下功夫（老师给的练习和自己找的习题）。作业是为了追求效果，没有好的作业质量就没有好的成绩(千万不可抄作业)。

(4)抓错题,建立错误档案,找病根,寻原因,找规律,错误就变成财富,不断总结错误,犯过的错误不再犯(题不二错),提高成绩有把握。

二、学习上三个"勤"

(1)勤记。好记性不如烂笔头,勤记是克服遗忘、积累知识的重要手段。课堂上,对老师讲解的思路,提纲挈领地记,复习就有了头绪;基本概念、定理、公式、词语的含义,一字不漏地记,防止理解发生差错;典型题、疑难题,不仅原文抄写而且作出图形,标上符号,写出步骤,课后进一步钻研就有了依据。以前语文考试往往在作文上吃亏,内容不充实,材料不新鲜,那就多看课外书籍,多做摘录,留心观察周围的人和事,并把感触深的事情写在日记中,这样作文的内容不仅丰富而且新鲜。

(2)勤问。学习上不可能没有疑问,有了疑问就要发问。作业做不出来当然要问,书上的疑点、看课外书碰到的问题,都应打破砂锅问到底,弄个水落石出。每天晚上把一天的疑点集中起来第二天请教有关的老师或者同学,更多的是问书本。有不懂的问题就查字典,翻参考书籍。问,使我们豁然开朗,柳暗花明;问,使我们站到巨人的肩膀上,开阔眼界,缩短获取知识的过程;问,还使人认识到山外有山,人外有人,更加谦虚谨慎。

(3)勤思。要想搞懂前人的知识,要想在前人的基础上有所发现,有所创造,这就要思。对第二天老师讲的内容,总要先看,先提出问题来思考。对老师发下来的讲义、练习,都要先独立思考,题目新鲜,有难度,思考起来就带劲,可以增加挑战性。遇到高难度的题目,当然要问,但往往都是思考以后问,我们不要做知识的容纳器,而要做知识的加工厂。思考时注意两点:一是多方位思考,这个门路打不通,换个角度,再往下钻;二是觉得自己的路子对,就一个劲儿钻到底。有位老师曾经说过:一个叫发散思维,一个叫定向思维,可以交叉使用这两种思维,许多问题都能迎刃而解。学思结合,我们的学习就会良性循环起来,成绩的提高也就指日可待了。

选择和什么样的人相处

——我们14班该成为一个什么样的班集体

写在前面：本期亲子阅读的目的是希望我们14班形成一种积极向上、朝气蓬勃的班风。我们班共52名同学，其中男生28人，女生24人。老师希望全班52位同学拧成一股绳，人人不断进步，个个积极进取，因为你们的背后有各位任课老师的辛勤付出，还有你们父母的关心呵护。让我们一起努力，为营造出一个温馨美好又团结进取的14班而努力奋斗！

泥土因为靠近玫瑰，吸收了它的芬芳，从而也能散发出芬芳，给别人带来玫瑰的香味。其实，我们人也一样，和什么样的人相处，久而久之，就会和他有相同的"味道"，所谓"臭味相投"就是这么来的。那么我们14班该成为一个什么样的班集体呢？

一个人品位的高低，往往是由他身边的朋友决定的。和什么样的人在一起，你就会有什么样的人生：和勤奋的人在一起，你就不会懒惰；和积极的人在一起，你就不会消沉。与智者同行，你会不同凡响；与高人为伍，你能登上巅峰。积极的人像太阳，照到哪里哪里亮。消极的人像月亮，初一十五不一样（希望我们14班永远都是亮堂堂的）。

如果你和一头头懒猪在一起，那么你永远都会觉得自己生活在猪圈里（希望我们14班没有懒汉哦）。

一、选择与比你更优秀的人在一起

在你的朋友圈中，如果你是最优秀的一个，你就不会更成功了。

当你总是与最优秀的人在一起时，你就越容易学到更多更好的成功的学习方法。

跟冠军在一起，自然容易成为冠军，与普通人混在一起，久而久之，你也"被"普通了。如何把心动变为行动？行动源于两点：对快乐的追求和对痛苦的逃避，而逃离恐惧与痛苦的力量更大。一个人不能化心动为行动只有两个原因，要么是对快乐的渴望不够强烈，要么是对痛苦的恐惧滋味儿尚未尝够。

有个笑话：一个醉鬼深更半夜跌跌撞撞地往家里走，可方向都弄错了，竟走到一片墓地里。有一家人第二天要给亲人送葬,提前挖了个大深坑。醉汉一不留神掉进了坑里。他费了九牛二虎之力仍然爬不上来。正当他准备稍事休息再往上爬时,突然有人冷不防在他肩上拍了一下儿,阴阳怪气地说:"别费劲了,我试过了,你爬不上去的……"这一惊非同小可,他以为遇到了鬼,嗖一下子跃出坑外,撒腿跑了个无影无踪。原来拍他的那个人也是个掉到坑里的醉鬼。

你之所以还仅仅只是在想成功,是因为现状还没把你逼上绝路,你还混得下去。所以你必须让自己强烈地恐惧你现在的样子,比如想象中考后成绩不理想的后果等。否则,长此以往,你就会像那只放在一锅冷水中的青蛙一样,终有一天难逃苦海,从而变成一锅"青蛙汤"。

决心,只有你决定改变的心才能帮助你迎向成功。

二、成功是每时每刻的全力以赴

人生就是持续不断地向自己发出闪电般的挑战,恒久追寻生命最为壮丽的美好未来。"一分耕耘,一分收获"的传统观念害了不少的人。当他们付出一分耕耘,却没得到显性的那一分收获的时候,他们选择失望甚至放弃,于是他们坐失即将到手的丰硕收成。

我对生活的体悟是:一分耕耘,一分积累(隐性收获),零分收获(显性收益);五分耕耘,五分积累,零分收获;九分耕耘,九分积累,还是零分收获;只有当你付出十分耕耘,得到十分积累之后,你才能拥有百倍的回报! 知道了这个道理,我常常为努力一阵子的人扼腕叹息,他们也许得到了九分的积累,在即将握拥显性收获的时候放弃了,前功尽弃,实为可惜。

成功就在于"再坚持一下的努力之中"!

在美国宇航中心的大门上,写着人类向宇宙的一句豪迈宣言:"只要人类能够梦想的,就一定能够实现。"第一次听到这句话时,我就被深深地震撼了,精神的力量太大了。

心有所思,行亦随之。很多人都同意这样一件事:我们想什么,真的会变成什么。正因为如此,很多人都在应用一个技巧——视觉化,即在事情实现之前,先在心中把它看成真的。莎士比亚也曾说过:"如果我们的心预备好了,所有的事都成了。"

有几句歌词曾经深深地打动过我:"给自己一个目标/让生命为它燃烧/这世界会因我们的飞翔/而变得更美更好。"放飞梦想,记住可能,人生将会是另一番景象。

三、命运是每一天生活的积累, 小事情是影响大成就的关键

人们不能掌握命运,却可以规划时间,管理好自己每一天的行为,而把所有这一切累积在一起,就构成了一个人的命运。这样看来,每个人都是自己命运的编剧、导演和主角,我们有权利把自己的人生之戏编排得波澜壮阔、华彩四溢,也有责任把自己的人生之戏演绎得与众不同、卓然出众。我们拥有这伟大的权利——选择的权利。

今天你几点起床？今天你怎样安排时间？今天你怎样对待学习和生活？……每一天的生命都是自己决定的。只要我们知道如何思考，就一定可以掌握自己的未来。

行动有行动的结果，不行动也是一种行动，每一个人的命运都存在于他自己的决定之中。必须对自己的生命负完全的责任，要让事情改变，先让自己改变；要让生活的外在世界变得更好，先让自己的内心世界变得更好。排除任何借口，从现在开始行动，就是对生命的尊重。

四、胜不骄，败不馁，不断微笑，愈挫愈勇，我们就开始成功了

期中考试已经结束，考试多多少少会给我们留下些遗憾，但是遗憾过去不如奋斗将来！

你无法控制每一件事情，但你绝对可以控制你自己的心情：我收获了什么，我哪里可以做得更好？接下去我该怎么做？我如何改变才能得到我想要的结果，同时享受过程？

找到这一系列问题的答案，你就可以灿烂地笑。

只要想要，就能得到！

绝对不要想你不要的东西，否则你一定得不到它；绝对要思考你要的东西，这样，你也一定能得到它。很多事情看起来比较复杂，但当你下定决心时，它立刻变简单了。成功永远没有能不能的问题，成功只有一个考虑：要还是不要。只要别人

能做到的,我也能。这个道理于你也适合。

　　成功者都必须自我激励。激励不是别人的赠予,而是自己跟自己玩的游戏,我要求自己永远以正面的角度来思考所有的问题。每个人都可以注意自己想要的,而非自己恐惧的。

　　安东尼·罗宾说,因为我恐惧,所以我必须立刻行动——朝着想要的方向奔跑!

　　最后再送给同学们几句话共勉:

　　(1)学最好的别人,做最好的自己!

　　(2)态度决定一切,有什么态度,就有什么样的未来;性格决定命运,有怎样的性格,就有怎样的人生。

　　(3)读好书,交高人,乃人生两大幸事。

营造教育的诱人的"气场"
——大气、静气、灵气

曹丕在《典论·论文》中说:"文以气为主。"即文讲文气。我们夸奖一个人也常说精气神十足,人也讲"人气"。我们的教育也要营造气场,即大气、静气与灵气。

先说大气。孟子云:"我善养吾浩然之气。"即我们常说的大气。科学家阿基米德说:"给我一个支点,我就能撬动整个地球。"文学家杜甫说:"会当凌绝顶,一览众山小。"毛泽东说:"可上九天揽月,可下五洋捉鳖。"哲学家庄子说:"判天地之美,析万物之理。"其他还有诸多"胸中有丘壑"者,"天地任我行"者。总之,大气满溢于言,溢于胸。伟人者,伟在气。我们的教育也要体现出一种大气。

大气像一棵树一样,要强干粗枝才能托起,这个强干粗枝就是阅历、学识、胆魄等。诸如多听交响乐,多看星空、大海,多登攀高山,多读气势磅礴的诗句、文章、伟人传记,善于养自己的浩然之气。

再说静气。古人云:"静如处女。""静以修身。""宁静以致远。""每逢大事有静气。"静不仅是身体的静,更包括脑筋的静、思索的静、心灵的静。魏书生讲"松静匀乐",习近平总书记讲"不折腾"。这一切都是说我们要培育孩子的静气。

要多向孩子宣传那些静心做事的典范。学习科学家爱因斯坦废寝忘食地科研、文学家多年如一日地搞文学创作、军事家夜以继日地琢磨问题的品质。

要学习面壁思过,甚至进禁闭室反思的静心做事的良好品质。

要学习佛家修身修心的静心之为。

要聆听"宠辱不惊,看庭前花开花落;去留无意,望天上云卷云舒"的教诲。

要学习"人誉之,一笑;人毁之,一笑"的淡定。

要到茂密的森林中,寂静的山石前感受静的伟力。

然后大家都养成静静地看书,静静地练笔,静静地思索的良习。

用哲学家汤用彤的话说:学会沉潜。沉潜着休息,沉潜着修养,沉潜着积聚力量,再沉潜着瞬间爆发。

最后说灵气。学生缺少灵气,不是现在的担忧,是由来已久的问题。产生的原因及现状大家都很熟悉,不再赘述。首要的一条是如何激发孩子学习的兴趣,就是怎样使孩子学得有趣,让他们主动学、有兴趣学,趣味面前人人都会升腾起灵气。

兴趣里面重要的一条就是想方设法密切与生活的联系。还要培养孩子不迷信书本,不迷信权威,不迷信老师,敢于质疑的能力。

还要带领孩子到大自然中去。看风花雪月,听鸟语莺歌,在大自然面前,人人都是一位诗人,都会灵气十足。所以可带孩子在草地上、树林中,甚至长满野花野草的田野里读书。《红楼梦》讲绛珠草吸了天地精华而有了灵气,虽是杜撰,但自然当中确实有灵气。

我们的教育营造了大气、静气及灵气,我们的孩子幸甚矣!

元旦亲子阅读

  同学们,2021年的历史帷幕正在缓缓落下,2022年的序幕即将被徐徐拉开,一段崭新的岁月正向我们款款走来……

  校园里的樱花一年只绽放一季,校园里的我们马上要走完初中时光的六分之一。美好的东西总是短暂易逝的,我们的青葱岁月,我们的初中时光,更要好好珍惜!

  2021年很重要,很关键,它是打好基础的一年,它是蓄势待发的一年,它是为我们三年后的6月绽放积蓄能量的一年。同学们,让我们以昂扬的斗志跑进2022年,并且以满满的自信和无比的勇气紧紧握住新的一年!

一、凡人善事:励志故事

当父亲叹着气,颤抖着手将四处求借来的4533元递来的那一刻,他清楚地明白交完4100元的学费、杂费,这一学期属于他自由支配的费用就只有433元了！他也清楚,年迈的父亲已经尽了全力,再也无法给予他更多。

"爹,你放心吧,儿子还有一双手,一双腿呢。"强抑着辛酸,他笑着安慰完父亲,转身走向那条弯弯的山路。转身的刹那,有泪流出。穿着那双半新的胶鞋,走完120里山路,再花上68块钱坐车,终点就是他梦寐以求的大学。

到了学校,扣除车费,交上学费,他的手里仅剩下可怜的365块钱。5个月,300多块,应该如何分配才能熬过这一学期?看着身边那些脖子上挂着MP4,穿着时尚品牌的同学来来往往,笑着冲他打招呼,他也跟着笑,只是无人知道,他的心里正泪水汹涌。

饭,只吃两顿,每顿控制在2块钱以内,这是他给自己拟定的最低开销。可即便这样,也无法维持到期末。思来想去,他一狠心,跑到手机店花150块买了一部旧手机,除了能打能接听外,仅有短信功能。第二天学校的各个宣传栏里便贴出了一张张手写的小广告:"你需要代理服务吗?如果你不想去买饭、打开水、交纳话费,请拨打电话告诉我,我会在最短的时间内为你服务。校内代理每次1元,校外1公里内代理每次2元。"

小广告一出,他的手机几乎成了最繁忙的"热线"。一位大四美术系的师哥第一个打来电话:"我这人懒,早晨不愿起床买饭。这事就拜托你了!""行!每天早上7点我准时送到你的寝室。"他兴奋地刚记下第一单生意,又有一位同学发来短信:"你能帮我买双拖鞋送到504吗?41码,要防臭的。"

他是个聪明的男孩。

入校没多久,他便发现了一个有趣的现象:校园里,特别是大三大四的学生,"蜗居"一族越来越多。所谓"蜗居"就是一些家境比较好的同学整日缩在宿舍里看书、玩电脑,甚至连饭菜都不愿下楼去打。而他又是在大山里长大的,坑洼不平的山路给了他一双"快脚"。上五楼六楼也只是一眨眼的事。当天下午,一位同学打来电话,让他去校外的一家外卖快餐店,买一份15元标准的快餐。他挂断电话,一阵风似的去了。来回没用上10分钟。这也太快了!那位同学当即掏出20块钱,递给他。他找回3块。因为事先说好的,出校门,代理费2元。做生意嘛,无论大小都要讲信用。后来就冲这效率这信用,各个寝室只要有采购的事,总会想到他。

能有如此火爆的生意,的确出乎他的意料。有时一下课,手机一打开,里面便堆满了各种各样要求代理的信息。一天下午,倾盆大雨哗哗地下,手机却不失时机地响了,是个女生发来的短信。女生说,她需要一把雨伞,越快越好。

接到信息,他一头冲进了雨里。等被浇成"落汤鸡"的他把雨伞送到女生手上时,女生感动不已,竟然给了他一个温暖的拥抱!

那是他第一次接受女孩子的拥抱！他连声说着谢谢，泪水止不住地涌出……

随着"知名度"的提高，他的生意越来越好，只要"顾客"提需求，他总会提供最快捷最优质的服务。仿佛一转眼，第一学期就在他不停地奔跑中结束了。寒假回家，老父亲还在为他的学费发愁，他却掏出1000块钱塞到父亲的手里："爹，虽然你没有给我一个富裕的家，可你给了我一双善于奔跑的双腿。凭着这双腿，我一定能'跑'完大学，跑出个名堂来！"（多好的儿子，多幸福的爸爸啊）

转眼过年，他不再单兵作战，而是招了几个家境不好的朋友，为全校甚至外校的顾客做代理。代理范围也不断扩大，慢慢从零零碎碎的生活用品扩展到电脑配件、电子产品。等这一学期跑下来，他不仅购置了电脑，在网络上还拥有了庞大的顾客群，还被一家大商场选中，做起了校园总代理。

奔跑，奔跑，不停地奔跑，他一路跑向了成功。他说，大学四年，他不仅要出色地完成学业，还要赚取将来创业的"第一桶金"。他把"第一桶金"的数额定为50万元。他的名字叫何家南，一个从大兴安岭腹地跑出，径直跑进师范大学的大三学子。如今虽然做了校园总代理，可他依然是他，依然是那个朴实、勤快，为了给顾客打一壶开水赚取1元代理费，而像风一样奔跑的大男孩！

如果是你，怎么办呢？你会像他那样努力，还是抱怨父母及社会呢？

二、一条励志公式

1.01 的 365 次方=37.78343433289 >1。

1.01=1+0.01，也就是每天进步一点。1.01 的 365 次方也就是说你每天进步一点点，一年以后，你将进步很大，远远大于"1"。

1 的 365 次方=1。

1 是指原地踏步，一年以后你还是原地踏步，还是那个"1"。

0.99 的 365 次方= 0.02551796445229 <1。

0.99=1-0.01，也就是说你每天退步一点点，你将在一年以后，远远小于"1"，远远被人抛在后面，将会是"1"事无成。

任何事情，都可以积少成多，聚沙成塔；勿以善小而不为，勿以恶小而为之，与时俱进，不进则退，说的就是这个道理。

请警惕，每天只比你努力一点点的人，其实，已经甩你很远。

请记住，每天进步一点点，成功贵在坚持，坚持是世界上最优秀的品质。

月考总结

月考结束了,希望同学们对考试情况进行认真总结,制订出下一步学习计划,找准下一步的主攻方向,在此提几点建议。

第一,先反思学习态度。事实上每位同学都有学好的愿望,成功与否关键看行动。对于追求的目标,很多人只是想想说说,其实心里都不相信自己能达到。但成功者能做到:你想成为什么样的人,你就能成为什么样的人,只要你很想很想。在我看来,如果你真的认定你现在的目标就是你唯一的、必须的、一定要完成的目标,你就能发挥出你强大的潜在能力。你自己就知道,什么是我应该做的,什么是我不应该做的。任何一个智力正常的学生,都可以到达考上重点高中的水平。所以最终考上一中、二中的,也没有什么值得骄傲的,或是认为这是多么大的成就,这只不过是他自信能够达到并不顾一切地去做了。不成功者对目标的追求只是心理安慰,只是空想而已,而没当作一定要完成的目标来实现,最终沦落为幻想的巨人、行动的矮子,结果可想而知。

第二,正确看待成绩。学习的过程就是不断发现问题并解决问题的过程,其中考试是暴露问题的最佳形式,成绩不理想的背后是出现了不该出现的错误,这就是问题的暴露,立即采取措施加以改正,必然会带来学习成绩的提高,那么这次的不理想就是下一次提高成绩的催化剂。相反,本来自己学得不好,却由于这次考得很好,使得很多问题被掩盖了,自己还以为没问题了,从而放松学习,必然会导致下一次的落败。塞翁失马焉知非福,如果通过这一次的失败,找出了问题,从而使得下一次成功,那这一次的失败就是必要的。这次的成功如果让你失去警惕,导致下一次的失败,那么这一成功就显得毫无意义。

第三,如何对待做错的题。试卷中的问题应仔细归类。不能单纯地把错误归为马虎。可将丢的每一分按如下原因归类:粗心马虎、审题不严、概念不清、基本技能不过关、时间不够、过程不完整、能力不及……你就会发现你真正的弱项,也就找到了下一步的努力方向。

第四,错题归类。考试前最有效的复习方法是做过去做过的错题,所以对每次考试中做错的题应重点标注并归类保存(考试之前有些同学就拿着自己整理的问题找老师,有些同学就很茫然,根本不知道自己该复习什么,也没有把错题本应用起来)。

第五,他山之石可以攻玉。每次考试同学中总有一批表现突出的,有些的确是因为方法得当才使学习成绩提升,他们成功的经验对你很重要,应诚恳地向他们请教,学习上应不耻下问。

竞争不是比谁努力而是比谁更努力

又一轮月考结束了,老师既高兴又有些难过:高兴的是我们大多数同学还是在进步的;难过的是我们与优秀的班级还是有些差距。而且我们努力别人也在努力,我们要想再进步难度就越来越大了。老师曾经说过,上届学生是老师的骄傲,希望你们也是。你们曾大声地承诺过会让老师放心的,但是现在你们身上还多多少少存在一些问题:比如缺少自律,学习上具有冷热病,有些同学骄傲自大,学科不平衡,还有同学学习方法不当,等等,这些都影响了我们的进步。坚持是世界上最优秀的品质,学习是一种习惯,优秀更是一种习惯,没有随随便便的成功,只有脚踏实地才能收获累累硕果。希望同学们向丁元淞、章睿康等同学学习,不断超越自己,挑战成功!

多学少挫,少学多挫,少挫多学,多挫少学,失败与学习有很大的联系,要想有一个好的学习成绩,那么必须有一个空杯和归零的心态。想得到更多更多知识:

(1)首先要像一块海绵——不断吸水,不满是向上的车轮,孜孜不倦,学无止境!

(2)天外有天,人外有人,对手很强,只有让实力说话!

(3)自信比黄金更重要,一分自信一分成功,十分自信十分成功!

坚持用你新学到的东西来指导行动,并让这新的行动成为习惯!久而久之,我们就会改变命运!让学习成为一种习惯,让思考成为一种习惯,让坚持成为一种习惯,让改变成为一种习惯!

亲爱的同学们,茫茫人海中我们聚首五中,这是上苍对我们的眷顾,也是我们的缘分。

你们灿若阳光的笑脸、积极进取的精神、暖人肺腑的问候、热情相助的举止、决胜中考的勇气和信心还有挑战困难的勇气,都让老师感动,让老师倍感师生间情谊的真挚。虽然你们目前还不是最优秀的,但你们是最可爱的。

爱与被爱让你我分享幸福欢乐,爱与被爱让你我深知肩负的重任。

爱,源于责任;爱,需要付出;爱,更期待成功!

我们承诺:孝敬父母、诚实守信,我们学习;热爱生活、珍爱生命,我们学习;意志坚强、不辱使命,我们学习。

"初三",人生的关键一年;"中考",事业的第一目标,我们不会轻言放弃!

　　人生需要规划,不是美梦黄粱;事业更需要坚实的脚步,不是流水浮云。没有比脚更长的路,没有比人更高的山。在最美的年龄以最纯的梦想尽最大的努力,竞争不是比谁努力而是比谁更努力,同学们加油啊,新一轮的挑战又开始了!

　　最后送给大家一首诗:(请读一读,背一背)

山高路远

汪国真

呼喊是爆发的沉默

沉默是无声的召唤

不论激越

还是宁静

我祈求

只要不是平淡

如果远方呼喊我

我就走向远方

如果大山召唤我

我就走向大山

双脚磨破

干脆再让夕阳涂抹小路

双手划烂

索性就让荆棘变成杜鹃

没有比脚更长的路

没有比人更高的山

预祝同学们期末取得好成绩！

关于期末复习迎考

首先,在期末的复习中我们要做到不骄不躁、稳步前进; 然后我们可以通过自己的努力和合理的计划,争取把各科的 知识点都梳理一遍。如何梳理呢?

一、看课本

最后的几天,一定要回到课本,要对着课本教材看,把知 识点看细,看明白。看课本是一项基本功,也是被绝大多数同 学忽视的基本功,这项基本功要一直坚持做到最后。最后几 十天,一定要争取再把课本看一遍。

二、整理知识思路

在看课本的同时,要对各个科目的知识体系做一次最后的整理,梳理知识框架,把握好知识点之间的联系,头脑清楚地走进考场。平时就有整理知识体系习惯的同学,这个时候只需要看一下自己画的思维导图或者框架结构、笔记就可以了。如果自己没有整理,那么有很多复习资料上都有类似的框架结构图,也可以找来认真看一看。此外,复习一下教材的目录也是很好的,看着目录,在脑子里把所有的知识都过一遍,看看是不是都记住了、熟悉了。对于比较重要,但是自己还印象比较模糊的地方,更要抓紧再看一看。

三、熟悉基础题型

看书和整理的过程中,要辅助做一些基本题型。不是偏题难题,而是中低难度和中等难度的题目,这类题目是考试中所占分数最多的题目,也是我们保证自己考试能发挥正常水平的关键。通过做这些基本题型和书本整理一起,巩固基础知识,做到熟能生巧。

四、看错题,找弱点

自己以前做错的题目,找出来多看看,明白自己的弱点在哪些方面,及时补充提高。对于以前做错的题目,现在还是有点糊涂的,要再多巩固几次,彻底弄透弄熟。对于完全摸不着头脑的难题,就只能选择放弃,因为我们的时间有限,强攻难题无济于事,要集中精力解决自己能够在短期内解决的问题。

五、调整好状态

1.调整好生物钟。尽量不要熬夜,尽量保证自己白天有良好的精神状态听课,提高复习效率。

2.可以自己给自己做"模拟期末考试"。周末,自己给自己做一次模拟考试,告诉自己"今天就是考试"。然后拿出一张试卷,按照期末考试规定的时间做完,其间不能接电话不能上厕所。提前做完了要自己检查,时间一到立即放笔。然后对照参考答案给自己打分。通过这样的训练,等你真的进入考场的时候,就不会那么紧张了,也更容易发挥出自己的正常水平。

3.注意饮食,保证营养,防止感冒等,以充沛的精力迎接考试。

最后,预祝我们全班同学以优异的期末成绩,为2021年完美收官;以最美的姿态,跑进2022年!

期末复习计划表:(每天解决几道题目也好)

姓名:　　　　　　　家长签字并督促:

日期	科目(1)	科目(2)	科目(3)
1月1日			
1月2日			
1月3日			
1月4日			
1月5日			
1月6日			
1月7日			
1月8日			
1月9日			
1月10日			
1月11日			
1月12日			
1月13日			
1月14日			
1月15日			
1月16日			
1月17日			
1月18日			
1月19日			
1月20日			

期末考试目标:班级第_____名　全校第_____名

各科目标:语文_____　数学_____　英语_____

　　　　科学_____　历史与社会_____

挑战"冬三月",迎接期末考试复习动员

有俗语:春困秋乏,夏打盹,睡不醒的冬三月。冬三月常指农历十一月、腊月、正月,是一年中寒冷的季节,更是一些动物的休眠期。然而,天将降大任于是人也,必先苦其心志,这也是考验大家的时候。这三个月的复习,第一轮复习抓的是基础,这段时间利用的好坏,直接关系到基础知识掌握的扎实程度。有老师甚至说:"谁抓住了冬三月,谁就抓住了中考,谁就赢得了中考复习的主动权,谁就取得了决胜中考的先机。"

所以说,冬三月,是我们备战中考的重要时期,奋战冬三月,是明年中考成功的必由之路!下面我就冬三月如何战胜严寒、度过休眠期以及迎接期末统考的复习过程提几点建议。

一、初三期末复习要分四步走

期末考试是对一个学期所学知识的阶段性总结,对于初一、初二生而言,取得好的成绩是寒假美好生活的开始,对于即将要升学考试的初三生来说,期末考试更为重要,它的成绩关系到明年的签约或者自主招生。那么怎样才能做好期末复习,考出自己真实的学业水平呢?

1.调整好自己的心态。

不要去考虑"期末考试考不好怎么办? 这么多时间都浪费了,只剩几周时间怎么能够补起来"之类没有意义的问题,或者是想着要把每一个知识点掌握,把时间安排得满满的,任务规定得多多的,超出了自己力所能及的范围,这些做法、想法都易产生焦躁情绪。应冷静下来,把期末考试放在一边,首先根据自身实际,为自己量身定做一套复习计划,有条不紊地对自己所学知识进行归类整理、复苏、巩固。不要忙乱无序,朝三暮四,好高骛远。另外不要被生活中的小事影响心情:我们是来学习的,不是来享受的;我们是来学习的,什么都不是影响我们学习的理由。这就是良好的心态。它可以使你始终用最积极的思考、最乐观的精神支配和控制自己的行为。使你分分秒秒都在为你心中的目标拼搏,有这样心态的人,一定会抓住成功。希望同学们能有这样良好的心态。

2.要珍惜时间,合理安排时间。

学期末所剩时间不多,学生除上课自习认真学习外,还应把自己饭后、课间、晚上就寝前的有效时间都利用上,针对不同科目特点,安排不同的复习内容,不能根据自己的喜好,分配不同科目的复习时间,应做到重点突出,全面兼顾,对于薄弱科目应多投放时间,但不能一无所获。规定的复习任务,一定要保质保量地完成。不可因功费时,也不可因小误而失全面,要循序渐进,环环落实。只有这样才能有效地搞好复习。

3. 要勤于思考,勤于动脑。

复习时一定要多思考、多动笔,善于归纳消除思想上的惰性,不能光用一双眼、一张嘴,而要利用有效巧妙的记忆方法、归纳方法,把零散的知识连贯起来,把同类的知识归结起来,牢记下来,找出知识内在的联系及规律。

4. 要想取得好成绩,期末复习方法也很关键。

俗话说"工欲善其事,必先利其器",期末考试也一样。复习方法多种多样,我们应该根据自己的实际情况,选取科学、高效的复习方法,可以按照"循序渐进、阶段侧重、精讲精练、五技并举"的原则,把期末复习分成四个阶段:基础复习、强化能力、查漏补缺、模拟练习。四个阶段,四个方面,环环相扣,逐步深入,四位一体,一气呵成。

二、制订一份期末考前紧张复习计划表

1月中旬,我们将迎来期末考试,只有半个多月时间了,凡事预则立,从现在开始,我们可列一张详细的学习计划表格,将每天的复习时间好好安排一下(不能等到考前几天才临时"抱佛脚")。对每科的复习有一个简单规划。中考考查的是基础知识,我们在复习时要注重对基础知识的掌握,不要觉得

做难题很"牛",要掌握每个概念、定理。在上课时,有的同学遇到一个问题没听懂,马上就去想,而不听老师下面讲的内容,这是不可取的;上课时如果有没听懂的地方就先标记下来,下课后再问老师。在制订复习计划时,我们要注意对时间的合理利用,如语文、英语科目需要记忆的知识可利用零碎的时间学习,而数学、科学需要计算的知识要用整块的时间复习。在复习计划中,考生要考虑到自己对各学科知识的掌握情况,对薄弱科目和知识点欠缺的部分要多安排时间弥补。

　　每位同学可以备一本小本子,记录一些疑难问题、重要知识点和错题(把练习、测验和考试中的错误,有选择地摘录在错误订正集上,并写上正确答案和原因分析)。对一些重要的知识点或题型,可在题号前打★,以引起注意。要细水长流,知识的掌握要日积月累,碰到困惑要正确面对,做到每堂课、每一天都有收获,一点点接近预定目标。

三、要鼓足干劲,持之以恒,乐观自信

　　同学们,你们现在大都是15岁左右,这15年中,已经有9年用在了学习上,大家想想,人的一生能有几个9年、几个15年?在求学路上,你们的家长已经投入了大量的财力、物力和精力;多少个日夜,老师都在悉心地传授知识和技能;多少个日夜,父母都在期盼子女学业有成;多少个日夜,同学们都是伴着书本纸笔度过。同学们,为了明年的中考,为了这太多的人太多的付出,你们一定要鼓足干劲!只要把学习当作快乐的事情,那么,就没有什么困难能阻挡我们发奋学习了。豁达

的精神、乐观的心态会让我们坦然面对考试,老师期待着每天都见到你们自信微笑。

而且,我们的长途跋涉马上就要到达终点了。此时不奋力一搏,一定会遗憾终生。我们正处在最后的冲刺阶段,胜利就在前面,只要咬紧牙关,奋力地冲上去,就能到达理想的彼岸。既然出发了就不能轻易回头,既然选择了中考,就一定要奋战到底!

四、要注意身体,防感冒,保证有旺盛的精力

人常说,身体是革命的本钱。没有良好的身体素质,学习时间和效率就得不到保障。身体垮了,你再想学也学不了,再会学也学不好。而且,越接近中考,学习强度就会越大,精力投入就会越多,没有良好的身体素质,学习的效果就会大打折扣,甚至根本坚持不到最后。所以大家一定要充分利用所有可以利用的时间加强锻炼。

五、初三复习中需认清几个误区

1. 多做题不一定能够多学到知识。

关键是要真正学会,要学一道懂一道通一类,慢慢来,效果更好。

2. 试卷上答对的题不一定能说明你会。

也可能是超常发挥,再做一次你未必能得分,所以教师评讲时别盯着自己的"√"号就不听了。

3. **粗心不一定是个小问题**。

有很多人一辈子也没能改掉这个坏毛病,所以你必须给予足够重视。在练习每一道习题时都要求自己认真,像对待中考一样。粗心还是因为不用心啊!

4. **名次落后了不一定是退步**。

关键要看你掌握的知识是多了还是少了。别太在意分数和名次,更重要的是关注今天你又学会了多少。

5. **废寝忘食不一定是好事**。

不会休息的人也不会学习,为了学习而进行的休息很值得。要做到吃好、睡好、锻炼好,学习才会好。

6. **心情紧张不一定是坏事**。

考试越来越近,一点也不紧张才不正常。不过度关注"紧张",做你眼前的手下的事,紧张是不会伤害你的。

7. **帮助别人解决问题不一定影响你的学习**。

只要对方是真诚的求教,不会和你乱扯,帮助他人利于调整你的心境,深化你的知识。

8. **资料没有做完不一定是复习不全面**。

中考资料浩如烟海,层出不穷,哪怕你再复习一年也做不完。所以,考试临近了,没做完的题就从心中拿下,要在思想上不带包袱,不留遗憾,轻松上考场。

路不险,则无以知良马;任不重,则无以识英才。拼搏是痛苦的,但它却能带给你成功与欢乐。十年磨一剑,今朝试才期;扬眉剑出鞘,考场现英豪。是雄鹰,就应勇敢地搏击长空!是蛟龙,就该从容地挑战风浪!现在,正是决定来年胜负最关键的时刻，要以良好的心态、十足的干劲、科学的方法奋战充满机遇与挑战的冬三月。真心希望通过我们大家的共同努力，更多的同学实现心中的梦想。既然如此，就让我们振奋精神，开足马力，奋战冬三月，为期末统考，更为了明年的中考，为一生的幸福奋力拼搏吧！

初三开学第一课

亲爱的同学们：

　　新的一学期开始了，我们回到教室看到熟悉的面孔，也迎来了新的老师。同学们，让我们在新学期的开始，看一下东方的第一抹朝阳，反省一下自己：昨日的时光是否虚度，昨日的梦是否依然，我的心是否还在飞扬？

　　也许，你昨天曾拥有辉煌，但那已成为枕边一段甜蜜的回味；也许，你昨日曾遭受挫折，但那已成为腮边几滴苦涩的泪痕。忘记以前的成功与失败，我们只需要把经验和教训铭刻于心。

　　很多理想在追求前是个梦，追求过程中是篇诗，追求后则是一首老歌。追求的过程是最美丽、最浪漫的。只要在追求，梦想就不会失落;只要在奔走,路就不会荒芜;只要在爱着,心中就会永远充满温暖。

你爱大自然的时候,也就爱了自己,因为你是大自然中的一片叶;你爱着一切,一切也会和你热情相拥。你想要看到美好的明天那么你就要抓紧今天。

如果今天是张"弓",那么你就是弦上待发的箭,你只有抓紧时间,才可以把弓引满,当你开始追求的时候,也就是你直奔明天的靶心的时候。当你梦想成真的时刻,就是你触摸到生命价值的时刻。

人生离不开拼搏,就像我们不能拒绝成长一样。年轻的朋友们,请珍惜每一个晴朗的早晨,用生命中最浓的激情,最美的期待迎接日出,琅琅书声是我们献给太阳的礼赞,晶莹汗珠是我们迎接日出的眼睛,那灿烂的朝阳预示着我们的壮丽人生!

灿烂明天要我们去奋斗,去描绘,去创造,让我们携起手来,齐心协力,用辛勤的汗水写就明天壮丽的诗篇。

新学期希望每个同学做到"五心"。

一是收心。

把假期以玩为主的生活方式转变为以学为主的生活方式。

二是决心。

新学期有新开始,尤其对初三学生来说。人生最关键的时候,往往只有几步,而中考是我们人生路上关键的一步,一定要走好这一步。

三是恒心。

前行的路上总是布满荆棘，学习上要下功夫，持之以恒，战胜一个个困难，去争取新的辉煌。

四是爱心。

不仅要提高学习，同时还要提高品德修养。尊敬老师，团结友爱，互助互爱，孝顺父母。

五是用心。

读书需要用心，处处用心皆学问。只有用心做人、做学问，才能有所成。

除了这些以外，我还想强调四个非常重要的习惯。

第一，要学会合理安排自己的时间。确定优先完成的事项，这不仅涉及对时间的管理，还要求有勇气坚持自己的价值观。每周记着花一点时间认真考虑一下这些事情。

第二，花时间自我更新特别是在心理方面和情感方面。多与自己的朋友或者信任的教师交流，坦诚地说出自己的想法与困惑，这对你很有好处。另外写作也是宣泄的方式之一。

第三，要努力地去帮助别人，特别是要懂得与别人分享你的知识。放弃为取胜不惜一切代价的破坏性竞争，追求让大家都获益的双赢策略。

第四，帮家人干活，对父母好一些。

新的学期让我们以这个故事作为开头吧。

夕阳西下，静谧的非洲大草原上，一只羚羊在沉思：明天，当太阳升起的时候，我要奔跑，以逃脱跑得最快的狮子。而此时一只狮子也在沉思：明天，当太阳升起的时候，我要奔跑，以追上跑得最快的羚羊。

明天，不管是狮子还是羚羊，它们要做的都是奔跑！而不管是作为人生中的狮子还是羚羊，我们要做的就是奋斗。

古人云："天行健，君子以自强不息。"让我们在这新一轮朝阳升起的时刻，为了理想共同努力吧！

初三阳光生活的三大秘诀

一、初三要会自主学习

进入初三,不少学生发现时间被塞得满满的,自己疲于招架。如果学生只是按部就班地跟着老师的复习计划走,就会被焦虑、困惑所击溃。走出困境的最好方法是变被动接受为主动规划,把老师、家长安排的课余时间变成自己管理的"财富"。主动设计个性化学习时间表,把原本被动的学习内容变成自我规划的必修项目,再辅以弱势项目补漏和自选练习,你会发现,其实初三学习生活也可以从容不迫。

二、初三要有共进的朋友

一同面对中考的同学间并非只有竞争,还可以成为学习伙伴。同学们身处同样的备考环境,感受类似的困惑与烦恼,大家何尝不是同一个"战壕"里的战友呢? 即使是在初三,也不要放弃和朋友坦诚相待,你会发现,共同的目标让你不再寂寞,知识的分享促使你们共同进步,同龄人真诚地鼓励会给你带来更大的学习动力。

三、初三需要快乐轻松

手中的皮筋要松一松才能弹得更远,紧绷的神经要缓一缓才能更快运转。学会合理放松是初三日程中不可缺少的一环。晚上睡前的适当放松训练可以使你找回身心宁静的初始状态,适量的体育活动也可使你精神焕发。要注意的是,熬夜并不是"制胜法宝",每个人适宜的睡眠时长不同,"开夜车"对很多同学来说不过是脑力和体力的双向耗损。熬夜学习效果平平,白天困得头昏眼花,如此恶性循环,复习的有效时间被侵占,结果可想而知。

只要同学们掌握了正确的学习方法,拥有轻松的心态和心情,其实,初三生活也可以很阳光。

初三学生如何合理调节饮食

不要吃太油腻的东西，一碗桂圆莲子粥，桂圆益智宁心，莲子补气养神；喝一点猪蹄汤，能减轻中枢神经的过度兴奋，对改善焦虑、神经衰弱和失眠等症状有一定疗效；晚餐还可用紫菜、海带等海产品做菜，提供钙、碘、磷、铁等元素，促进大脑的生长发育，防治神经衰弱。

晚上复习期间，吃几个大枣，可以养胃健脾、安神和解除抑郁；睡前，喝一杯热牛奶，能促进大脑分泌催眠的血清素，其中的微量吗啡类物质有助于入睡。吃白菜、洋葱头，能缓解紧张情绪。

人一旦承受巨大的心理压力，身体就会大量消耗维生素C，所以考生应适当增加富含维生素C的水果、蔬菜的摄入量。

如果缺碘也会造成心理紧张,故可以补充一些含碘的食品,如海带、紫菜、海虾、海鱼等海产品。

此外,常吃白菜能缓解紧张情绪,提高学习效率;每天适量吃些洋葱,能稀释血液,改善大脑供氧状况,从而消除过度紧张和心理疲劳;而核桃是应对长时间集中精力学习的理想食品。

记忆力训练方法

记忆力像人的体质一样,经常锻炼就会得以增强和提高。为了强健体魄,我们每天进行体操训练,为了增强记忆力,也可以每天早上进行有意识的记忆训练。用背诵的方法进行记忆操练习,脑子越用越灵就是这个道理。为开发右脑潜力,可以进行左侧体操的训练,把大脑两个半球利用起来,会收到惊人的增进记忆力的效果。

1. **每天利用早读限定时间认真背诵英语单词、词组、文章、作文素材或语文知识等**,进行有意识的记忆力训练。

2. **单侧体操**。

第一节:全神贯注地站立,左手紧握,左腕用力,屈臂,慢慢上举,然后逐渐还原,反复练习8次。

第二节：仰卧，左腿伸直上抬，将上抬的腿倒向左侧，但不碰床，再以相反的顺序还原，反复练习8次。

第三节：直立，左臂侧平举，再上举，头不动，然后还原，反复练习8次。

第四节：直立，身体向左侧卧，用左手和右脚尖支撑，左臂伸直，使身体倾斜，呈笔直侧卧状。屈左膝起身，慢慢还原，反复练习8次。

第五节：俯卧，跷起脚尖，用手掌和脚尖支撑身体做俯卧撑8次。

让每一天都变成金子

同学们,距离中考只有49天了,这49天怎么度过呢？严老师希望大家把每一天都变成金子。一寸光阴一寸金,好好珍惜每一天！因此严老师再强调以下几点。

一、为实现我们的目标而战——这是我们考前的任务

要一直牢记我们心中的目标,拼一拼,搏一搏,冲一冲,我们的目标才能实现。相信自己是最优秀的,相信自己是最努力的,坚信自己是成功的人,这样你就已经成功了一半。目标是认识航船的罗盘,目标坚定的人才会信心百倍！

为此我们要再次明确:我们的班级目标是_____,平均成绩_____,力争_____名,上一中_____人,上二中_____人,上

重点中学以上＿＿＿＿人。

二、制订一个考前复习计划

（1）自主复习和跟着老师节奏复习相结合。

（2）把时间分配好。

其一，归老师支配的时间。跟着老师复习，一定要力争学会，把它看成是考前的最后一次见面，不要寄希望于自己再找时间复习，事实上可能没有这个时间了。

其二，自己支配的时间。依靠学习技能，提高学习效率，这样就可以完成更多的任务；充分利用往往被浪费的或者无足轻重的小块时间，这样就能获得比别人更多的时间了；通过自我控制，保持旺盛的战斗力，充满激情地让每一天都变成金子。

三、讲究复习方法，提高复习效率

（1）四个"抓"：抓住课堂、抓住书本、抓住练习、抓住错题。

（2）三个"勤"：勤记、勤问、勤思。

（3）三个"练"：其一，练审题与破题的方法，逐字逐句读题，圈出关键词，改变眼睛一扫出答案的习惯。捕捉题目中显性和隐性的条件，找到解决问题的关键。其二，练开放性和多角度，一个问题要多角度多侧面去分析，使知识迁移和再生。其三，练经典题例，课堂上和书本中老师讲到的题例往往是经典题型，要特别注意分析和研究思路和方法。

四、特别提醒

（1）学科平衡。平衡才是硬道理。各门功课都要复习到位，不能对优势学科掉以轻心，也不能对薄弱学科失去信心。

（2）效率第一，尽力而为。课堂是学习的主战场，效率是学习的主线。能一节课完成的任务绝不拖到下一节，能一分钟完成的事情绝不用两分钟。但劳累绝不过度，觉得累了就要休息一下或者变换科目学习。

（3）互帮互学，共同进步。多鼓励别人，鼓舞别人的过程会让自己也受到鼓励。

（4）心静如水，力戒浮躁，贵在坚持。谁坚持到最后谁就会成功，快到中考了，连凳子都坐不住，还想拿高分？要有任外翻江倒海，我自岿然不动的气魄。

（5）集中精力，心无旁骛。荀子《劝学》中说道："蚓无爪牙之利，筋骨之强，上食埃土，下饮黄泉，用心一也。"考前时间不多，别再计较那些小事，别把心思用在学习以外的事情上。此时不搏更待何时呢！你是否知道，你拼搏的背后是老师家长默默关注的目光，你的进步是家长和老师最大的骄傲。

米卢教练用他的"态度决定一切"带领中国足球队首次冲进世界杯，我相信态度的力量可以带着我们全力以赴冲刺中考。如果此时有人说："老师我受不了了，我要放弃。"那我想送你一句话：放弃就是背叛！天下事有难易乎，为之，则难者亦易矣；不为，则易者亦难矣。拼一拼，才不会后悔的！

儒家讲究三立：立德、立功、立言。

　　让每一天都变成金子(作为座右铭贴在醒目的地方),让每一天都是高效日! 忙而不乱! 不急不躁,每天保持好心情,每天做最好的自己。让我们记住自己的誓言:绝不负父母期盼! 绝不负恩师厚望! 绝不负天赐智慧! 绝不负青春理想! 我自信,我拼搏,我成功!

四、五月份复习计划表

姓名:　　　　　　　　　　　　　　　　　　　　　　监督人:

日　期	白天时间	科目(1)	科目(2)	晚上时间	科目(3)
4月22日					
4月23日					
4月24日					
4月25日					
4月26日					
4月27日					
4月28日					
4月29日					
4月30日					
5月1日					
5月2日					
5月3日					
3月4日					
5月5日					

日期	白天时间	科目(1)	科目(2)	晚上时间	科目(3)
5月6日					
5月7日					
5月8日					
5月9日					
5月10日					
5月11日					

四月底月考目标:班级第_____名,全校第_____名

各科目标:语文_____,数学_____,英语_____,

科学_____,历史与社会_____

越到中考越要坚持
——写在离中考还有37天

一、关于坚持与毅力

成功来自毅力与坚持。麦当劳的创立者克罗克在他的自传《快乐时光》中有这样一段话：世上没有任何事物可以取代毅力的地位。才华不行，才华横溢却一事无成的人多如牛毛；天分也不行，经纶满腹而玩忽职守的人也无以计数。唯独毅力和决心具有通天彻地的能力。

也许一个禅故事更能说明毅力与坚持的重要性。

弟子问师父："怎样创造奇迹？"师父答："你现在为我烧饭，一会告诉你。"饭熟后师父说："你开始做饭的时候，是生米，你不断地添柴加火，就将生米煮成了熟饭，这不是一个奇迹吗?"弟子恍然大悟。

做,做事,认真做,努力做,坚持做,奇迹自然而生。

故事阐明的"坚持做"进一步告诉我们,无论干什么都需要坚持,临近中考,我们更加需要扎扎实实,一步一个脚印,认真对待每一天,把每一天变成金子,发扬"永不放弃"的精神,才能创造辉煌!

二、关于意念

意念能左右你的命运,你可以好,也可以差,只在一念之间。

再说说"健康五式"的意念(可以练练)。

仰天式:天行健,君子以自强不息。眼观天之蓝,感恩天之赐福。

俯地式:地势坤,君子以厚德载物。想象地之宽容厚道,承载万事万物。

舒肝式:肝是人体最重要的排毒器官,做此式时,你会想象身体的毒素源源不断地倾泻出来。

童子拜佛式:意念中正仁和,犹如童子无私心杂念,态度谦和。

健脾式:脾管运化精谷的作用,气化于肺,沉津于肾,做此式想象精微之气四通八达。

最后,还要谈谈双手合十的作用:双手合十的时候,左右手上的心经和心包经重合,有助于收敛心神、蓄能静养。

意念,一种很伟大的力量,但很少有人明白其中的道理。

意念，会改变一个人的命运，请你相信：通过仁慈、鼓励、支持、感恩或任何美好的感觉来付出爱给别人，然后这份爱将回到你身上，在你生命的每个层面倍增。

三、关于学习方法

画出三个同心圆，最里面的是"舒适区"，我们已经熟练掌握的各种技能；最外一层为"恐慌区"，暂时无法学会的技能；中间为"学习区"。离开"舒适区"，放弃"恐慌区"，在"学习区"里学习，这是一个重要的学习理论。

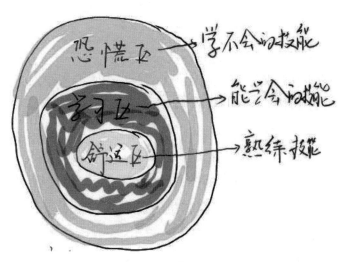

同心圆示意图

在这个"学习区"里，要完成有效的练习任务，并保持高度的针对性，老师要"带"好学生而不是教好学生，保持练习的密度和重复等，又称"刻意练习"，具体要做到以下几点。

1.只在"学习区"里进行学习。真正的练习不是为了完成数量,而是持续地做自己做不好的事。

2.进行大量重复有针对性的训练。从不会到会,秘诀就是重复。

3.持续获得有效的反馈。这个有效反馈就是即时反馈。

4.精神保持高度集中。真正决定你水平的不仅仅是全班一起上课,更是有针对性的练习。

5.脑学习原理是髓磷脂起作用。人脑中分布着大量"自由的"髓磷脂,它们观测脑神经纤维的信号发射和组合,哪些神经纤维用得多,它们就过去把这一段线路给包起来,使得线路中的信号传递更快,形成高速公路。

以上是"刻意练习"的基本理论依据,做到以上五点,我们就能学有所成。

如何能学好? 简单一句话:在"学习区"里进行"刻意练习",你就会成功。

四、唱响励志歌曲,点燃学习激情
(建议大家周末听听以下励志歌曲)

(1)《怒放的生命》汪峰。

(2)《相信自己》零点乐队。

(3)《我的未来不是梦》张雨生。

(4)《从头再来》刘欢。

(5)《真心英雄》成龙。

（6）《少年壮志不言愁》刘欢。

（7）《感恩的心》欧阳菲菲。

（8）《星星点灯》郑智化。

（9）《万里长城永不倒》叶振棠。

（10）《壮志雄心》陆毅。

（11）《我要飞得更高》汪峰。

（12）《爱拼才会赢》叶启田。

中考状元学习方法解读

一、三种学习境界

1. 第一层为苦学。

提起学习就讲"头悬梁、锥刺股","刻苦、刻苦、再刻苦"。处于这种层次的同学,觉得学习枯燥无味,对他们来说学习是一种被迫行为,体会不到学习的乐趣。长期下去,对学习必然产生一种恐惧感,从而滋生厌学的情绪,结果,在他们那里,学习变成了一种苦差事。

2. 第二层为好学。

所谓"知之者不如好之者",达到这种境界的同学,学习兴趣对学习起到重大的推动作用。对学习的如饥似渴,常常让他们达到了废寝忘食的地步。他们的学习不需要别人的逼迫,自觉的态度常使他们取得好的成绩,而好的成绩又使他们对学习产生更浓的兴趣,形成学习中的良性循环。

3. 第三层为会学。

学习本身也是一门学问,有科学的方法,有需要遵循的规律。按照正确的方法学习,学习效率就高,学得轻松,思维也变得灵活流畅,能够很好地驾驭知识,真正成为知识的主人。

目前,中学生的学习中,第一层居多,第二层为少数,第三层更少。我们应当明确,学习的一个重要目标就是要学会学习,这也是现代社会发展的要求。21世纪中的文盲将是那些不会学习的人。所以,同学们在学习中应追求更高的学习境界,使学习成为一件愉快的事,在轻轻松松中学好各门功课。

二、三种学习习惯

学习成绩的好坏,往往取决于是否有良好的学习习惯,特别是思考习惯。

1. 总是站在系统的高度把握知识。

很多同学在学习中习惯跟着老师一节一节地走,一章一章地学,不太关注章节与学科整体系统之间的关系,只见树木,不见森林。随着时间的推移,所学知识不断增加,就会感到内容繁杂、头绪不清,记忆负担加重。事实上,任何一门学科都有自身的知识结构系统,学习一门学科前首先应了解这一系统,从整体上把握知识,学习每一部分内容都要弄清其在整体系统中的位置,这样做往往使所学知识更容易把握。

2. 追根溯源,寻求事物之间的内在联系。

学习最忌死记硬背,特别是理科学习,更重要的是弄清楚道理。所以不论学习什么内容,都要问为什么,这样学到的知识似有源之水,有本之木。即使你所提的问题超出了中学知识范围,甚至老师也回答不出来,这也并不要紧,要紧的是对什么事都要有求知欲,好奇心,这往往是培养我们学习兴趣的重要途径,更重要的是养成这种思考习惯,有利于思维品质的训练。

3. 发散思维,养成联想的思维习惯。

在学习中我们应经常注意新旧知识之间、学科之间、所学内容与生活实际等方面的联系,不要孤立地对待知识,养成多角度地去思考问题的习惯,有意识地去训练思维的流畅性、灵活性及独创性,长期下去,必然会促进智力素质的发展。知识的学习主要通过思维活动来实现,学习的核心就是思维的核心,对知识的掌握固然重要,但更重要的是通过知识的学习提高智力素质,智力素质提高了,知识的学习会变得容易。所以上面讲的学习的三个习惯实质上是三种思维习惯。学习的重点就是学会如何思考。

三、三个学习要点

关于学习的方法可以谈很多,但重要的应注意以下三点。

1. 多读书,注意基础。

要想学习好,对基础知识的掌握尤为重要,而基础知识就是指课本知识,这一点同学们一定清楚。但在学习中,很多同学却不重视课本的阅读理解,只愿意去多做一些题,因为考试就是做题。实际上这是一种本末倒置的做法,应当说,课本与习题这两方面都很重要,互相不能替代,但课本知识是本,做题的目的之一是能更好地掌握知识。所以我们主张多读书少做题,不主张多做题少读书。

2. 多思考、注重理解。

"学而不思则罔",思考是学习的灵魂。在学习中,知识固然重要,但更重要的是驾驭知识的头脑。如果一个人不会思考,他只能做知识的奴隶,知识再多也无用,而且也不可能真正学到有用的知识。知识的学习重在理解,而理解只能通过思考才能实现,思考的源泉是问题,在学习中应注意不要轻易放过任何问题,有了问题不要急于问人,应力求独力思考,自己动手动脑去寻找问题的正确答案,这样做才有利于思考能力的提高。

3. 多重复,温故而知新。

《论语》开篇第一句"学而时习之"道尽学宗,不断重复显然是学习中很重要的一个方面。当然,这种重复不能是机械重复,也不只是简单的重复记忆。我们主张每次重复应有不同的角度,不同的重点,不同的目的,这样每次重复才会有不同的感觉和体会,一次比一次获得更深的认识。知识的学习与能力的提高就是在这种不断重复中得到升华,所谓"温故而知新也"。

如何突破学习中的高原现象，
顺利度过瓶颈期

中学生尤其是初三学生在学习过程中，经常会出现一种停滞不前的现象，虽然学习也很努力，但是成绩一直不好不坏，停留在某个固定的水平上而不上升，有的甚至还下降。到底是什么原因呢？如何才能有效地解决呢？

某知名教育学家说：从心理学上来说，这种现象叫"高原现象"。其特点表现为：在学习能力形成的过程中，在熟练练习的中后期，技能的发展并不是像刚开始训练时逐步提高，而是往往出现进步的暂时停顿现象，在"暂停"之后，成绩又逐步上升。

高原现象是如何产生的呢？

概括起来，主要有四个方面的原因。

第一,生理因素。如身体状况欠佳,较为疲劳,或者生病,常常使人精力不支,从而造成心智技能提高缓慢或者下降。

第二,心理因素。学习兴趣的下降,学习动机的减弱,厌倦学习,或者缺乏顽强的毅力,遇到困难就退缩,或者急于求成,一旦遇到成绩不如意就自怨自艾、心情急躁等,这些心理因素都可造成成绩的停滞不前。

第三,学习方法的原因。学习是一种特殊的心智活动,成绩的提高需要改变旧的活动结构和完成活动的方式方法,而代之以新的活动结构和完成活动的方式方法。在人们没有完成这个改造之前,成绩就常常会处于停滞状态。这是由于活动结构的改造往往是不容易的,采用新的方法也会遇到新困难,所以在改造之初,成绩不但没有提高反而可能会有所下降,因而练习曲线会停留在固定的水平上或暂时下降。经过练习、完成了改造过程后,成绩又会提高。

第四,学习内容增加。随着学习的逐步加深,学习内容也在发生变化,从范围上来看知识的容量在增加,从程度上来看难度在加深。这就更需要学生对所学的知识掌握扎实,理解透彻,运用熟练,而且要把握知识各部分之间以及各学科之间的内在联系,形成系统化的知识网络。如果前面所学的某些知识掌握不牢、理解不透、运用不熟,那么就很难形成准确、严密、清晰、连贯的知识网络,因而在运用这些知识去解决问题时就会显得力不从心,其学习效率和学习成绩就很难继续提高了。

那么,如何克服"高原现象",使孩子的智能得到更大的发展,取得更好的成绩呢?

首先,强化学习动机,保持良好的心理状态。学习动机是直接推动人们进行学习的一种内部驱动力,是一种学习的需要,这种需要是社会、家庭和学校教育对孩子学习的客观要求在孩子头脑中的反映,它表现为学习的意向、愿望、兴趣等形式,对学习起着推动作用。在学习动机中,明确的学习目的、强烈的求知欲望是其最重要的部分,对推动学习、克服"高原现象"有着重要的作用。实际上,"高原现象"的产生,是和孩子求知欲望的减弱、焦虑急躁、急于求成等相联系的。

其次,辅导孩子改进学习方法。孩子以往的学习习惯和学习方法影响和制约着学习的成绩,因此,要提高成绩,就必须冷静反思在学习中哪些习惯、哪些方法是有效的,可以继续保持的;哪些习惯和方法是有害的,必须克服和改进的。找准病因,对症下药。学习上的盲目性、被动性以及由此而派生出来的某些不良习惯和方法,恰恰是导致学习成绩徘徊不前、难以继续提高的重要原因。要想提高成绩、改变现状,就必须改掉这些毛病,加强学习的计划性、自主性。再如,有的孩子不是先复习所学内容而是急急忙忙地做作业,遇到问题不是先独立思考而是急于问别人,遇到阅读理解题不是自己认真去做而是等着老师讲解时记答案,对做过的练习不注意分析和总结,等等,这些做法都是非常有害的,是不利于学习的,必须认真改正。

再次,家长应关注孩子的学习情况,经常与孩子进行学习和生活上的交流。在孩子的学习过程中,对其学习行为中的闪光点加以肯定和鼓励,对于错误不应多加指责,而是和孩子一起分析错误形成的原因,并找到解决的办法。父母应多尊重和理解孩子,时常让孩子体会到努力后的成功感,增强孩子学习的信心,以期取得更好的成绩。

最后,加强锻炼,增强营养,保持充沛的精力,这也是克服"高原现象"的一个重要的条件。有的家长在孩子的健康和学习成绩上会选择学习成绩,认为现阶段孩子的主要任务便是搞好学习成绩,虽然营养跟得上,但是时间的分配不那么合理,家长要注意孩子的生活与学习同样重要。

备战中考30条实战经验

在中考中,一些考得出色的同学的经验之谈闪烁着智慧的火花,特别是实践的检验证明了这些想法和说法的真理性,可供我们考试时借鉴。现总结出30条,给同学们做参考。

1. **地毯式扫荡**。

先把该复习的基础知识全面过一遍。追求的是尽可能全面不要有遗漏,哪怕是阅读材料或者文字注释。要有蝗虫精神,所向披靡一处不留。

2. **融会贯通**。

找到知识之间的联系。把一章章一节节的知识之间的联系找到。追求的是从局部到全局,在全局中把握局部。要多思考,多尝试。

3. **知识的运用**。

做题,做各种各样的题。力求通过多种形式的解题去练习运用知识。掌握各种解题思路,通过解题锻炼分析问题、解决问题的能力。

4. 捡**"渣子"**。

即查漏补缺。通过复习的反复,一方面强化知识,强化记忆,另一方面寻找差错,弥补遗漏。求得更全面更深入地把握知识。

5. **"翻饼烙饼"**。

复习犹如"烙饼",需要翻几个个儿才能熟透,不翻几个个儿就要夹生。记忆也需要强化,不反复强化也难以记牢。因此,复习总得两三遍才能完成。

6. **基础,还是基础**。

复习时要做的事很多。有一大堆复习资料等着我们去做。千头万绪抓根本,什么是根本?就是基础。基础知识和基本技能技巧,是教学大纲也是考试的主要要求。在"双基"的基础上,再去把握基本的解题思路。解题思路是建立在扎实的基础知识条件上的一种分析问题解决问题的着眼点和入手点。再难的题目也无非是基础知识的综合或变式。在有限的复习时间内我们要做出明智的选择,那就是要抓基础。要记住:基础,还是基础。

7. 要**"死"去"活"来**。

有些学科,有很多背诵的东西,只能"死"记。要多次反复强化记忆。但在考试时,却要把记住的材料灵活运用,这就不仅要记得牢,记得死,还要理解,理解得活。是谓"死"去"活"来,很多学科都需要"死"去"活"来。

8."试试就能行,争争就能赢"。

这是电视连续剧《十七岁不哭》里的一句台词。考试要有一个良好的心态,要有勇气。"试试争争"是一种积极的参与心态,是敢于拼搏、敢于胜利的精神状态,是一种挑战的气势。无论是复习还是在考场上,都需要情绪饱满和精神张扬,而不是情绪不振和精神萎靡,需要兴奋而不是沉闷,需要勇敢而不是怯懦。"光想赢的没能赢,不想输的反倒赢了。""想赢"是我们追求的"上限",不想输是我们的"下限"。"想赢"是需要努力而比较紧张的被动,"不想输"则是一种守势从而比较从容和主动。显然,后者心态较为放松。在放松的心态下,往往会发挥正常而取得好的效果。

9.具有健康的心理素质。

应该做到两点:在萎靡不振的时候要振作起来,在压力过大时又能为自己开脱,使自己不失常。人的主观能动性使人能够控制和把握自己,从而使自己的精神状态处于最往。因势应变是人的主观能动性的作用所在。相反相成是一切事物的辩证法。心理素质脆弱是主观能动性的放弃,健康的心理素质则使我们比较"皮实"——能够调整自己的情绪和心态去克服面临的困难。

10.中考从根本上说是对一个人的实力和心理素质的综合考察。

实力是基础,是本钱,心理素质是发挥我们的实力和本钱的条件。有本钱还得会用本钱。无本钱生意无法做,有本钱生意做赔了的事也是有的。

11. **复习是积蓄实力积蓄本钱,考试则要求发挥得淋漓尽致,赚得最大的效益。**

一位考生说:"我平时考试总是稀里糊涂,但大考从来都是名列前茅,大概是心理调节得好吧?"诚如是,最可怕的是大考大糊涂,小考小糊涂,不考不糊涂。

12. **强科更强,弱科不弱;强科有弱项,弱科有强项。**

在考试的几个科目上,一个人有强有弱,十分正常。复习的策略,就是扬强扶弱。有的同学只补弱的,忽视了强的;有的同学放弃弱的专攻强的。从整体看,都不明智。强的里面不要有"水分",弱的里面还要有突破才是高分的策略。

13. **差的学科要拼命补上来,达到中等偏上水平;好的要突出,使之成为真正的优势。**

这里的道理与上一条相仿,也是对待自己的强弱科目的一种策略。中考、高考都是"团体赛",要的是全局的胜利而不能顾此失彼。

14. **该记的必须记住,能够不记的就不要去记。**

为了减轻记忆的负担,能够偷懒的地方犯不着去玩命——本来该背的就够多啦!根据知识的特点,在记忆和理解之间,可把知识分为四种类型:只需理解无须记忆的;只需记忆无须理解的(背下来就是了);只有记忆才能理解的;只有记忆才能记住的。我们这里采取"出力最小"的原则滚动式复习。先复习第一章,然后复习第二章,然后把第一、二章一起复习一遍；然后复习第三章,然后第一、二、三章一起复习一遍……以此类推,犹如"滚动"。这种复习法需要一定的时间,但复习比较牢固,且符合记忆规律,效果好。

15. "过度复习法"记忆有一个"报酬递减规律"。

即随着记忆次数的增加,记住材料的效率在下降。为了与这种"递减"相抗衡,有的同学就采取了"过度复习法",即本来用10分钟记住的材料,再用3分钟的时间去强记——形成一种"过度",以期在"递减"时不受影响。

16. "题不二错"。复习时做错了题,一旦搞明白,绝不放过。

失败是成功之母,从失败中得到的多,从成功中得到的少,都是这个意思。失败了的东西要成为我们的座右铭。

17. 要掌握考试技能。

"基础题,全做对;一般题,一分不浪费;尽力冲击较难题,即使做错不后悔。"这是面对考卷时答题的策略。考试试题总是有难有易,一般可分为基础题、一般题和较难题。以上策略是十分明智可取的"容易题不丢分,难题不得零分"。保住应该保住的,往往也不容易,因为遇到容易题容易大意。所以明确容易题不丢分也是十分重要的。难题不得零分,就是一种决不轻言放弃的进取精神的写照,要顽强拼搏到最后一分和最后一分钟。

18. "绕过拦路虎,再杀回马枪"。

考试时难免会遇到难题,费了一番劲仍然突不破时就要主动放弃,不要跟它没完没了地耗时间。在做别的题之后,很有可能思路打开活跃起来,再反过来做它就做出来了。考试时间是有限的,在有限的时间里要多拿分也要讲策略。

19."对试题抱一种研究的态度"。

淡化分数意识,可能是缓解紧张心理的妙方。因此,对试题抱一种研究态度反而会使我们在考场上更好地发挥出最佳水平。有一颗平常心比有一颗非常心有时更有利。

20."多出妙手不如减少失误"。

这是韩国著名棋手李昌镐的一句经验之谈。他谈的是下棋,但对我们考试也有借鉴意义,特别是对那些学习比较好、成绩比较好的学生,要取得出色的成绩,创造高分,减少失误是为至要。

21. 最关键是培养兴趣。

美国教育学者布鲁纳说:"学生的最好的刺激是对学习材料的兴趣。"还有一句名言说"兴趣是最好的老师"。没有兴趣但是不得已的事情也得做,却何如有兴趣而乐此不疲?比如政治,因为它的理论性比较强,很枯燥,所以就多培养些对政治的兴趣。平时多关注国家的大政方针政策,在遇到问题时,也会把自己想象成一个公务员,想象公务员是怎样解决问题的,这样政治就生动起来了,其实政治就在我们身边。

22. 分析有策略。

从每一道错题入手,分析错误的知识原因、能力原因、解题原因等。分析思路:①这道题考查的知识点是什么?②知识点的内容是什么?③这道题是怎样运用这一知识点解决问题的?④这道题的解题过程是什么?⑤这道题还有其他解法吗？

23. 不把作业做太迟。

上课时间非常认真，课堂效率很高。学习上的事情要求自己在学校的时间全部解决，作业什么的不做太迟（能够在白天多做些），这样回到家的时间就是属于自己的了，就可以做自己想做的事，有自主复习的时间。

24. 喜欢做笔记，把笔记整理得工整、全面。

对知识体系的把握、知识脉络的梳理和回顾非常重要，有了笔记就可以经常做有重点的复习，温故而知新。

25. 别把中考想象得很可怕。

不要紧张，只要从现在开始都来得及，努力做出，一定是有回报的。

26. 善于总结，不断探索。

平时做题时，善于分析和思考问题，并积极总结，探索新方法；并不是为了做题而做题，而是要主动积极地追寻在题目和解答之间的必然联系，把题目做活。

27. 发挥和幸运才是关键。

要注意考试策略，实力只是一部分。认真对待平时的考试，在平时考试中积累经验、总结教训。

28. 营造良好的伙伴关系。

班级就像家庭，好朋友意气相投，压力之下都很快乐地学习。同伴相处得很融洽，平时也经常开开玩笑，有说有笑，复习时想到提问，气氛很好。

29. **合理安排时间**。

早做准备,后期就不会觉得紧张。各科要平衡用力,略有侧重,不要抓了这科,丢了那科,杜绝弱科的产生。

30. **保持好心情**。

不管外面的生活有多复杂,重要的是,要有一份好心情,处理好与老师同学的关系,与老师相互欣赏,不要把同学看成对手,与同学良性竞争。

向着中考的目的地进发,最好的是下一次!

——写在离中考还有31天

　　同学们,8班最好是哪一次?你们大声回答老师:下一次!对,向着中考的目的地进发,最好的是下一次!在考前的这几天,大家在复习上做哪些事情最有效?老师再给大家一些建议。

一、展望未来

　　坚持到今天,其实就是一种胜利,即将走进考场,考场就是你自己的舞台,你有理由在这个舞台上尽情地展现自己的风采,同时这个表演是演给自己看的,一心一意,全力以赴,只要尽力做好自己就行。天地之间只有你自己存在,你清醒、执着、静心、尽力……这些已经足够了,因此你没有必要紧张,特别是当人紧张的时候,并非被外界环境所吓倒,而是被自己吓倒,看看你自己,你觉得自己吓人吗? 一切限制都是从人的内心开始的,世界上最难战胜的就是自己,看来对中考惧怕,并非因为中考本身,而是在于自己。一路走到现在,中考在即,在考场上你把你的长处发挥出来就是做好最好的自己了,接受不能改变的,改变能改变的,改变多少,一切在你自己。

如果说把中考比作舞台,那么这个舞台就在前方,并不遥远的前方,只要你有梦,仅仅有梦,就足够了,不管你的出身,你的基础,只要心中有梦,你就有理由去炫出你自己。在追梦的路上,这舞台是多么的美好,你怎么有理由去紧张、怯场呢?

二、回望过去

考前这几天,我不支持考生继续埋头大量做卷,而是应该回望一下过去,看看你曾经做了哪些带有挑战性的题目,哪些事情还没有做好。既然说中考是一段历程,那么你走过的历程中,你收获了什么? 也许只有回望才能找到答案。自己曾经做过的试卷,哪怕是大考试卷也可以比作一次"展览"。现实中,随便问一个成绩优秀的考生,你在某次大考中,考试成绩怎样,可是没有多少人能想起来,即便是最后一次六校联考,也许有些同学都忘记是怎么丢分的。面对自己曾经做过的题目,再拿过来,有时候也是思路全无,做了这么多,却没有记住。其实备战中考,并非你做了多少事情,而是做了让你能记住,对你有用的事情,这些事情才能更好地帮你赢得中考。另外要重视细节,比如书写啦,审题啦,总之,把会的题目都做对了,把错过的题目也都做对了,中考肯定能成!

三、做好现在

现在离中考只有10天时间了,在这10天中,我们要找出自己有潜力提高的学科,集中精力将这门学科按中考要求从头至尾完成复习。在集中复习的同时,一定要顾及其他学科。

考前10天复习要做到"准、精、快"。有些同学在最后10天会把大部分时间放在解试卷的最后一两道题上,一味地啃难题,然而这样做的后果往往是疏忽基础题目。其实,中考更考验的是考生的认真、踏实和仔细,基础知识的题目占相当部分,考生要保证试卷中基本的选择、填空、简答、计算有一个较高的得分率。因此,考试前10天,同学们应把课本通读一两遍,尤其要把自己曾经做错的题目弄个明明白白。

考生在复习时,要学会有选择地做题。在学校复习时,课堂上的复习是针对大部分同学的,所以,同学们也要制订一套适合自己的复习方案,要根据自己的实际情况分配复习的侧重点。对于理科题而言,一般最后一两道填空题考验的是学生的开拓性思维和掌握知识的深度,而整张考卷的最后一题也通常只难在最后一小问。现在,我们都已做了大量的题,没有必要再花大量时间钻研难题,要把握好自己可以拿到分数的题目,合理安排自己的复习重点。

对理科考试来说,时间上的把握要比文科更重要。建议考生在最后10天时间里多锻炼自己的速度,每次在做一张练习卷的时候看好时间。其次,许多同学平时喜欢紧盯着一道自己做不出的题,切记在考场上绝不能为一道题而浪费太多时间。

四、调整好心态

"我们这个世界,永远不会给悲观落伍的人颁发奖牌。"中考绝对不会向那些悲观的人抛橄榄枝,所谓铁是打出来的,兵是练出来的,中考就是你平时复习效果的体现,相信付出总会有回报。那么我们必须把自己的心态调整到最佳。

(1)中考就是属于自己的考试,不管如何自己都是"始作俑者",还有 10 天的时间,我们还可以完善自己。

(2)走到今天不容易,既然要做,那就做得更好,向完美的层次挑战。拿到的题目审题完美、分析完美、答题完美,你肯定有完美的分数。

(3)你有你的优势,那么在剩余的 10 天里再巩固自己的优势,有信心能克服劣势。

另外要注意体育锻炼,注重饮食。没有好的身体,怎么更好地备战中考? 在考前的这段时间里,体育锻炼不可忽略,同时注意饮食健康。

最后预祝 8 班中考再创辉煌!

坚持、静心和自信

今天严老师写的主题是三个词：坚持、静心和自信。

一是坚持。距11号、12号中考，还有一周的时间，对于亲爱的同学们来说，知识备考阶段已经过去。在这最后的几天里，拼的是心理备考，这几天的重点就是稳住，保持正常，不打破人体生物钟，防止过度放松和思想波动太大。三年的初中生活，充盈着太多的愁肠百结。虽然学习成绩虐了你千百遍，但你一直英勇地天天接受它的洗礼，愈挫愈勇，愈战愈强。一边是被分数虐得偷偷掉泪，一边是咬着牙不服输的继续努力前行。身体倦了、累的时候，最最需要的就是坚持。最后的一周，希望同学们心中要一遍又一遍地告诉自己，坚持再坚持一下，坚持每天都用最好的情绪面对学习，坚持把自己的精神状态打造成百毒不侵、刀枪不入。

二是静心。种了三年的庄稼,在中考这两天的时间里要全部收割,所以我们必须沉着冷静,精打细算,颗粒归仓。期待了三年的中考,终于如约而至,我们要紧张而不慌张,那就让我们把中考当成初中三年中最后的一次月考。在战略上予以藐视,在战术上予以重视。沉得住、坐得牢、考得好,我们一定要静心,谁静心谁就成功。我们要向静要成绩,向良好的心理素质要成绩。最后的一周,同学们,要同心、同向、同行,也就是说,思想上同心,目标上同向,行动上同行,形成强大的合力,有效推动考前一周的最后准备。

三是自信。我们班的少年是最棒的追风少年,正如吴奇隆的歌曲《追风少年》中唱到,我们要做追风的英雄,寻找世界最高的山峰,五中的少年要乐观开朗,自信满满。不害怕,任何疑惑、疑虑、疑问、疑愁,统统抛到九霄云外,相信自己,所向披靡,勇敢无敌。

最后祝我们班的每位孩子,在最后的一周里,日日向阳,天天向上,爱我所爱,依旧倔强,加油加油再加油!

叁/教育故事

让孩子沐浴在爱的阳光里

　　高尔基说过:"谁不爱孩子,孩子就不爱他,只有爱孩子的人,才能教育孩子。"我没有靓丽的外表和时尚的服饰,但我以满腔热情无微不至地关爱我的孩子们,用这份真诚的真挚的无私的爱,期待着、看着孩子快乐成长,也让我的教师生涯充满爱、阳光和快乐。

　　去年刚刚入学的孩子,从不同的小学进入同一所初中,刚开学的时候,孩子的表现都很规规矩矩,随着孩子们之间相处久了,孩子与孩子之间的了解,我对孩子们的了解也日趋详细起来——课堂上谁不是很认真,谁的坐姿不太好,谁的学习习惯不到位,谁不遵守自习课纪律,等等。而小陈这个孩子身上集中的点非常多,坐姿不端正、自习课喜欢找别人聊天等。

　　小陈是班里孩子眼中的"火星人"，第一次听到孩子和我说这个称号的时候，我很惊讶。我反问孩子，他的脾气很暴躁，所以你们称他是"火星人"？班上的孩子很喜欢和我聊天，也很喜欢和我说他们自己心中的疑惑，被我这么一反问，都雀跃地要和我说他们自己判断小陈是"火星人"的原因。一孩子说："上课上着他会平躺在凳子上，脚还老是伸到我们这边来。"另一孩子马上接嘴："上课的时候他会发出一些奇怪的声音，我们听都听不懂，地球人听不懂的语言我们叫火星语，所以叫他火星人。""老师，还有还有……"围在我身边的孩子一个接着一个地说着自己对小陈的看法。听完孩子的陈述，我心里就在想，小陈这个孩子身上的一些现象如此明显，肯定不仅仅是我自己观察到的比较好动的表象，一定要更加深入地了解。

　　接下来的几天，我继续静静观察，和任课老师交流他们眼里的小陈，继续听孩子对他的看法，收集越多的信息越能对他有一个全面的了解。之后我和他真诚、耐心地做了一番沟通，主要是从小学的就学环境、学习习惯、家庭环境、家庭教育的方式这几个点进行了深入的了解，发现小陈小学一直住校，父母的教育方式过于简单和粗暴，一发现孩子不对就打和骂，有时候骂的话还不是很好听。孩子自小就住校，遇到有些情况没有能力解决需要父母的时候，父母却不在身边，久而久之，小陈很缺乏安全感。周末时，又没有和父母言语的交流，时间久了，孩子觉得自己不被关注，不喜欢和父母交流。在一次调查问卷中，做到自己和父母关系题目的时候，小陈问我能不能增加一个既不讨厌也不喜欢的选项。由此可见,孩子和父母的关系确实不够亲密和融洽。在成长过程中,没有家庭教育力量的支撑,孩子很多习惯的养成并不理想。到初中后,感受到来自学习上的压力突然间增大起来,他没法解决突如其来的变化,也没有和父母沟通的意识,更不会把这样的想法和同学交流,就将自己封闭起来。真的感受到压力太大时,他就通过怪叫的方式来发泄压力、释放情绪。

在深入了解这些情况后,我马上和小陈的家长进行了沟通,将这些信息反馈给家长,期待着父母与孩子沟通方式的改变能带来孩子些许细节上的改变。在班上我召开了"在我心中你最美"的班会,在班会上不断地让孩子发现小陈的闪光点,帮助其建立在班级里的尊严感和存在感,改变小陈在孩子们心目中比较奇怪的印象,也让他很好地融入集体生活中,利用集体的力量影响他,让他有所改变。

在平时的学习生活中,抓住孩子内心很希望被肯定和要求上进的心理,一旦发现他有进步的点,就及时肯定和表扬。每每看着他被我肯定和表扬后,眼神里透露出来的那份开心和喜悦,我就觉得他在一点一滴地改变着,我们的心也更加亲近了。

当然,孩子的改变不可能是一帆风顺的,总会有反复的时候,那我们就要反复抓,抓反复,我一心牵挂着小陈,对小陈的表现时时关注着,经常跟小陈真诚沟通并经常跟他的父母保持联系,一有异常我就马上进行沟通和交流。慢慢地,小陈的坐姿好起来了,上课怪叫的次数减少,愿意和同学、老师沟通了,和同学们的相处也越来越融洽了。

现在,小陈遇到事情,会自己检查自己了,会反思自己做错了什么,当犯错看到我时,眼神里充满了愧疚;当受到别人的肯定时,眼神里充满了坚定。我享受着孩子给我带来的幸福,我为能成为小陈生命中的重要他人而感到幸福,我也更坚定了让孩子沐浴在爱的阳光下的信念。

享受着教育过程的幸福

岁月迈着匆匆的脚步永不停息地向前走着,它企图以时间的距离让人们淡忘一些往事。它永远都不会明白,有些往事已经被人们保存在自己的记忆深处,又怎么能够让人忘却呢?

思绪把我带回到了学校的餐厅,那一年我带的是初二,在食堂里碰见了三(12)班的班主任胡老师,胡老师一看见我就对我开玩笑说:"快要当外婆了啊。"我连忙问:"啥情况?"胡老师说她班上的一个男孩看上了我班上一个叫小李的女孩。一听到女孩的名字,我心里"咯噔"了一下,小李是班里最难管的孩子之一,天天迟到,作业不做,每天身上都喷着香水,上课会莫名其妙地发出"咯咯咯"的笑声,笑完又会突然哭泣,然后是抽纸擦鼻涕的声音。跟同学交往也像带刺的玫瑰,动不动就刺同学一下,所以在班里小李几乎没有朋友。尽管小李的状况层出不穷,但我从心底里还是非常同情小李的,小李的父亲在她很小的时候就因车祸去世,母亲改嫁,脾气暴躁,想教育女儿的时候就暴打女儿一顿。我心里抱着一丝侥幸,问胡老师:"你班里的那个男生品性正直、善良吗?优秀吗?"胡老师摇摇头说:"是班里最难管的孩子。"

听完胡老师的话,我心里有点着急,急匆匆地往教室赶,到教室后把小李叫到一边,旁敲侧击地过问了这件事情。小李一言不发,我又真诚耐心地对小李说:"老师希望你把全部的精力都用在学习上,学会跟善良、正直、勤奋、执着的有优良品性的孩子正确交往。"当天下午,小李倒也平安无事。

晚上,我接到了小李妈妈的电话,说小李没有回家。我猜想小李应该跟那个初三的男孩在一起,就联系了胡老师,胡老师联系了男孩的父母,确认男孩也不在家。在胡老师的帮助下,我们找遍了男孩常去的地方,找遍了彩虹桥学校附近的大街小巷,最后在离学校很远的一个网吧里找到了他们。小李见到我们有点不安,有点害怕。我轻轻地对小李妈妈说:"孩子长大了,你不能再用简单粗暴的方式去教育孩子了,你要学会跟孩子好好交流和沟通。"小李妈妈表示认同。我又对小李说:"你不知道妈妈和老师是多么着急啊,多么担心啊。快点跟妈妈回去,好好睡个觉,老师明天再好好跟你聊。"

第二天,等小李上学之后,我跟小李真诚耐心地做了一番沟通,并且给小李找了一些关于如何交友的好文章。然后我在班里召开了"让爱长留我们班"的主题班会,要求每个孩子都给小李写几句鼓励帮助的话语。读着同学们写给她的鼓励帮助的话语,小李流下了感动的眼泪。我又在班里组建了互帮互助小组,经常给小李提供帮助,关心小李,让小李慢慢地融入班级这个大集体中。我用爱心和耐心,尊重小李、理解小李,让小李有归属感和安全感,让她树立正确的人生目标。

我知道学生的改变是很缓慢的,有时还会出现反复。我一心牵挂着小李,对小李的表现时时关注着,经常跟小李真诚沟通并跟小李母亲保持联系,一有异常情况我就马上进行教育。慢慢地,小李违纪的现象少了,学习成绩也慢慢地提高了。同学们也感受到了她的变化,跟小李越来越亲近,对小李也越来越尊重。

快毕业了,在家校本上我收到了小李这样的一段话:老师,您是对我最好的老师。以前,我总是饱受老师和同学的歧视,而在我们班里,我感受到了您的真心,您的付出,谢谢您为我所做的一切。

读着这朴实但发自肺腑的语言,我的幸福感油然而生。有一种态度叫享受,有一种感觉叫幸福,享受着教育过程的幸福,我就多了一双发现美的眼睛;享受着教育过程的幸福,我就能从平凡中感悟出成就。

在奔跑中蜕变

"一声枪响,你冲出了起点,向前飞奔而去,你甩开双臂奋力前冲的身影牵引着我的目光,你是跑道上最美的风景,也是我眼中永恒的最美的风景。"

"你坚持着,1500米的征程,你急促的呼吸与沉重的步伐把属于你的乐章谱上高潮,你的眼神是坚毅的,你的步履是沉稳的,每个脚步声都是铿锵有力的,响在我的心中,你是与暴风雨同时出生的,但风雨的洗礼只会让你更坚强,你是成功的前奏,我为你竖起大拇指!"

"当你冲破风雨冲过终点线,所有人为你欢呼,掌声和喝彩如潮水涌来,你笑了,灿烂的笑容像冬日的阳光,那么夺目,那么温暖,你谱写了一曲雄浑的生命乐章,而你不知道,这乐章轰鸣在我们的心中,鼓舞着每一个青春的生命,听! 鼓点已经敲响……"

这是校运动会后的学生作文中的部分文字,他们笔下的"你"是运动健将吗? 不,她只是一个普通的学生,初中三年第一次参加运动会,成为一名运动员。下面依然摘自学生作文:"虽然你没有取得好的名次,没有为班级挣得分数,但你挑战了自己,给了自己精彩,也给了我们震撼,因为这,我愿为你歌唱!"

为什么一个没有获得名次的参赛者会成为众多同学共同关注的对象,又成为学生作文的鲜活材料,成为他们反思自己的镜子,成为他们歌唱赞美的风景呢?

这是一个美丽的故事。

"谁来参加女生 1500 米长跑?"运动会报名截止日的下午,我在简单细致的动员后问埋头做题的学生,我知道对于我们这个没有女运动员的班级,面对两届运动会女生得分仅为个位数的现实,这个项目是一种挑战,我本没有多少信心,但空着总太难看,轻言放弃总说不过去,我总得抓住机会让学生接受挑战。当然我也不强迫。环顾四周,沙沙的写字声停下,教室里陷入了沉默。有点看好戏的幸灾乐祸的男同学的声音响起,也有女生的细碎的声音悄悄响起:"你去吧,你跑得快的。""我才不要,累死了!""傻瓜才去呢!"我的目光在教室里扫描,终于落在她的身上,但我又移开了。她是个让人头疼的学生。

我们似乎一点也不喜欢她。在这个班里,她总是独来独往。臃肿的身上套着的校服总是特别皱,仿佛经过特别的揉皱处理，让人看了不由得皱起眉头。本该白色的部分却总是混着些不清爽的灰黄色，两个袖口更是乌黑一片。她的脸色没有青春少女的粉白，而是黑黄色，好像总没有洗干净。浓眉大眼，扁扁的鼻子加上肥厚的嘴唇，透着一股憨劲，加上总是怯怯地，一声不吭、一成不变的低眉顺眼，使她在班级中是那样格格不入。在如朝露灿烂如鲜花般的女孩中间，她无疑像备受冷落的丑小鸭，甚至连隔壁班的男生也注意到了她，送她一个"美女"的称号，而听到那刺耳的声音，她只会眼皮一耷拉，低头坐到座位上埋下头去。

我曾经无数次找她谈心，了解她的情况，也曾经与她的家长联系，解决衣着问题，后虽有所改观，但情况没有特别改善，她的父母忙于生计，有限的关爱给予她尚幼的弟弟犹不够，实在不能给她什么。她早已习惯自给自足，生活在自己的世界里，或在虚拟世界中寻觅点温情。也许她的心门习惯紧闭，当然也不愿为我开启。这一点我一直牵肠挂肚，但苦于没有机会。

想到她在暑假里训练游泳时留下的"悬案"，我不想善罢甘休。酷暑里她也曾在泳池中为中考而奋斗，模拟考后又特别加强冲刺，无奈成绩总不理想，不稳定。我做了许多工作，她一直没有说弃考。到临考前上车，却临时变卦，问理由，一张冷脸无可奉告。那时我气愤和郁闷的感觉今天依然深刻。何不激激她，让她历练一次？她毕竟要参加明年的长跑，何况她结实的身体应该能有足够的能量接受1500米的挑战。

"你要不要尝试一下？你可是逃不过中考的长跑的，当初你游泳弃考时答应过老师一定能通过长跑的。这次先预演一下，给自己点信心，何况运动会你一次也没有参加过。"听了我的话，很多同学也附和，也怂恿她参加，当然其中有明显的倾向。她抬头，又低头，良久，迟疑的她终于用我看得懂的目光回应了我的期待。"老师，我报名参加。"在同学的议论和惊讶中，我分明看到了震惊、疑惑，但也有不屑，而我也看到了自己内心的忐忑。

我做对了吗？

运动会前，我再三确定她自愿参加，身体素质良好。

运动会前，我提醒同学享受运动的快乐，用慧眼关注，用慧心感悟，用妙笔记录。

在冬日的绿茵场边，我带着同学为她壮行；在环形跑道边，我们为她呐喊加油；在终点，我和她的同学像迎接凯旋的将军一般迎接她，让摄像的同学记录下许多难忘的瞬间。

终于，丑小鸭绽放了她的美丽，而她的同学也惊异地发现，原来她是如此美丽。美在勇气，美在坚持，美在自信。我欣喜地看到，一群同学簇拥着她，脚下是仍坚持着绿意的草地，天上是冲破乌云的金色阳光，她的脸上是久违的笑容，羞怯又从容，坦然又沉静。

"静静地注视着自己，一直以为这身体里什么也没有。但今天我惊讶地发现，自己竟然蕴含了如此多的能量，爆发出如此浓烈的热情。也许真正的强者不总是咄咄逼人的，我也可以从容地面对，可以成为强者。我虽落后，但依然是我的舞台的主角，我赢得了掌声，我证明了自己。我的生活翻开了新的篇章。"她在作文中这样写道。

"今日,她的生命已怒放。她怒放的生命提醒我,只要有勇气接受挑战,我也可以美丽。"她的同学这样写道。

运动会后,我在班中举行了一次特别的颁奖会。在颁发给她的特别奖的奖品——一本硬皮抄的扉页上,我写道:"愿你的世界里永远拥有这份温暖。"硬皮抄的封面,是一片美丽的树林,黑笔勾勒,丛林幽深处,是两个让人怦然心动的字:暖,暖。

每一个孩子都是一朵绚丽的鲜花

　　回想自己从教的这二十年,多少酸甜苦辣,多少欢乐忧伤,都积淀成了一本厚厚的画卷,每一页都值得我去品味、去思索……作为教师,特别是班主任,肩上总有一份沉甸甸的责任感,偶尔望向金秋的累累硕果,心中也常常会掠过丝丝欣慰。

　　去年我接手初一新生,本着用一颗真诚的心做教育的理念,我全身心地投入,期望建立起我理想中的"健康、快乐、阳光、上进"的和谐班集体。可班里总有一个不和谐的音符——小胡,让我头痛不已。他经常低头听课,不主动回答问题,对老师的提问总是闪烁含糊地回答;家庭作业经常不做,特别是双休日的作业更是让科任老师头疼;课间活动在班里经常与一位陈姓男生吵嘴,动辄打架,多次谈心教育也没什么效果。

我决定先请家长过来沟通,详细了解,然后再找对策。经了解,原来这是一个特殊家庭的孩子——父母离异,他被判给了爸爸,可爸爸又再婚了,娶了一个年纪比他大不了多少的后妈。后因一些生活琐事,他与后妈的关系越来越僵,因此他总是觉得他被父母遗忘了,形成"破罐子破摔"的心态。了解了他家的特殊情况后,我内心久久不能平静。缺少爱,家庭的不完整引起的自卑心理,导致了他心灵世界的荒芜,才让他有了这样一种性格。面对这个孩子,我知道只有先走进他的内心,融化他心中的坚冰,才能慢慢被他所接受,才能达到预期的教育效果。于是,转化他的行动在悄然中进行。

要纠正小胡的不良行为,首先要打开他心灵的锁。由于他不乐意后妈管他,身上的衣着也相当不整洁,我总会在经过他身边时不经意地替他翻好皱皱的衣领,在他头发过耳时轻轻地提醒"该理发了"。我以一个女班主任特有的细心关注着他,让他感受到一种类似母爱的温暖。在教学"感受爱"的那个单元时,我抓住时机,给他准备了一本很可爱的日记本,让他每天写写自己的喜、怒、哀、乐,每天放学以后读给我听一听,学会与别人分享快乐,让别人来分担忧愁,从而找到平衡感:有人关心我,也有人重视我。接着我又教小胡学会合理使用零花钱,我给他买了一个时下最流行的"愤怒的小鸟"储蓄罐,让他把储蓄罐保存在我这里,就像定期储蓄,也可以按需提取。天气热时,我会塞给他五元钱去买水或饮料;当发现他常常向同学讨笔用时,我又悄悄告诉他该买支笔了……渐渐地,小胡觉得钱够用了,为了找钱而扯的谎就少多了。

之后,我又花了大力气让小胡习惯于天天做作业,天天好好做作业。我抓住他动作快的特点,利用午间、下课的间隙,提早给他布置作业、批改作业,在全班同学面前表扬他学习效率高。碰到双休日,我又经常打电话查询他的作业情况,有时小胡作业做完了,我就借书给他看,让他不要贪多,每天看一页,每次到校讲给我听,渐渐培养他回家看书、动笔的兴趣,并慢慢巩固成一种习惯。

我用"心"持之以恒地教他遵守纪律,尊敬师长,团结同学,努力学习,做一名好学生。在校园内遇到他,我会有意识地先向他问好;只要他的学习有一点进步,我就及时给予表扬、激励,使他处处感受到老师在关注他、关心他,他也逐渐明白了做人的道理,明确了学习的目的。

通过一年的努力,小胡的进步是明显的,他上课开始认真起来,作业也能按时上交,第二期期末各科测试成绩都能达到及格。与同学之间的关系也改善了,各科老师都夸奖他。他的眼睛里少了一份惘然,多了一份自信。脸上不见了那种无谓的神态,增添了几许灿烂的笑容。

在他的身上,我感受颇深。我认为我们老师只要用"心"育人,在最恰当的时候我们付出了一杯水,收获的也许就是一片海洋。我们只要真心去关爱他们,他们一定能感受到。著名教育家苏霍姆林斯基谈到后进生时说:"这些孩子不是畸形儿。他们是人类的无限多样化的花园里最脆弱最娇嫩的花朵。"是的,每个孩子都是可爱的花朵,有的如傲放的月季玫瑰,花香四溢,令我们喜爱;有的却如山谷里的野百合,虽然也开了,但是不起眼不亮丽;还有的需要等待,等待他们的迟开。

我愿用我的真心去培育这些迟开的"野百合",因为我相信:在教育的花海中,每一个孩子都是一朵绚丽的鲜花!

点燃你的希望之火

9月,是新生开学的日子,他们怀揣着憧憬、梦想。9月,也是毕业生最惦念母校的日子,在教师节期间,他们成群结队地回校看望老师。

那天,当他们兴奋地谈论高中生活的时候,有一个学生突然说:"老师,是不是该让我们跟学弟学妹说说了?"他的提议得到了大家的一致赞同。好啊,这果然像接力,上届学生给他们提了不少建议和要求,现在轮到他们了。"我先来说。"一旁的黄子轩说,"我要跟他们讲讲人品的重要性。"人品?望着眼前这个高高个子、满脸自信的学生,我不禁感慨万分。

上届初一,开学的前三天,学校安排新生军训。说实话,当班主任十多年了,开学军训,这还真是第一次。看着威武的教官，我想象着军训后整齐的队伍，心里踏实了很多。可是，没想到，不到一天，教官就向我告状，说有学生根本不听他指挥。

或许看到我在，很多学生有模有样，操练得很起劲。可是，始终低头的他非常显眼，我就这样先认识了他。教官跟他讲，他低着个头，教官把他的脸扶平，等手一放下，他就马上执拗地低下了头。我不禁叹气，这又是一个个性十足、难以教育的学生。

怎么办？军训期间，我苦苦思索。好好讲，他好像并不理睬，冷落他，或许班里就多了一名差生。会操的那天，天特别热。我跟在队伍的旁边，走向主席台，关键的一刻他抬起了头，大家昂首挺胸，步伐整齐，结果是我们班获得了会操一等奖。这一刻，也让我突然有了信心：我能帮他进步。

正式上课，又多了一个发现，上课他几乎不抬头，经常玩手指。任课老师批评他，他还顶嘴。平时闷声不响，不大合群。联系他的家长，说在家里也很难说话。但在和他妈妈的谈话中，我感到他妈妈是个很通情达理的人，这让我宽心了很多。这时我看到了他的随笔，字里行间流露着他爱看书，阅读量倒不少。虽然选择的书有偏差，一个男孩子那么的多愁善感，但毕竟让我看到了希望。我告诉他，我要他当我的英语课代表。他有些吃惊。我说，严老师相信你能胜任。并且我还告诉他，我上届的两个英语课代表中考都非常出色，考上了金华一中。

当课代表，每天收本子发本子，他每天都要到办公室两次。尽管不说一句，但我看到他不讨厌做这一件事。有时看到他上课又在玩手指，我就在他交本子时，把他叫住，提醒他上课专心听讲。他经常会马上回击，说我又没有不听。我知道他想保护自己，只是耐心地告诉他应该怎样听课。

一次、两次，我发现他到我这儿，不再马上就走了，有时好像有话要说。有一次大扫除，我特意安排他给我打扫办公室，没想到他干得很起劲，我不禁对他大大赞扬，他说在家里他也会干，并邀请我到他家，去看看他的书房。这一次后，他好像跟我的关系亲近了很多，再批评他时，他不再强词夺理。而且，他工作也更主动，同学没交本子，他会去催，会告知我上交的情况。初二班干部选举，他第一个上去竞选英语课代表。

初三，学习紧张了很多，跟家长的联系也多了。他爸爸说他小学时就比较叛逆，有一次，他爸爸实在忍无可忍，就打了他。没想到，他居然就打110报警，结果警察来到了他家。可是，如今他跟父亲却那么亲近，谈理想、谈学习，对自己的前途很有信心，完全变了个人。

听着小黄在新生面前侃侃而谈，我感到非常幸福。确实，有时候，老师的一句话，会影响甚至改变学生的一生。一个老师，要尊重学生的个性，因势利导地教育学生。对待这些学生，要有爱心、耐心、恒心，多鼓励，少批评，扬长避短，因材施教，培养他们健全的人格。另外，和谐的学习环境对学生良好个性的形成和发展起着决定性的作用。平时，班级的管理我一直坚持学做人和求学业并重，倡导一种平等、和谐、互助、合作的气氛，充分发挥班集体的力量和作用，利用集体荣誉感来教育学生,效果也非常明显。

　　我很佩服的王金战老师说过:一个学生成功的标准,是通过学习的过程,能磨炼出顽强的意志品质,培养出强烈的责任感、自制力、自信心。我愿点燃起希望之火,助孩子们成功。

不安分的你让我成长

国内外大量研究结果表明,智力优异儿童约占儿童群体的1%—3%。作为一名教师,几乎每一届学生中都会遇到一个或几个智力超常的学生。通常智力超常的学生,不但学习成绩好,各方面表现也都不错。但有时也会遇到个别不安分的,上课不遵守纪律,还会向老师提一些不着边际的问题。

我就遇到过一位这样的学生,在小学时参加数学竞赛总能得一等奖,所以在小学时就已经小有名气,只要提起他的名字,几乎全校师生都知道。但他在上课时只能安静十几分钟,而后就会与其他同学讲话,或影响其他同学的学习。因此,有时会听到一些同学或老师对他的评价是:"他的学习成绩不错,但不遵守纪律,要与老师作对。"甚至有人会说:"他的成绩好,但品性不怎么样!"

他是2004年9月时转入我班里来的,在平时上课中,我发现他思维非常活跃,对上课过程中提出的一些问题总能及时作出反应。但是他又非常调皮,沉不住气,精力旺盛,十分吵闹。他在转到我班里之前并没有参加信息学竞赛,信息学方面的基础知识一般,但数学基础很好,思维活跃,我觉得他是一个难得的人才。于是,我就安排中午休息时间请学校的信息专家陈老师对他进行个别辅导,经过两三次的个别辅导,陈老师发现他的接受能力特强,超乎陈老师的想象。回溯算法是信息学竞赛中常用的一种基本算法,在平时的辅导过程中,一般学生通常需要分析讲解多个例题后才能掌握,而他只分析讲解了一个例题,就能掌握并运用,真是让人喜出望外。他的自学能力非常强,思维敏捷、记忆力好,并且具有较强的好胜心。经过一个多月的辅导,在参加市、区信息学竞赛中均荣获一等奖。在浙江省青少年信息学竞赛中,首次采用机器阅卷,程序运行结果不仅答案正确,而且输出格式也必须完全一致,由于平时没有进行针对性的练习,一时不适应,他只获得了省三等奖。

初二年级第一学期的学习还算平静,但随着时间的推移,到了初三时,他开始变得不安分,经常破坏课堂纪律和影响其他同学的学习。由于他对信息学特别感兴趣,为了让他在信息学方面有所发展,我经过与陈老师及他家长的商量,除了语文等部分薄弱课程回教室上课,晚上在家时由家长督促,适当地做些数理化方面的练习题,其余时间都到陈老师办公室学习PASCAL语言,每天布置一些题目进行编程练习,并进行一对一的个别辅导。为了便于与他人探讨与交流,陈老师推荐他加入"大榕树"论坛,结果在短短的几个月时间内,他从一个普通会员一跃成为一名论坛"斑竹"。经过一段时间的努力,他不仅取得了市、区级的一等奖,而且还获得了全国青少年信息学(计算机)分区联赛的一等奖,这是学校在信息学竞赛中取得的第一个全国一等奖。

超常学生通常都有较强的自学能力,有自己突出的学习方面的优势和较强的个性特点,他们往往希望能根据自己的兴趣、爱好,多学点知识,而不愿意受统一教学计划的束缚。让他们与其他同龄人规矩地坐在一起,就无法充分利用课堂时间,满足不了他们的求知欲与表现欲,久而久之,会让他们逐渐失去对学习的兴趣,导致不愿听课、不守纪律等一系列问题。因此,对待这样的学生,如果能根据他们的特殊优势或潜力,在老师的指导下制订相应的学习计划,对他们实施彻底的因材施教,将会取得突出的效果。

作为一名班主任,要有一双善于发现的眼睛,让每一个孩子根据他自己的特点苗壮成长。我欣慰自己捕捉到了他不安分后面的聪慧,一起跟着他成长。

肆/

我的演讲

不忘初心、厚积薄发

敬爱的浦江实验中学的领导,亲爱的同行们:

大家开学好!

感谢金校长给了我这个美好的机会,让我在开学初有机会来魅力无限的浦江来一场说走就走的短暂之旅。金校长让我跟浦江实验中学的同行们说说自己的成长、教学工作和班主任工作的一些经验。说真的,浦江实验中学是一所非常有文化底蕴的学校,在座的都是非常优秀的我的同行,所以今天我在这里其实内心是非常忐忑和不安的,与其说跟各位亲爱的同行交流经验,不如说自己很有幸跟大家谈谈自己的一些微不足道的做法。

我其实跟浦江实验中学的老师是很有缘分的,我最早认

识的老师是谢红叶老师,2000年的时候浙师大专升本考试我
跟谢老师在同一个试场。我当时没有带笔就进了考场,是坐
我邻桌的谢老师借给我笔,我才顺利完成了考试。后来做了
三年函授同学,印象最深的就是谢老师穿的衣服总是很美,很
优雅。当时的自己还是个女孩子,很爱臭美,偷偷去买跟谢老
师差不多的衣服,可是怎么穿都穿不出谢老师的优雅和味道。
也悄悄地问过谢老师咋回事,谢老师爽朗清脆的笑声至今还
在我耳边回荡:"这有什么呀,我们学校的老师都是这么美
的。"我当时心里想浦江实验中学怎么这么高大上的,不仅育
人,还专门养育美女老师。多年以后慢慢明白,有深厚文化底
蕴的浦江实验中学孕育出来的眼里有故事,脸上无沧桑,心里
有温柔的老师们当然是怎么穿衣怎么美的。

　　第二个认识的老师是张向英老师,我们在金华市首届特
级教师带徒活动中一起成为金跃方老师的徒弟。我是所有徒
弟中最小的,向英是我的师姐,这个师姐在我的眼中就像"神"
一样的,永远正能量满满,精力充沛。这么多年来,我觉得自
己只有两样东西比师姐好,其他方面师姐都是要甩我好几条
大街的,虽然我今天坐在主席台上,师姐不得不暂时抬起头仰
望我一下,我还是有点不大敢说哪两点比她好,实验中学的同
行们来点掌声给我鼓励吧。谢谢掌声,我说了啊,一个是上
课,一个是吃。我觉得师姐上课是上不过我的,但是我讲座是
讲不过师姐的;另一个就是我是一个地道的吃货,师姐不是。
我今天讲完后,师姐千万不要拿砖头砸我。

　　第三个认识的是英语组的一个美丽小姑娘,很抱歉我没

能记住小姑娘的名字,去年十二校联谊赛课时我在场当评委,听过她的一堂课,不管从自身素质还是设计理念等真的都很棒,也让我看到背后实中英语教研组的力量非常强大。

说了这些,大家也就明白了我为什么会忐忑会不安了,因为在优秀的同行面前说自己做了一些比较美的事,实在是有点自恋了。按照金校长的要求,我先讲讲自己的成长史,然后再跟大家一起聊聊自认为班主任做得比较好的三个方面。

我当老师纯属偶然,我1994年高中毕业,考入的大学是温州医学院,而且是当时最热门的眼科系。因为自己是个早产儿,从小体质都不太好,当医生是自己从小到大的愿望,从未改变。在医学院前两年学的基本上是公共基础课,在幸福地过了一年半多的日子后,一直到开始上手术解剖课,才发现自己是严重过敏体质者。因为解剖的尸体都是福尔马林浸泡过的,我只要一上解剖课,全身马上会起一颗一颗红疹,连头皮上都是,浑身发痒,还会持续低烧。看遍温州的医院都看不好,辅导员看我实在可怜,向院领导汇报了我的情况,后来他们同意我重新参加高考,档案先保存在温州医学院,等我考到哪个学校再帮我转到哪个学校。我高中学的是理科,因为自己很早上学,年龄比大部分同学小两岁,重新参加高考是最佳选择。我4月份回金华,当时高考时间是7月,而物理、化学、生物这些我已经很久很久没有接触了,短短两个月时间拿来刷题是不够用的。后来跟父亲商量改学文科,因为我的记忆力比较好,语数外三门的成绩一直还比较稳定。父亲给我找了浙江师范大学边上高村的一个高复班,高复的两个月是我读书生涯中最认真的两个月。因为自己是一个农家的孩子，读书是我唯一的出路，而且当时的情况根本没有退路。所以这两个月我做到了真正的专注和心无旁骛，这两点品质的养成对我后续的学习工作有很大帮助。天无绝人之路，我最终考上了浙师大外语系专科，虽然从原先的一本到后来的专科，心理有很大的落差，但至少是有地方读书了。很幸运自己这一届专科是三年制的，也很幸运遇见了一个特别要强的班主任应单君老师，她对我们要求非常严格，用近乎本科生的要求来要求我们。三年的专业积累让自己后来的教学工作如虎添翼。我是校优秀毕业生，本来是可以留城的。但当时比较单纯，觉得哪里都比不上自己的家乡孝顺镇好。我回去的那一年，孝顺镇中心小学缺一个教师编制，1999年的时候孝顺镇小学英语还没开设，所以叫我去教语文，我想想自己努力学了三年的专业派不上用场，心里是不甘心的，后来就去了离孝顺比较近的付村初级中学。虽然读大学不太顺利，我还是觉得自己是比较幸运的。从这段经历中我悟到了一个道理：看起来难以做到的事情，必须韧性十足，坚持，再坚持，直到成功。我一入职，学校就安排我教一个初三班和一个初一班，并且担任初一班主任。当时学校最有名的一个英语老师叫傅燕平老师，她是代课老师出身的，我没有因为自己是英语专业毕业沾沾自喜而轻视老教师。新手上路，有太多不明白、不清楚的地方，我谦虚地随时随地请教傅老师。傅老师非常好，总是不厌其烦地在教育教学工作上帮助我，指引着我。在交往中，我发现傅老师的优秀是靠自己的拼，自己的那股劲而获得的。看上去游刃有余的傅老师,总是很勤奋。在傅老师严谨的治学态度、精湛的教学技艺指引下,我更刻苦钻研,对教学、对孩子有更多爱心与耐心。一年教完后,学校安排我教两个初三班,并担任一个初三班的班主任,第三年、第四年还是两个初三班的教学和担任一个初三班的班主任。工作第三年的时候,我获得了金华优质课一等奖,当时金华还没有分为金东区和婺城区。付村四年,满满都是教学积累中的幸福回忆,导师级别的前辈傅老师给我种种启示,用行动诠释着教育的魅力。在人生一个重要而特殊的时期遇见一个又一个恩师,是自己一生的幸运,这些睿智的充满正能量的恩师能帮助自己成为智者,成为行动者。如果说前面四年对自己来说有一点遗憾,那就是因为自己的不懂事而破坏了一副好嗓子。付村初中当时有六个班,自己除了负责两个班的正常教学外,学校还把每个班最好的一部分学生又组成一个班,这个班的英语教学也是由我来承担的。付村这些年,相当于自己有三个班的教学工作量,但因为自己用嗓不正确,再加上嗓子长久处于超负荷状态,长息肉,硬生生破坏了一副好嗓子。想想自己读高中的三年,班里的歌都是我教的,唱《青藏高原》毫不费力,真的很可惜。由此也告诫年轻的老师们,虽然铁担子是由铁肩膀挑出来的,但是一定要懂得爱惜自己,保护好自己的嗓子,为了正确用嗓,老师们可以考虑学一下声乐!声乐对正确用嗓的帮助还是很大的。

2003年8月,我调入曹宅高级中学,曹宅高级中学不是重点中学,它最有特色的是美术教育。在曹宅高级中学,我一待就是5年,教了两届高三,带出了三个中国美院学生,这是曹宅高级中学历史上的最好成绩。在曹宅高级中学的教学中,我碰见了一对父子学生——施晨光和施正浩,施晨光的父亲施明德是有名的山水画家,现在已经一百零三岁了,非常有名。施晨光原先是一个厂的厂长,因为儿子有自闭症,所以关掉厂陪儿子来就读。施晨光没有一点英语基础,确实是我一点一点教起来的。他来读高中时已经五十岁了,虽然年纪有了,但是阅读面很广,文采非常好,自身的素质很不错,后来考到了南京航空航天大学美术系。儿子考到了景德镇,儿子考不过老子。我在2005年下半年结婚,先生是位医生,算是实现了自己从小到大当医生的半个理想。我当时婚假就请了三天假,怀孕时一直当班主任,还承担了两个班的教学工作,因为这届学生当时已经高三了。因为施晨光父子的关系,2006年这届学生毕业时,金华的报纸以及一些电视台都对施晨光和我做了一些访谈节目。我只是觉得自己还是比较喜欢当老师,只是做了自己应该做的事。曹宅高级中学虽然是一个名不见经传的学校,但是在这个学校我也收获了很多,我在这里完成了人生中最重大的事情:结婚生子,2006年顺利评下中学一级,2008年评上了金华市优秀班主任。5年的曹宅中学的经历让我感悟到:不管在任何地方,只要你想成长,你就能成长,只要你想成为最美,你就可以成为最美。同理,坚持努力埋头从事"看似平凡的工作",人生之路没有像电梯一样的便利工具,只能依靠自己,一步一个脚印地前行。一步一步的积累会产生魔法般的加成效果,唤起更为强烈的奋斗意识,最终实现从量变到质变的飞跃。

2008年8月，儿子22个月，开始考虑上幼儿园，我突然有点想进城了。可是进城的调动在金华还是比较难的，金华已经分区，高中市里直管。我心里想要是有招聘就好了，没想到2008年8月中旬金东区多湖初级中学和金东区实验中学区外招聘一名英语教师。知道消息后，我精心准备了一个星期左右理论知识，专业方面因为自己带了两届高三，问题应该不大。果然，招聘考试中我以笔试和面试都第一名的成绩顺利进入金东区多湖初级中学。2009年上半年，我获得金东区优质课一等奖第二名，因为嗓子音质的问题，没能到市里参加比赛，很是遗憾。2009年下半年获评金东区教坛新秀，我是第一名，但是局里讨论送市里的时候，还是送了上一届去市里参评未评下的金东实验中学的郑艺老师。她确实是一位非常有实力的老师，自己当时还是很委屈的，但是静下心来想想，自己尽心尽力过就问心无愧了，要积极努力改变自己的心态。局里这样考虑自有它的道理，也许我确实是火候未到。我用大卫·塞林格在《麦田里的守望者》中的一段话来安慰自己：记住该记住的，忘记该忘记的，改变能改变的，接受不能改变的。在前进的旅途中，遭受挫折的人，不管周围的环境多么困难，为了实现愿望，思考的是如何解决问题，如何让自己的实力更加强大，鼓足勇气，信念执着，奋勇前进。

2009年到2011年，我潜下心来，精心设计新颖实用的教学方案，通过精炼独特的提问角度使整堂课的教学过程清晰简明；我深入解读文本，循循善诱，充分尊重学生，鼓励学生，课堂活动丰富,重视能力训练……有了前面这些年的积累,在我前行的旅程中,每每在山重水复疑无路时,我能又见一片柳暗花明。这两年,我做课题,静下心来写了很多篇论文。2011年,我参评中学高级,局里说35周岁以下原则上不考虑,但是有市级荣誉可以考虑。当时我连34周岁都未满,但因为自己有金华市优秀班主任这个荣誉,再加上自己事事都做到尽善尽美,无可挑剔,那年的中学高级考试我考了整个金华大市第一名,教案上课都是优加,局里就把我送到了市里参评,结果一路顺风,顺利评下中学高级,成为金东区最年轻的中学高级。2012年下半年,教坛新秀又开始评比,经过几年的安静积累,这一次我终于如愿以偿顺利评下金华市教坛新秀。这让我明白:坚持努力埋头从事“看似平凡的工作”,人生之路没有像电梯一样的便利工具,只能依靠自己,一步一个脚印地前行。一步一步的积累会产生魔法般的加成效果,唤起更为强烈的奋斗意识,最终实现从量变到质变的飞跃。2012年暑期,我在报纸上看见百年名校金华五中的招聘信息,当时对我最有诱惑力的不是因为这是所百年名校,而是因为如果自己被录用,孩子可以无条件就读金师附小,对一个母亲来说,没有比这更有诱惑力了。我报了名,没有抱太大的希望,8月22日接到五中电话,让我参加上课试教面试,现在的张震雷校长当时是书记,他又重新面试了我一遍。8月26日,我接到了五中电话,说把我当作人才引进,重新建档。挂断电话,感觉自己就像是被一个馅饼砸了一下,幸福的泪水模糊了我的双眼,感激、紧张、期待。我对自己说要更加努力,不负五中给我的这次机会,要更加优秀不负命运的这场安排。进入五中才发现,五中优秀的老师实在是太多了,身在五中,那一份责任,那一份担当,那一份"不用扬鞭自奋蹄"的努力就在。能用自己的辛勤努力为五中增光添彩,苦着、累着,也是快乐、幸福着!犹如"小草"的我在五中领导的严格要求下,在同事们手牵手的呵护下,再一次开始成长,在婺城区首届教师梯队培养中,我获评婺城区名师、金华市智慧班主任,然后又成为金华市"1155"工程名师培养人选。在五中,在新的起点,在我最崇敬的德才兼备的张震雷校长的支持和信任中,在亲爱的同事们的呵护和帮助中,我继续不断成长。

下面我开始讲讲我自认为班主任工作中做得比较好的三个方面。

第一,用好家校本以及每周一篇的针对性文章,不断激励和指引学生,将班级管理得有声有色,班集体始终洋溢着生机活力。

我们班的家校本是我自己设计的,分为两面,一面记录作业情况,一面是学生小结、家长反馈和班主任反馈,学生小结这一栏空格最大。初一新生刚进校的前一个月,我要求学生写的小结基本上是针对班级当天发生的一件事情,比如纪律、就餐、出操、同学相处等问题。不要求他们长篇大论,一两百字就可以,以陈述和表达自己的观点为主。等一个月后,学生们逐渐适应了初中的生活,那么就让孩子们根据自己的情况写小结。初一这一年,班主任反馈这一栏我做得非常勤快,每天对每个学生都会有回复,写得比较好的学生小结,我会在中午饭吃完后回教室在自习课上跟大家分享,同时也分享到家长群里。这样做便于自己及时了解学生的思想动态,有问题可以及时跟学生沟通和交流。除了家校本沟通这一块,我也会根据班级中出现的一些问题,找一些相关的阅读材料或者自己整理一些资料,指导学生怎么来解决问题。比如刚入学的孩子,面对着新的初中生活,他们真的会不知所措。针对这种情况,我就给孩子们整理如下资料:第一周亲子阅读,家长应配合老师做的几件事(这几件事在本书"亲子阅读"部分有详细阐述)。

第二,抓住学校一切评比的机会,教育学生从"他律走向律他,最后走向自律","以制度管人,而非人管人",每个孩子每天努力去自我约束,自我管理,日积月累,班级的正气就形成,学生的精神气就出来了。曾国藩说过:"盛衰在气象,气象盛,虽饥也乐,气象衰,虽饱也忧。"

从学生进校的第一次大扫除开始,我就把每个学生的工作仔细分配到位,要带的劳动工具交代清楚,然后告诉孩子即使是大扫除,我们也是最棒的,我也对学生开玩笑说,以后走向社会,因为学校这几年的大扫除训练,当个钟点工绰绰有余。就拿擦玻璃来说,一块玻璃面对面由两个学生负责,先用湿布擦一遍玻璃,然后再用报纸一点一点擦拭,最后再用干净的干布擦一遍,这样擦出来的玻璃真的是可以用来当镜子照的。再拿运动会来说,说实话,分班进来的孩子的运动能力真的不是班主任能培养和训练出来的,比如刚毕业的这一届孩子运动能力真心是比较弱的,但是这真心没有关系,三年运动会下来,我让班里的每个孩子至少参加过校运动会的一个项目,得不得分没有关系,至少你在五中的操场上奔跑过,至少孩子们开心过。比如短跑项目,人家厉害的又是预赛又是决赛,你跑不过别人,就当预赛决赛在一起享受了,享受运动的过程很重要。但是对于学校的入场式和广播操比赛,我是要求班里一定要拿一等奖的。我想这样做不是功利也不是为了满足自己的要强心理,我觉得我们当班主任的必须教会孩子向上又向善,努力又尽力。抓住学校的任何评比机会,不断地引导学生向上向善,尽善尽美,对把班级建设成积极向上、拼搏进取的集体起到很大的作用。在所有的学校评比活动中,我都是和孩子们一起努力,一起玩一起乐。在玩的时候,最能发现学生一些不易察觉的细节,最能抓住很多教育契机,最容易跟孩子建立亲密无间,真正走到他们内心里的那种真挚关系。我们平时很强调智商、情商、德商,我觉得玩商也很重要,会玩又会读书的孩子是最优秀的孩子。我平时还特别注意记录一些细节,做成可以给孩子们留念的纪念物(播放班级毕业的MP4,里面包含了孩子们以及孩子和家长们的很多很多活动照片)。我们张校长在开学大会上曾讲过当老师的几个层次:首先,"太上,下知有之"(意思是无为而治);其次,"亲而誉之"(意思是和蔼可亲,以亲以德感化学生);再次,"畏之";最后,"侮之"。我想,第一层次这样的境界比较难以达到,但是第二层"次亲而誉之"一定是可以实现的。

第三,现代教育家黄克剑说,教育有三个层次:"接受知识""启迪智慧""润泽生命"。教育的本质是在传授知识、发展智慧的前提下,润泽学生的生命,探究生命的意义,提高生命的质量。根据不同阶段出现的不同问题,我会通过精心上班会课做好教育的"启迪智慧""润泽生命"。

啰啰唆唆讲得比较多了,感谢各位同行认真聆听,今天我是故意穿着红衣服来的,祝福浦江实验中学红红火火,祝愿浦江实验中学今天比昨天更美好,明天比今天更辉煌。祝愿浦江实验中学的老师们具备幸福教师的所有特质。谢谢大家。

实干用心教育美,激扬年华勇担当

今天,我演讲的题目是"实干用心教育美,激扬年华勇担当"。

"和美金东,希望新城"是我们的梦想,但如此宏大的梦想靠谁来实现呢？毫无疑问,这不是一个党派、一个人的事,而是所有党派、所有人的事。

身处其中,又该如何奉献自己的力量呢？我以为,在平凡的岗位上做好自己的事就是最大的奉献！虽然微薄,但积小流为大海,积跬步至千里。

有这样一群人,他们是"唤醒百花争春梦想"的"春风",是"琢去璞玉凝重尘"的"利凿",是"划亮骏马自信光"的"伯乐",他们以理性精神与教育智慧引领着每一位学子,温暖着每一个家庭，和美着整个社会。因为教育是社会各利益群体关注最多的社会事业之一，做好了教育，就是对社会做出了巨大的贡献。他们有一个共同的名字叫老师，而我就是这许许多多老师中普普通通的一个。我是来自金东九三文教支社的严筱红。今天我想在这儿跟大家一起分享教育中的平凡的美。

真诚的心能释放能量，会让人生充满光芒。

我一直觉得，真诚是人与人沟通和交流的重要原则。教师是渡人的小船，教师的真诚就是学生的蓝天白云。

二十年来，学生教出了一届又一届，很多毕业出去的学生经常很惦念我，我就问他们，你们觉得严老师有什么好，让你们这么惦念。他们说："你有什么好，我们还真说不上来，反正我们就觉得您挺好的，特别真诚，这些年在社会大家庭中，我们用从老师这里学来的真诚，和别人相处时，能够做到吃亏在前，真诚以待，不太计较个人得失，能够从远处着眼，大处着手，一步一步，才都有了今天的成就。"听到这些，我很感动，当老师，热情的表扬是出于真心，严厉的批评也出于真心，出色的教育特别需要真诚的情感。真诚是两颗心最短的距离，真诚是鲜花，送之于人手有余香！

成功源于勤奋，勤快是开启事业大门的钥匙。

我们当老师的，学生的成绩是靠一道一道题目讲出来的，一本一本作业本改出来的，一次一次的个别辅导指导出来的，一次又一次的学生思想工作做出来的。没有勤奋的工作精神，是不可能有出息的。从教二十年来，学生带了一批又一批，每接手一批新的学生，开始的习惯养成都是要靠勤奋一点一滴磨出来的。我想说的是我是勤奋的,学生很多好的行为习惯和好的学习品质,就是靠老师勤奋加勤快,一点一点根植于学生的内心深处的。所谓的师生共同成长,我所获得的省教改之星、市教坛新秀、市优秀班主任、名师等各项荣誉也是这样一点一滴勤奋做出来的。

我与九三学社结缘已有八年多,九三学社对于我而言,可以说是塑造了我的价值观、人生观,九三学社组织开展了多种有影响力的社会服务活动,比如 2018 年 7 月 28 日组织社员参加金东区统一战线进戴店社区助力全国文明城市创建集中行动,比如我们文教支社现在每天去火车南站的志愿者活动,这些活动时时刻刻让我感受到组织文化,了解社会,增长才干,成长进步。九三社员们政治上的清醒坚定、作风上的求真务实,让我真正领悟到了"把每一件平凡的事做好,就是不平凡;把每一件简单的事做好,就是不简单"的真谛。我们主委也说过:"我们每位社员都要争取为九三学社增光添彩,就算做不到争光,也坚决不为九三学社抹黑。"这句话一直回响在我耳边,时时刻刻提醒我把大事做圆满,把小事做精细,把难事做稳妥,把易事做出亮点。而我也把在这些社会活动中的感触融入平时的教学中去,更好地、更努力地做好教育工作。这两者也是相辅相成的。

最后我想用一首小诗结束我今天的演讲:林中有两条小路,都望不到尽头,我来到岔路口,伫立了良久。一个人没法踏上两条征途,我选择了这一条,无怨无悔。也许,另一条路

一点都不差,那就留给别人去走吧,属于我的这一条,我要勇
于担当地走到天涯。

　　谢谢大家!

传承初三的精神,接好这一棒

尊敬的各位领导、老师、同学们:

大家好!

今天是7月1日建党节,7月正是火红的季节,今天的体育馆激情似火、喜气洋洋,我们金华五中这片神奇的土地上又一次开创了金华教育的新篇章。当我得知我们这一届初三以极其优异的成绩傲立在市区之首时,我无比兴奋与激动。初三的老师们要怎样呕心沥血、不眠不休,初三的同学们要怎样奋力拼搏、刻苦顽强,才有今天的成功,才能铸就今天的辉煌!现在,新一届初三的接力棒沉甸甸地落在我们的身上,我们深深体会到了责任的分量、使命的重量。世间万物,可临摹、可臆想,唯独教育真真切切地心心相传,师生共结善缘。所以,五中校园留下的不光是一代又一代学子勤奋努力的身影,还留住了五中文化的传承、历史的荣光,为了不辜负学校的重托、家长的厚望,我们新一届初三的老师们,一定会传承老初三团队精诚合作善打硬仗的工作作风,一定会传承一丝不苟业务精湛的职业本色,一定会传承任劳任怨爱生如子的人文情怀,让三尺讲台做我们的人生舞台,让白色粉笔来书画我们人生的精彩。

初二年级的同学们,时间平缓却又迅速地从我们翻阅书籍的指缝间,轻轻划过,猛然回首,却发现我们已经是步入初三的学子了。著名作家柳青说过:"人生的道路是漫长的,但紧要处往往只有那么几步。"再过345天,我们也面临人生的第一个十字路口——中考。亲爱的同学们,试着逼自己一把,不逼自己一把,你永远不知道自己可以多么优秀。用今年上半年最流行的电影《摔跤吧,爸爸》中爸爸教育女儿的一句话:你要以一种能让人们记住你的方式去战斗,如果你只得到银牌,要不了多久,你就会被忘记,假如你夺得金牌,你就会成为榜样,而榜样会激励孩子们,永远不会被人忘记。我们的眼前,正有中考这场战斗,现在,我们的征程已经过半,准初三的同学们,我们只有努力奋斗,才能让睿智和聪慧永远长在自己的骨髓里,才能像今天在座的学哥学姐一样享受成功的喜悦。"只要珠峰有顶,攀岩者的足迹就能踏上峰巅;只要大海有边,无畏者的歌声就能洒向彼岸。"亲爱的同学们,我始终相信一分耕耘、一分收获,让我们用勤奋拼搏去迎接初三的挑战吧!

亲爱的同学们,罗素说过,人生应该像条河,开头河身狭窄,夹在两岸之间,河水奔跑咆哮,流过巨石,飞下悬崖。后来河面逐渐展宽,两岸离得越来越远,河水也流得较为平缓,最后流进大海,与海水浑然一体。其实,这也正是学习的历程写照。走过这段最狭窄的地方,那些你吃过的苦,熬过的夜,做过的题,背过的单词,都会铺成一条宽阔的路,带你走进你想去的学校。希望明年的此时此刻,你们都能霸气十足地告诉学弟学妹们:哥和姐是众多学子争相传颂的不朽传奇!

　　谢谢大家!

春风化雨孕桃李,爱心雨露育成功

一、师傅领进门

作为金华五中"黄埔"——青年教师研训班的首届毕业生,我觉得自己是一个很幸运的人。我很幸运,因为在五中,我遇到了很多师傅。

研训班第一学期主要是班主任工作培训阶段。第一课是张震雷校长的"班主任工作漫谈","注意你的思想,因为你的思想将形成你的行动,你的行动将形成你的习惯,你的习惯将决定命运",这在我心里留下了深深的烙印。第二课是叶香美副校长的"班主任工作的慢艺术",让我好好反思自己的工作。我的性格脾气比较急,有时候舍不得花时间去等待,听了这堂课,我在处理学生的事情时开始放松,静下心来处理。然后是肖波老师的"学生伤害事故处理办法",让我明白班主任做事讲话都要注意,推卸责任的话不说,违法的话不说,只要工作细腻,工作肯定会做好。刘平华老师的"令之以文,齐之以武",让我明白了不要随便给孩子下定论,学会尊重孩子,学会主动撤退,在次要目的上主动撤退是为了主要目的,班级管理一定要持之以恒。成金莲老师的"失败 成功 困惑"让我明白了教育一定要注意细节,要持之以恒地做好细节,生动的成功的案例以及她在教育教学中碰到的一些困惑也引起我深深的共鸣。他们都是有多年工作实践的老班主任,他们的经验让我不断去深思。

而当时的现任班主任罗竹卿老师的现身说法,更是触动了我的泪点。我一直都觉得自己的班主任工作做得是比较认真细致的,跟罗老师一比,才发现自己还相差很远很远。我喜欢教师这份工作,但我远远没有像罗老师那样享受着这份工作,有时还经常会抱怨,看着罗老师这么优秀的班主任都如此努力地坚守着,我还有理由不努力吗?

最后是汪爱群老师的"教育过程中实现有效沟通的技巧和方法",让我明白许多时候,我们的教育,不在于你说什么,而在于孩子听到什么,不在于你做什么,而在于孩子感受到什么,注意孩子的感受,让孩子表达自己的感受,这样的沟通更有效。

感谢这么多优秀的师傅,掏心掏肺地指导着我的成长,心中满怀着对金华五中的感激以及对师傅们的敬意,我充满着

热情和执着,在五中的这片热土上细细咀嚼,努力探索,坚定
而踏实地走着……

二、修行在自身

依稀记得张校长在青训班上语重心长地说:"为了你们的
成长,学校给你们作了长足的规划——三年立足、五年胜任、
八年成骨干、十年成名师。"青训班班主任叶副校长也说要做
教育教学工作的有心人,做好当下的每件事情,把每件事情做
到极致。

每次听完张校长以及叶副校长的话,我的心中总会热血
澎湃好多天,我也会给自己制定好清晰的目标,并努力向着自
己心中的目标一步步前进!

在我的成长之路上,上公开课、研讨课几乎是家常便饭。
一次一次的公开课研讨课中,英语教研组每个师长同伴真诚
而热心地指导,从课前的调动课堂气氛以及怎样激发学生热
情参与到课堂教学中来,从教学环节怎样过渡更流畅更不露
痕迹,很多的时候细化到我上课时该怎样明确和顺利地进行
一个一个课堂环节的过渡,是真正地手把手、心贴心。感谢金
华五中的英语教研组,这是个充满活力,随时都会有智慧火花
迸射的团体。

正因为各位师长同伴的批评指正、直言不讳、关爱帮助,
我从害怕上公开课,到现在任何时候接到任何一个上课任务,
我都毫不畏惧,欣然接受,有时还主动请缨。我的课堂必定有
自己的教学方法,教学设计中融入自己的情感和思想,从容淡

定地完成教学任务。在婺城区首届中小学教师梯队培养中，我参评的是"婺城区名师"这个荣誉称号。经过了一关又一关后，最后的比赛环节就是上课，多亏了教研组师长同伴们这三年中对我"知无不言，言无不尽"地"会诊"，让我的专业水平不断地提高，英语教学有了质的飞跃。在不准带任何资料的前提下，封闭式作业两小时后，我成功地备出了一堂精彩的课，最终顺利获得了"婺城区名师"这份荣誉，不久又顺利晋级为金华市"1155"工程第七批名师培养人选。

感谢学校领导如此重视对青年教师的培养。金华五中虽然不是我入职的原点，却是我新的起点，是我成长的摇篮，在这片我爱得深沉的土地上，我在关爱的目光中坚定地向前。我一直相信：只要我们真的想做一件事情，不急功近利，认认真真地坚持努力着，我们想要的时间都会给的。因为，时间看得见。

伍

学生来信

致严老师的一封信

亲爱的严老师：

您好！

时光荏苒，日月如梭，在轻柔的笔触下，初中生活的一半——一个半年头过去了。严老师，我有太多的话想和您说，就以这封书信的形式对您说吧。

时系乙未年九月，当我怀着一颗忐忑的心，第一次迈入三班的门槛时，我看到了您。您给我的第一印象，就是瘦瘦的，不高，但身躯中凝藏着一股无比大的能量。刚进校时，我颇有些骄傲自满，您不断地给我敲警钟，告诫我，"满招损，谦受益"；当您宣布让我当班长时，我颇有些惊讶，因为我从没有当过任何班干部的经历，发下来的调查中我填的也是"无所谓当不当"。

　　严老师,我想对您说,谢谢您,谢谢您对我的信任。尽管我的成绩一直不稳定,起起伏伏,但您一直激励我要坚持、努力。您每天在家校小结下的话,我都会读好几遍,尽管有时只是寥寥数字,但那是一种鼓舞,一种信任,每当我有些气馁时,我都会去看看那些评语,想想您对我的殷殷期望和谆谆鼓励,仿佛就在心头加了一把火,重燃了信心。您经常对我们做思想教育,有几句话至今我难以忘怀:"读书是门槛最低的高贵","将来的你,会感谢现在勇敢拼搏的自己","一个成功者,不用杰出的本领与才华,但他用自己所有的精力去追逐成功"。当我第一次考了科学这门我最弱的科目的第一名的时候,我又高兴又激动,不仅仅是因为自己取得了巨大的进步,还有一点,就是觉得我没有辜负您对我的期望。谢谢您,严老师,您让我任何时候想起您,心中都有一股暖流在冲荡。

　　严老师,我还想对您说:"让您操心了。"我做事情总是会搞砸,接收信息的能力也很弱。我记得有一次,一张学校的表格,周一要上交,周末我却把表格夹在笔记本里忘掉了,而周一就忘记带回学校了,您十分严厉地对我说,我是班中的领头羊,我是狼,全班就是狼;我是羊,全班就是羊。我要拿出一个班长的魄力,来引领整个班的风气,而不单是只做个老好人。还有一次,我少改了一本默写本,却推诿说"忘记了",被您狠狠批评了一顿,一个班长没有责任心,却推卸责任用"忘记"来搪塞。虽然有时刚被您批评完,心里有点儿委屈,但是后来一想,您如果不是为了我好,会这样教育我吗?顿时心里就释怀了。严老师，我经常不能圆满完成您交给我的任务，让您操心了，但我会努力改变自己，用心去做好每一件事情。我经常看见您，一手拎着包，一手拿着水杯，快速地走向教室去监督早读；也经常看见您，一边走进教室，手里还拎着未吃的早饭。您忙得连吃早饭的时间也要挤出来，还要为我们班里这些杂七杂八的事费心，还要备课，还要批改作业，还要管初二整个年级的一些事情。有时，我们一整个白天，只是学习，都抱怨东抱怨西。而您，就像陀螺一样，仿佛有无限的精力似的，为我们操劳不停，展现在我们面前的永远是一个生龙活虎的严老师。人们常说老师，捧着一颗心来，不带半根草去。桃李不言，下自成蹊。您全心全意教我们学习，教我们做人，难道是为了回报吗？不可能，您一定是真心地盼望我们好，才会对我们每个人都付出您全部的心。严老师，您辛苦了！

人们常说，一日为师，终身为父。严老师，我感觉您就像我们的母亲一样，无微不至地关怀，严格地教育，我们就是您的五十五个孩子。每当我们犯错时，您既严厉而又宽容；每当我们生病时，您既着急又无微不至。您对我的爱，既像山，又像水。

写到这里，严老师，我真的有点儿想哭。我觉得您是那个可以影响我一生性格的人。您每一次找我谈话，我都记忆犹新。我身上的缺点很多，有时候做事、成绩让您失望了，但我一定会努力，坚持地提升自己的做事能力，会从成绩的低谷中爬出来，调整自己的学习状态。我现在还不够优秀，我一定会用自己的行动，走向优秀。严老师，这一年半与您相处下来，我也产生了以后要"成为老师"的想法。严老师,和您还有一年半的相处时间,我会好好珍惜这充实而又辛苦的一年半。

严老师,我对您说的话就讲到这里吧!

祝您身体健康,万事如意!

您的学生 张以哲

2017年1月19日

师恩如海，倾我至诚

尊敬的师父：

时光荏苒，岁月如梭，转眼竟到了离别的日子，我此刻的心情很复杂，有伤感，有不舍，有希望，还有对您的感谢，有些话不好意思当面说出来，我就写信来表达。

徒儿很荣幸能够来五中实习，也很荣幸遇见您和班级的孩子们，我们的初见是在烈日炎炎的九月，星期三下午见到您的第一面，给我的第一感觉就是，师父很干练、很干脆利落。我在心里想：这一定是一位严格的老师，果不其然，您的上课风格、为人处世无一不体现了这一点：做事不拖拉，行事很大方。

您曾经跟我说：做事做事，既然做了，就要做好，这是您让我记忆犹新的一点。就拿改作业来说,刚开始上手的时候速度慢,改错题,或者不仔细,那个时候您告诉我怎样快速高效地改作业,改作业的同时也要注意错题,思考分析学生是否掌握了课堂上讲过的知识点,纠正我改好作业。到后来,作业改多了,我理解并发现了改作业的乐趣。首先,通过作业我记住了我们班的每个孩子,有的是通过字迹认识的,有的是通过答题方式方法记住的;其次,能够及时了解学生们的课堂收获如何,老师讲的知识点是否完全掌握,老师提醒的细节是否了解;最后,更加深入了解学生的个性与特点。不同类型的作业让我更好地了解班级,更好地融入班级。

对自己要求高一点、严格一点,是我从您身上学习到的第二点。作为一个班主任,您不仅严格要求自己,定时写班级管理日志或反思,班级中发生的任何事都会调查清楚,及时反馈给家长;作为科任老师,您教学严谨,因材施教,根据学情调整教学方法,对自己要求严格的同时还对学生严格,从学生的坐姿坐态,生活习惯,再到行为规范,课外活动,无一不严格要求贯彻执行。刚开始我还在想对初一的学生这样要求是否太过于苛刻了,可后来我就发现了严格要求的好处,它让学生在高要求中从基础阶段就养成良好的习惯,塑造良好的人格,对学生的未来发展以及对后期的班级管理有利无弊。

这短短的几个月里,我学到的不只是如何教学,还学到了如何做人,如何做好一个老师,让我佩服的是您过硬的专业素养,有一次您跟我分享了您的经历经验,让我受益匪浅。作为老师,具有过硬的专业素养和能力是一件没有保质期的事情,不断学习并在学习中不断反思自己是我最值得学习的。您也给我提了好些建议与方法,让我不断进取,这些方法是教科书里的知识无法传授的。

有的时候,我感觉自己真的太幸运了。您除了向我传授教学经验,还会告诉我一些班级管理的技巧和方法,与我分享班级里发生的事情。如果以后我的班级里出现类似情况该怎么做,如何更好地、有效地与家长交流沟通等等,几乎是无所不谈,知无不言,言无不尽。这种豁达宽容的人格魅力深深地吸引了我,让我为您感动。

忘不了与您的初次见面,忘不了您对我的肯定与表扬,忘不了您对我的批评教育,更忘不了您第一次叫我徒儿的场景。师恩如海,倾我至诚。您的谆谆教诲,将陪伴我未来的成长;您的暖暖关爱,将鼓励我选择未来的方向。再一次感谢师傅对徒儿的倾心培养。

祝
身体健康,工作顺利!

徒儿玉岳

2021年11月23日

陆/

家长和学生美文

美美的严妈

　　老师,是多么神圣的职业!老师,是美的耕耘者,美的播种者。是您用美的阳光普照,用美的雨露滋润,学生的心田才绿草如茵,繁花似锦。在我们从幼稚走向成熟,从愚昧走向文明的道路上,老师,您那无私的爱,唤醒了多少迷惘,哺育了多少自信,点燃了多少青春。老师的职业曾经是我年少时的一个强烈梦想,曾经为与之失之交臂而遗憾。

　　作为家长的自己,回忆学生时代给予自己教诲的老师,似乎都随着岁月的流逝而变得模糊不清。而儿子的班主任严老师,从我认识起就在我心中是最美的老师,儿子亲切地称呼她严妈。

　　优秀的老师,只要有渊博的知识面,有永不言弃的决心,有无私奉献的精神,就可称之为是。而严老师不仅是一位优秀的老师,更重要的是她注重与学生之间的交流与沟通,注重学生的学习态度和学习状态。在这方面,严老师有独到的"秘诀",从开学初的第一周开始,老师就自己精心编写或者收集各种亲子阅读资料,一部分给学生阅读,一部分与家长分享。针对学生每周的状况,及时给予与之相应的阅读内容,有励志的、学习态度的、学习方法的、为人处世的、习惯养成的等,只要对学生有益的点点滴滴,都融汇在一篇篇的亲子阅读中,孩子阅读后在家校本上的小结中写出感悟,这在无形中改变着孩子的不足,提升孩子自身的素养,照亮孩子成长的每一步。严老师总说:"希望亲子阅读能让孩子早点认识到'我要学',这样就不用担心了。"是的,孩子对学习的觉悟是最重要的。

对于分享给家长的内容,严老师又从另外的角度摘选,有如何做家长、如何调整心态、如何关注孩子的成长等方面,给家长耳目一新的感觉,使家长在惰性与迷茫中觉醒,并鞭策家长与孩子共同成长。每次看着厚厚一叠亲子阅读内容,我都感动万分,从没有哪位老师能持之以恒地做着这么耗费精力和心血的事情,这里寄托着严老师对孩子们的殷殷希冀,对每个家庭强烈的责任感。

面对现今如此沉重的升学压力,严老师不仅仅教好学科知识,更关注孩子的身心健康发展,尤其在孩子的学习态度方面,严老师尤为重视,发现问题第一时间找孩子沟通,并与家长联系,了解孩子的情况,家长与学校联手改进孩子的状态,家校本上一字一句的红色字体饱含着严老师心血,是最好的见证。

　　有人说一位好老师,胜过万卷书。不错,您用心中全部的爱,用执着的信念,用不懈的坚持,铸成了初二(12)班的现在——初二年级的楷模。感谢您,严老师! 您不仅是家长心中最美的老师,也是学生心中最美的严妈。

初二(12)班家长

2013年9月10日

别样的温暖

"老师"这一个词我们并不陌生,它不仅是一个名称,还代表了一种职业,一种负责任的担当。从天真幼稚的幼儿园,到活泼调皮的小学,再到稚气未褪的初高中,甚至再到成熟稳重的大学乃至走入社会,我们的人生会遇到很多老师,他们在不同的时段与我们相遇,伴随我们成长,我们从中会领悟很多很多的人生道理,有些会让我们受益很久很久……

9月,我们结束了六年的小学生涯升入初中,那时候的我们在学习习惯和为人处世这些方面都充满了大大小小的问题和漏洞,于是我们的班主任——严老师就开始给我们"整骨头"。

那天语文课上,老师要求大家齐声朗读课文,坐在我后面的同学一边读一边发出阴阳怪气的声音,我听着很难受,于是便转过头去给他使了个眼色,并告诫他不要吵了。谁料,我的这个不分场合的举动,被站在教室后面的严老师逮了个正着,之后她就开始对我的这种行为开始说教。我自知理亏,但是听着她不停地说,我就有点不耐烦了。但这些我一开始还能接受,估计是我的态度过于桀骜不驯,在她的课上我还跟她怄气,这下完了,我就成了她课上的典型。下课后我和严老师说明了转头的缘由,她帮忙了解情况,原以为能还我清白,可是那名同学说谎了,这就开启了严老师的又一轮说教。在我眼里,严老师的那一句句话,就好似一把刀,深深地刺入了我的心,使我感到疼痛;又好似我对初中生活刚刚燃起的热情的火苗被她一盆冷水给扑灭了,我的心顿时冰凉冰凉的。那一刻,再也忍受不住内心的委屈、不甘、愤怒,我哭了,但我又故作坚强,把哭声收了回去,只留了时不时地抽噎和豆大的泪珠。这样的我,引来了同学们的嘲笑,我的心久久不能平静。回到家,妈妈问起我当天学校生活有什么趣事,我终于忍不住了,大声地哭了起来。

后来,一次偶然的机会,我"偷听"到了严老师和妈妈之间的谈话,才明白严老师对我的一片苦心,她是想让我有一个男孩子该有的气量,她对我的严厉,是要我明白,就算委屈不能不听课,拿自己的学业赌气,这是对自己的不负责。

是啊,老师是一个多么伟大而平凡的职业!他们默默付出,为国家培养人才,他们不图回报,用心培育每一个学子,真是"春蚕到死丝方尽,蜡炬成灰泪始干"!我的班主任就是这

样一个辛勤的园丁,她用她别样的温暖,呵护着她怀中娇艳的
花朵茁壮成长。

学生:吴俊皞

2022年3月7日

与班主任相遇

　　我轻轻地把头微微向上一抬，班主任正坐在那打瞌睡，她太累了，她的头微微倚靠在手掌心，借助手的丝丝力量睡着了。

　　她是上一届毕业班的班主任，在我刚进校的时候就听说了她的大名。

　　我们很幸运与她相遇成了她的学生。开学那天我就见识到了她的负责，她早早来到班里，帮我们整理桌子打扫卫生，那一声声友好的对话，是我们相遇的开始。早自修时，她陪着我们在讲台上放声背着英语单词和文章；每节自修课时，她在班里后面给自己定了一个位置。可能那是我们相遇的开头。

　　她可以为了她的学生不吃饭、不睡觉，可以不回家照顾生病的儿子,但她不可以不"照顾"她心爱的学生。我们都知道,不是谁生下来就是"无敌金刚"不用吃、不用睡的,但她的那份真情深深地打动了我们,牵动着我们每一个人的心灵。可能那就是我们相遇的经过。

我轻轻地抬头,看着她眼角的皱纹,看着她黑发中露出的几根白发,我不由得心酸起来。那提醒我们保持安静的亲切的声音,再次从我耳边响了,那熟悉得不能再熟悉的声音,牵挂着我的心。可能那是我们相遇的那个逗号。

记得她曾经说过这么一句话:要抓住现在的时机,不要等考完了才后悔。我要让你们都像我一样学会掌握时间,抓住时机,不让时间匆匆离开。

她果真做到了,她不停鼓舞着我们,为我们挡住风雨。可能那就是我们相遇的结果。

她!一个普普通通的老师,她抓住任何机会鼓励我们,不断地给我们正能量,"啪啪啪"的键盘声,每日一句激励我们的语言,那都是用她的汗水敲打出来的,那声音犹如一首交响曲,如此有力、活泼。

与班主任的相遇是美好的,生动的。从开始到现在,我们的相遇将铭记在我的心中。

学生:章睿康

2018年9月10日

记忆中的大冰块

　　今年,正逢金华五中百廿华诞,我们从五中毕业,望着熟悉的五中校门,时光恍如停滞在了三年前,我们才刚踏进金华五中的情景。那年初一的秋天还印象清晰,那散不尽的热至今还能感觉到。我们的教室在北教学楼二楼,当时教室里没有空调,挡不住肆虐的酷热,只有电风扇卷起丝丝凉意,带来了那个初秋为数不多的清凉。

　　或许也正因为如此,班主任严老师体谅我们的感受,想为我们营造一个更舒适的学习环境,我们马上迎来了一位特殊的来客——大大的冰块。它乘着箱子到来,被安置于教室的过道及前后空间,为我们赶跑了初中的第一个秋老虎。那份舒心美意绝不是几个冰激凌能给予的,那幅冰块与电扇共舞的清凉画面就这样印在了我们心里。

　　年少如我们,身心舒爽之后,注意力就不再停在热与不热的问题上,天生的好奇心就活跃了,便会不顾一切地探个究竟、图个痛快。冰块对于当年的我们,好似糖果之于小孩,冰凉的触感,清新的气息,无时无刻不在吸引着我们,似是被它摄去了心魄,我们一下课便围着它转。轻轻地抚摸,拿餐巾纸蘸了冰水放在额头,享受那一刻的清凉。更有甚者,将水瓶放在了冰块与泡沫箱之间的空隙。有了其一便接二连三跟着这样做起来。将水瓶放在其中的人越来越多。泡沫箱终于不堪重负,完成了光荣使命最终崩盘。冰块碎了一地,冰水流过座位,迅速向四周扩散。

　　大家都呆呆地愣在那,不知所措,班长张以哲最先回过神来,抢先拿了扫帚、畚箕和拖把,开始小心又仔细地清理地面,将纸张小心捡起,将泡沫碎片扫进畚箕,倒入垃圾桶,用拖把吸干漫延的水,用纸巾擦拭被"水灾"波及的书包,然后到门口处拿了脸盆,为声势浩大的工程画上了一个圆满的句号。干完活的大家相视一笑,纵然我们的衣服上沾满了水污,书包被水做了标记,却没有人提及,更没有人埋怨,只是弯腰相视哈哈大笑。虽然我们刚组成初一(3)班这个集体,相识不久,却能配合默契,分工自然明确。我们之间最后的那一缕陌生与隔阂已然消失殆尽,淡淡的温馨在彼此心里流淌。

　　严老师很快知道了这件事情,对班里同学进行了引导告诫。当严老师问及这件事的始末,班中凡是玩过冰块的都站了起来,一副英勇就义的模样。没有人逃避,也没有人推卸责任,我们都勇敢地承认了自己的错误,承担了应有的责任。

这件事过后,班中没有人再去玩冰,而相识不久的我们,也因为这次的"同舟共济"增进了了解,成了无话不谈的好友。

窗外阳光明媚,直直地照射着盆中的冰块。冰块在阳光之下折射出七彩之光,尽管渐渐化开,成了一摊清水,也是那么澄澈透明,而我们团结互助的精神与勇于认错的担当亦如那炽热的阳光,照进了我们的心房,化开了彼此心中的坚冰与隔阂,成就了一段友谊,纯洁美好。

初秋的高温盘踞不退,一批批冰块默默地躺在我们的身边,带来了丝丝清凉。淡淡的温馨,伴着丝丝凉意,包裹了整个初一的秋天。

严老师无微不至的关怀,与我们同学之间互帮互助的纯真友谊都烙印在我心中,至今挥之不去。还有诸多任课老师,虽然我不能一一细数各位老师三年来对我们的悉心关怀和温暖往事,但在五中度过的每一段时光,都因有了老师和同学的陪伴而美好快乐。这些幸福的记忆就像安然于我们身边那晶莹剔透的大冰块,细细品味,纵使身处酷暑,凉爽与美好也萦绕心头,赶去了原来的燥热与烦闷。

难忘在五中教室里的大冰块! 难忘在五中的每一段时光。

学生:邹桑妮

2018 年 11 月 17 日

附录　班级每日总结语录（摘选）

（1）运动会来了，同学们都很激动，显得过于兴奋，这固然是可以理解的，但在观赏激烈之竞赛的同时，不能忘记学习，不能将大脑"格式化"了，还要有如同严老师所说的"八分数"的定力。

（2）运动会结束后，感觉整个班级都很浮躁，整体动作变得懒散、磨蹭，以至于拖延、怠工，正因为拖延、怠工，懒散下来，动作忒慢，从而导致精神状态上的散漫。心神不宁，是因为心有杂念，希望同学们提高警惕，不可放松，及时自我调整，从早晨洗漱一类的小事做起，调整节奏，让自己重新"紧"起来。

（3）课堂是一个很神圣的地方，上课要有场合感，有些同学课堂上不够严肃,很大的原因是之前不严肃惯了,希望同学们做好这块角色的转变。上课适时适应场合的搞笑可以活跃课堂气氛,我们有时称之为"幽默",而过多的不合时宜的就会形成一种浮躁不严肃的气氛,因此一定要把握好度,尽量让自己在课堂上严肃一点,干大事是要严肃的,以嬉皮笑脸、油腔滑调的态度对待正经事,就是万万不可取了。

(4)知识的体系是在不断更新的,随着科技不断发展,其实更新的速度也越来越快,故而知识我们是没能力也没时间全部学完的。只有培养起学习的能力,举一反三,触类旁通,这样的学习模式才是高效的。初三时间愈加吃紧,还像以前用"磨"的方式来学,专攻一门可以,但如果想5门学科都兼顾,齐头并进,就会分身乏术了。

(5)课堂,是学习的主阵地,把握好每堂课的45分钟是至关重要的,切不可上课游离,下课再来"奋发图强"补救,那就太晚了,全靠课下来磨,是极不现实且效果极差的,希望同学们不断提高听课的专注度,努力做到当时所学的知识当时就掌握,这样就会极大地减轻负担,使空余的时间能更有效利用,而非只是一味地重复。

(6)要充分利用时间,各件事情之间状态切换要快,少在一些无聊的地方浪费不必要的时间,鲁迅说"时间是海绵里的水",严老师认为时间是地下的金矿,而很多人却没有将其好好利用。所以每天放学到家后,动作就应更快,提高效率,少磨洋工,这样才能余出自由支配的时间。

(7)孔子云:在其位,谋其政,司其职。意思就是说在这个位置上就应考虑自己所处这个位置应考虑的，做出在这个位置上应该做的，承担这个位置上应该承担的责任。每个班干部，都是为严老师、为班级分忧的，不可以天天帮倒忙。没帮上忙不说，严老师还得焦头烂额地处理烂摊子。尤其是班长的岗位，如果每天嬉皮笑脸，不重视，老是想举重若轻，老是想着一个指尖就可以撬起昆仑，不把正经事当正经事，到最后就变成举轻都若重，轻轻的羽毛都似大山般重。《亮剑》中李云龙说："一支军队的军魂是由第一位长官的性格所决定的。"同样，班长如果一天到晚没个正形，那么全班同学都会"跟风"，班中如果失掉了严肃的班风和严谨的学风，一天到晚就扯扯闲话，讲讲笑话，好成绩从何谈起呢？故而班长一定要起到正确的引领作用，换而言之，至少不能有反向的示范。俗话说："沉默是金"。有这样一段话：有一句说一句的是律师，这叫谨慎；说一句留一句的是外交家，这叫严谨；有十句说一句的是政治家，这叫心计；有一百句说一句的是出家人，这叫玄机。这些都说明了空话太多没有好处。玩笑不是洪水猛兽，适当的叫幽默，过当的，根据"物极必反，否极泰来"的原则，就成了跳梁小丑，哗众取宠了。人们常常评价一个人"有城府"，就是讲这个人一眼难以看穿，越是浅薄的人，就越容易"露出家底"被人所看穿。古人在做一些重要的事情之前都要沐浴更衣，斋戒五日，在面君之前要扬尘舞蹈，执简当胸，祭祖时要三叩九拜，这些都说明了严肃的重要性。所以，要严肃正经，行动起来，不做反面的引领，只用行动践行！反思自省才有意义！希望每个班干部都做一个稳重、慎重、考虑缜密、不浮躁冒进，真正优秀成熟的人。

（8）有的同学认为写小结是很痛苦的事情，这让严老师很难理解，小结并不需要写多么高深莫测的言论，仅需记录自己每天的一点点想法。每天记录会使自己的思想趋于深刻，趋于成熟，经常性翻看自己的小结，有时就会体会到自己当时看待问题的不透彻。玉器是需要不断雕琢的，人的思想也是要不断淬炼的。

（9）"人无信不立"，自古以来，我们就有"一诺千金"，"言必信，行必果"的典故，得到他人的信任是弥足珍贵的，我们要努力担得起这份信任，而不是将他人的信任践踏、蹂躏。若是如此，便会成为社会中的"绝缘体"。失去信任比失去财富、地位更可怕，因为这是一个人的口碑，一个人最好的"门面"之一。

（10）人一定要有廉耻之心，很多情况下，我们的行为是靠道德来约束的。道德有时并不具有法律效力，依靠人们心中的底线，依靠人们心中的廉耻观。故而我们从现在起就要树立正确的是非观，若是非不分，颠倒黑白，对自己的成长是极不利的。

（11）如果说寿数决定了生命的长度，知识决定了生命的深度，那么胸怀便决定了一个人生命的广度。有这样一句话："最宽广的是海洋，比海洋更宽广的是天空，比天空更宽广的是人的心胸。"人的一生中要面对的大事、小事、要事、琐事等浩如星辰，若总是斤斤计较，就永远获得不了心灵的快乐。总低头看路而不仰头望天，狭隘的心胸如同一道栅栏，隔断了一个人生命的宽度。

（12）古人有话讲得好，"人无远虑，必有近忧"，意思是人如果没有长远的打算，那么就会有迫在眉睫的麻烦。想要取得成就就要拼命硬干，但是要选对方向，若方式不当，南辕而北辙，则就离我们的目标越来越远了。没有目标的硬干是低头赶路，有撞上石头的危险，而浑浑噩噩，就同于夜行山路了——有坠下山崖的风险。

（13）内心的平静是不受外界干扰的，一个专注的人，一切外界的干扰于他都是浮云，只有内心躁动不安的人，注意力才会易于受外界干扰而分散。相同环境产生不同的人，效果也不同。《列子》中两个人向弈秋学下棋，最终结果不同也证明了如此。只有自己的内心，才是影响自己的最大因素。

（14）一切大量的产出都是要以大量的输入为基础的，苏格拉底曾云"没有经过熬夜作出的文章不值得一看"，意思是任何精妙的作品都是要经过仔细雕琢的。以玉器为例，技巧只是打磨的方法，而输入则是坯料。

（15）多为成功找方法，少为失败找理由。人只有在出现状况时能剖析自己身上的原因并不断改正，才能够不断进步。总是找借口，推诿于他人，不但不能纠正自己身上的错误，还会使责任心缺失，就像每天都负重跑一样，久了就不觉得累了。若是有一天突然加了负重，便会气喘吁吁了。人生就是一场负重跑，责任心就是我们的负重。

（16）期中考试已经暂告一段落，但正如学习历史的目的是"以史为鉴"一样，检测是为了总结经验，吸取教训，"以人为鉴,可以知得失;以史为鉴,可以知兴衰"。我们要多多从失败中取得教训,吃一堑而长一智。

(17)人是有惰性的,总是喜欢待在心理舒适区,但一个人如果永远待在舒适区,就会像"温水煮青蛙"一样,逐渐消沉或磨灭斗志。只有冲出安逸的现状,不断进行自我施压,接受挑战,才能取得突破。要努力克服懒散的作风,不断给心中这根弦施施压。

(18)时间是最公平的,每个人每天都只有 24 小时。但是时间又是最不公平的,因为对于善于利用时间的人来说,时间是慷慨的,他们能够在跟别人相同的时间里做更多的事;对于挥霍时间的人来说,时间是吝啬的,他们在同样的时间中碌碌无为、一事无成。总觉得时间不够用的人反而很多时候是好好利用时间的人。

(19)人是在不断的失误与挫折中成长的,太急躁,太急于求成必然会导致"冒进"的错误,学习完全没有热情,一天到晚只是为了匆忙完成老师布置的任务,这样必然会因为没有积极性导致效率低下。因此,每一天都要积极调整好自己的心理状况。

(20)有几位同学上课期间一声不响,偷偷溜出去上厕所,这种行为不妥。一支军队要组织严密、纪律严明,才能打胜仗。一个班集体也要组织严密、纪律严明才能学有所成。所以平时要不断以纪律约束自己,提升自己的纪律性,克服擅作主张的自由性,从思想上高度重视,课堂纪律不能视为儿戏。

(21)诸如历史与社会这样的科目,一定要下苦功,如果总是束手束脚,想办法偷懒,当老师要查默写了,临时突击认真背一会儿,等默写完了,就忘得差不多了。背了就忘,无异于不背。严老师经常说各科都需要理解能力,但理解再强,该记该背的不掌握,同样无济于事,肚中有货暂时输不出来没有关系,可怕的就是肚子里没货。社会课中的道德和法治的内容都是以习近平总书记语录居多,抽象,需要下苦功,先背下来,再咀嚼,才能感受出解题门路来,同学们一定不能畏难。要"小聪明"取得的成果总是昙花一现,只有踏实、勤奋,才能让成果可持续!

(22)英语背诵、默写、订正要花很久的同学,实在是搬起石头砸自己的脚。若是背的时候肯多下些功夫,就不会在订正时需要奋笔疾书甚至"望洋兴叹"了。该用的功夫一定要用到、用足,否则日后都会以各种形式来向你"要债",一定要"肯吃苦,能吃苦,好吃苦"。

(23)最近学习效率不高的同学,要抓紧一切可以抓紧的时间,正所谓"寸金难买寸光阴"。不合理的时间安排会导致恶性循环,打乱学习节奏,不仅无益于身体健康,还严重影响学习效率。

(24)人的工作、学习状态和精神状态是息息相关的。内心恬静才能张弛有度。内心躁动有杂念或是有别的多余的东西,必然导致紊乱。无论身处怎样的环境,只要内心坚定,就不会受外界干扰,纵泰山崩于面前也不改色。

(25)"实践是检验真理的唯一标准",任何计划,远大的抱负,都要付诸行动方能成为现实,没有实践的计划,没有行动的批评和自我批评,都是"空头支票","光说不行,要紧是做",我们要努力成为行动派,而不能口号喊得震天响,丁点儿行动都没有。切记勿做"口的巨人,行的矮子"。

(26)古人有云:"近朱者赤,近墨者黑。"与品性高尚的人交往如入"芳兰之室",久了闻不到香气,因为自己与之同化了。与行为不检的人交友如入"鲍鱼之肆",久了也闻不到臭味,因为自己变味了。好的外部环境,包括优秀的同学、朋友对一个人的成长都有助推作用。当然也不能夸大这种作用。因为一个人是否积极上进,终归取决于他的内心,所谓"天助自助者",我们不能总希望于他人的援手,只有自觉奋力向上,别人再推一把,才能有所成就。

(27)要常常用"自我批评"这把大刀来剖析自己,善于找出自己的各种问题。常言道"人无完人,金无足赤",人只有在不断改正错误中才能进步。常常自我批评,清晰地认识自己身上的不足,是有一定难度的,但是只要我们敢于面对现实,不逃避,勇攻之,就能够克服。

(28)数学的学习有时真的会令人很崩溃,一道题解半个小时或一个小时是常常会有的事,但在这种情况下,更不能放弃,更要硬着头皮把它"啃噬"。正是在一次次"痛苦"地"挣扎"中,数学能力才会有提升。不仅是数学,其他科目的学习都要攻坚克难,只有啃下硬骨头,才能有所突破。

(29)知错要勇于改错,不能一听见他人的批评就找借口,马上抵触,而应及时自我反思,多找找自己身上的原因。俗话说"一个巴掌拍不响",不要老把责任推卸到别人身上,受到别人的指责，定有自己做得不当之处，一定要抱着"有则改之，无则加勉"的态度。

（30）心中要始终有一种责任意识，只有时刻认识到自己所承担的责任，才能在行动上不断奋进，亦无愧于这一职责。梁启超曾说"敬业与乐业，是生活的不二法门"，敬业与乐业，实际就是责任意识的一种体现与担当。

（31）一个人是否自律，从一些日常小事中就可以看出，比如他（她）早上的起床时间、周末是否会赖床、坐姿是否端正等。人从嘴上可以掩饰，但细节会反映出一个人的真实状态。冬天寒冷的早上是立马起床洗漱还是在温暖的被窝里多待一会儿，学习时是端正坐着还是舒服地"瘫"着。这些事看起来微不足道，却折射出一个人对自己的要求。"君子要慎独"，就是在无人监管的情况下也要坚持自己的行为道德准则，平时习惯成自然，想要改变这个准则就很难。人都是有惰性的，可从每一件小事做起，不操之过急、不贪心，慢慢改变。如是，才能逐渐脱离松散，才能做到无人监管时严格自我要求。

（32）出了问题和状况，严老师希望同学们多从自己身上找原因，所谓"没有偶然，只有必然"，一件事情发生在你身上，肯定有你做得不妥的地方，不然为什么老师要先找你而不找其他人呢？当身上的不良问题涌现时，不要先急于反驳，当然有时也会存在老师"眼见不一定为实"的情况。但希望同学们"见不贤而内自省也"。推脱，对于事情的解决没有任何积极作用，相反，从认识问题着手，担起责任，及时改正才有利于控制事态，有利于自己的成长。

（33）面对难题，内心自然会痛苦，但如何去解决难题的态度，决定了你是否能从这道难题上汲取益处，你是搜题、空着，还是努力思考？一道题花费的时间可能很长，但是这个过程是很值得的。因为只有不断突破难题，自己的解题能力才会一直走在进步的路上。

（34）"多为成功找办法，少为失败找理由。"人为自己开脱是常有之情，关键在于事后能否进行自我反思，能否让自己静下心来，冷静客观地评价自己。老师指出你们错误的目的并不是故意找碴，而是希望你们改正。因此你们要多多为成功寻求办法，少把精力放在为自己开脱找借口上。

（35）"生气不如争气。"与其嘴上高呼口号，经常性地对自己的不认真表示不满或喊着口号要有行动，不如立马付诸实践，让人无话可说。做不努力去做，说又不让人说，那你怎么去改进和突破自己呢？所以任何诺言、誓言，在付诸行动前都是空话。只有真正努力行动了，才能有看得见摸得着的效果。

（36）为什么我们班的成绩最近有些"温水煮青蛙"的味道。严老师分析，主要是由暑假过于松懈引起的，大家把初二期末阶段养成的读书节奏打乱了。为什么我们每个人要"扣好人生的第一粒扣子"？因为一旦第一粒扣子扣错了，其他扣子也都错位了。严老师认为，学习也是如此。学习是一个连贯的过程，环环相扣，任何一环的差错都可能导致结果无法产出。我们在紧锣密鼓地进行初三的学习，进入初三的第一个环节节奏就被打乱了。原本经过了开学一周的调整，学习会渐入佳境，而我们班目前的状况就像从根部往头部吃甘蔗一样,中途一出状况,就相当于把甘蔗都削断了。暑假的松懈肯定会产生影响,所以同学们如果不拥有高度专注的状态,一定会落下诸如基础不牢的毛病。如果基础不牢,就会地动山摇,那么我们怎么把这个棘手问题处理好呢? 同学的学习节奏要逐渐调整,必须专注,摒弃杂念才行。相信我们班不是严老师一个人在战斗,而是大家团结一心、齐心协力在战斗。只有大家拧成一根绳,努力勤奋,才能扭转目前"温水煮青蛙"式的学习状态。

(37)"天将降大任于是人也,必先苦其心志,劳其筋骨,饿其体肤,空乏其身,行拂乱其所为。"先哲的话是讲一个要成大事的人,一定会经历一些磨难。班中很多同学的成绩总是上不去,除了客观原因之外,主观心态还需要好好调整,要认识到自己所处的瓶颈期,不怨天、不尤人,要给自己信心而不是盲目的自负。过度的自信就像拿注入酒糟的酒充当好酒的酒店一样,是招揽不到好生意的。

(38)古人云"知耻而后勇",意思是有强烈上进心的人知道自己的不足然后努力将其完善。我们班部分同学的上进心仍不够强。颇有"脚踩西瓜皮,滑到哪里算哪里"的味道,这是万万不行的,生活中无进取心就如汽车被卸了发动机一样,同学们一定要扬鞭自奋蹄。

(39)俗话说"一个巴掌拍不响",一个人的改变,除了周边环境的改变外,最主要的还是主观因素,因为意志坚定的人是不会以外在环境的改变而改变自己坚定的目标的。所谓"学坏了",不可否认环境有一定的影响作用,但更多的是主观使然。所以找理由说自己学坏了，是一种推卸责任的表现。严老师希望我们每个人都能勇于反思自己，认识到自己身上的问题所在，而不是一句轻飘飘的"我学坏了"敷衍了事。

（40）"人贵有自知之明"，无论做什么事，心中都要明白该干什么，不该干什么，不能"和稀泥"弄得一团糨糊。能将每天的日常学习忙而不乱地处理好，是一种非常重要的能力。若是学习上一忙就急躁、生气冒火，这是极不可取的。因为火急火燎的心态不仅无益于解决忙乱的学习状态，反而会因急躁而生出其他一些问题。

（41）没有什么事情是可以不经努力而凭空得来的。一切看似偶然的结果其实都是必然因素的产出，既轻松愉悦又快速高效的学习方法是不存在的。所以要想把书读好，就要摒弃陋习，摆脱"懒癌"，奋力前行才行。

（42）护短，是人的一种本能反应，人在应激状态下本能地做出自我保护行为，这也是人类祖先在弱肉强食的大自然中生存的法宝，却也成了我们现在全面发展自我的重大障碍。人在强烈自我保护的情绪下，会不由自主地抵触一切批评和建议，难以对自己的错误行为有正确的认识。如果一直这样下去，总是用"盔甲"把自己包裹起来，将难以提高自己的水平。如何才能改变这种境况呢？就是要不断提高自我认识和认知能力，弄明白为什么要接受批评。多多开展自我批评，打扫好自己思想这个"房屋"。只有这样，我们才能不断从他人的批评建议声中汲取进步的动力。

（43）一个人的学习状态可以从许多小的地方看出来，比如他是否抓紧利用一切可以利用的时间学习,还是浪费时间做无关紧要的事。是否每天能够专心致志地完成背诵任务? 是否每天聚精会神地思考数学难题? 对照上述问题,严老师觉得我们班近期的学习出了几个问题:拼劲不足且有些浮躁,躺在安逸舒适的"温床"上,好似蛰居冬眠一般。严老师提醒你们要时刻激励自己,谨记学习非一日之功,要日日勤、日日进。

(44)规则意识要时刻保留在心中,不需要他人监管也要做到慎独,言行举止要始终如一,严老师认真管理就是为了以后的"不管"。终有一天,我们会无人监管,到那时再酿下大错,就为时晚矣。规则不是一种作秀,也不是套在你们身上的枷锁,而是根植于我们内心的自我约束,避免一些不良情况的发生。

(45)今日严老师让闲话、废话比较多的两位同学禁言,但结果发现效果并不好,两位同学还是时不时无关痛痒地闲扯,说空话。冰冻三尺非一日之寒,这不是一天两天就能改掉的坏习惯,需要长久的坚持,尤其要时常提醒自己,克服不良习气。

(46)数学科目的月考卷已经分析讲评完,正所谓"你难,别人也难,不要畏难;你易,别人也易,不要大意"。考得不好或考砸了都不一定是坏事,考试的初心就是查漏补缺。我们要关注的是一张卷子所反映出的问题,对症下药,一一突破,把原来没有解决的知识点一一钻研解决,这才是考试真正的意义所在。

（47）俗话说"字如其人"，严老师认为"字如学问"。当一个人心浮气躁时，字迹就会潦草、无力、软绵绵且涂改极多。因为写字是一个人精神状态的外在体现。一个人一笔一画认真写的字可以不美观，但是清清楚楚，让改作业的老师看得神清气爽。有时为了追求写字的速度，就想连笔，写快一点，本就不甚好的字，再一连笔，自然就惨不忍睹了。学习也是如此，本来就积累不足，还一味追求写字的速度，心浮气躁，不下苦功，自然要翻车。所以，沉得下心从一笔一画写端正方块字起。

（48）有时做作业，包括考试，动作虽然敏捷，但是错误率极高。这不能简单地归结为麻痹大意。其实是综合实力的积淀还没有达到。平日里需要落实的细节一定要实打实地一一落实到位，绝不能掺水。只有这样，才能做到百考而不倒。

（49）一个人是否聪明并不是看这个人有多机灵，而是看他的知识储备与支配知识的能力，具备了这些能力的才是"大聪明"，也就是智慧，反之如果单从这个人的行动机灵就说其聪明，这种聪明只能算小聪明。聪明不等于天赋，通过努力加强自己各方面的能力就是变聪明的过程。"聪明"一词有时并不代表褒奖，可能有"投机、取巧、不努力"的意思！"够勤奋、够坚持、有毅力"才是最大的褒奖。同学们，加油哦！希望你可以不是"聪明"的那个，却是"够勤奋"的那个。

（50）在学习中能够踏准自己的节奏是十分重要的。不要因为事儿一多，就出现手忙脚乱的态势，很多同学就出现丢三落四的毛病，今天忘带语文书，明天忘带科学作业等。在紧张的学习节奏下能够有条理地做事是一种十分重要的能力,严老师希望同学们一定要重视加强这方面的能力。建议同学们尝试一下用"列清单"的方式来管理,已经着手在做的一件事情尽可能完成后,再着手去做另一件事情。

(51)真正成功的人都是很低调内敛的。《我是刘慈欣》一书中写道,当刘慈欣的作品成名后,他的同事对他说"刘慈欣,最近网上有个写科幻小说很有名的也叫刘慈欣",从这里可见刘慈欣的低调内敛,真正有能力的人绝不会显摆自己的学识,而是在行动上体现出来,把每一件事情做到极致。严老师希望你们能多多修炼加深自己的内涵而不是浮于表面,只会夸夸其谈。

(52)低俗常常是低级趣味的代名词。有智慧的幽默和哗众取宠的低俗恶搞是两码事。有智慧的幽默体现的是一个人的修养,而低俗恶搞只能体现一个人不高的文明和修养水平。严老师希望同学们都能做一个有智慧有水平的幽默者,而非一个低素养的低俗者。

(53)榜样的力量是无穷的。好的榜样能给人带来积极正能量的影响,班中的每个人都有自己的闪光点,要多多学习同学身上的闪光点,而不是只顾盯着同学身上的缺点。用发现美的望远镜来看待他人,用观察瑕疵的放大镜来检查自己。从全班每个同学身上学到一个优点,你就会有质的飞跃。

(54)学习不能过于依赖父母,更不能依赖手机,一个人一旦"拐杖"用顺手了,再让他放手走路就变困难了。每个人都喜欢待在自己的舒适区,我们必须逼迫自己走出舒适区。若长此以往依靠他人,就永远无法获得自我的思维能力,正如生物器官不用就会退化,人的思维亦是如此。

(55)对于班中的部分同学来说,做作业的速度是硬伤,这不仅仅是动作慢造成的,更多的是没有时间意识,更不会利用碎片时间。如果把一天的碎片时间充分利用,化零为整,就会发现在零零散散的时间里能干的事也是挺多的。人们常说"每个人一天都只有24小时,别人比你做得多是因为他比你动作快",其实不仅如此,对于不会利用碎片时间的同学,时间就相当于比别的同学少了。所以严老师希望同学们都能成为时间利用的高手。

(56)人要有敬畏心理。唯有敬畏师长、敬畏规则,才能约束自己。敬畏敬畏,先"敬"后"畏"。先尊敬师长、规则,方能畏惧行破坏之事。"天不怕地不怕"的人是很恐怖的。严老师希望每一位同学都有敬畏心理,发自内心地敬畏师长和规则。

(57)一个人只有真正自律时,才能实现所向往的自由。世上没有绝对的自由,自由都是存在边界的。当一个人自由到超出边界时,他就不再享有自由了。唯有遵守规则的约束,才有长久的自由。唯有自律,人才不会做自由框架之外的事,他也便有了真正的自由。

(58)部分同学近期学习压力增大,心态消极,经常会抱怨,发牢骚,这是不对的。无论何时我们都要以积极乐观的心态面对学习过程中遇到的困难,抱怨并不能解决问题。良好的心态像强劲的海风,助你扬帆起航;消极的心态像山间小路上的石头,绊住你前行的脚步。心态好的人会越来越轻松,因为他放下了该放下的;而心态差的人会越走越沉,因为他背负了越来越多他不该背负的东西。

(59)在每天的学习中,只有用"挤"和"钻"才能吃透每个知识点,"纸上得来终觉浅,绝知此事要躬行",任何道理和知识仅仅知道这是道理和知识是无用的,唯有内化于行,加以应用、加以理解,才能提升对知识的掌握和认知水平。任何简单的知识点都是构成一幢完整知识体系大厦的基石,如果没有一块块基石,只能盖出"豆腐渣工程",严老师希望同学们用"挤"和"钻"的精神建好一块块基石。

(60)有的同学背诵成了"老大难"的问题,背诵不仅仅要投入时间、全神贯注,还要有方法。一篇英语文章,先要把大意疏通了,一个一个词汇落实到位,背诵起来就会更流利。化学方程式,若基础不牢,化学式等没掌握,死记硬背就是一堆字母和符号,确实令人头大,反之若掌握其意,了解其写法,记起来便不再困难;若是不但方法没有掌握,又不肯花大功夫"啃"下这块骨头,"天下没有免费的晚餐",背诵就得伤透脑筋了。

(61)每个同学都有驱使自己努力学习的动力。一类是为了实现自己的理想,为了美好生活的追求。另一类则是父母的奖励。严老师认为后者的效果远不及前者。以奖励为动力的同学往往为了获得奖励而学习,他们的学习目的是获得奖励,这与家长希望孩子通过奖励促进学习的初衷相悖离。他们的学习往往带有功利性,学习的目的是获取奖励。而前者不同,实现自己的理想是他们不竭的动力来源,他们的学习动力更足，目标长远、明确，有切实为自身学习的规划，这类同学更能获得好成绩。希望我们能以自己的目标追求作为原动力，为实现自己的追求而努力。

（62）有一句很火的网络用语："梦想总是要有的，万一它实现了呢？"然而理想并不是说实现就能实现的，要为之付出奋斗、汗水和泪水，要坚持不懈，持之以恒。"求之不得，寤寐思服"，当愿意为此付出努力时，它就近在咫尺，触手可及，当你仅仅是口头上说说而已，那么它就是个缥缈未知的梦，是在水中央不可触及的"伊人"。所以我们要做的，不仅仅是创造一个梦想，更要付诸行动，将其变为现实，而不是让它成为"乌托邦"。

（63）人的精力是十分有限的，有的时候全身心投入学习都会显得很吃力，更不要说心猿意马、杂念过多。万物都是互相联系而存在的，其他方面精力的多余投入定会影响到学习这一主业。要成大事者，必在其成大器之方面狠下功夫，若是精力分散，则很难学业有成。

（64）人不会无缘无故变聪明，要不断积淀并突破结果；人也不会无缘无故变笨，那是疏于思考、懒于动脑所造成的必然结果。在学习道路上偷过的所有懒，在人生道路上都会成为阻碍你前进的绊脚石。所以，同学们要用坚定的信念压制本能的惰性，平时用功到位，积累到位，让自己肚子里有货，越来越会动脑。

（65）课代表的工作看似琐碎，其实是非常锻炼人的，每一天收发作业后，每个课代表都要去思考，如何收发作业才能有高效的工作模式？与他人的沟通配合协调能力哪些方面还可以再改进？每天对比总结自己的工作，多动脑，多与其他课代表探讨，一定会有更好更高效快捷的工作效率。

（66）有的同学接收信号的能力很差，这不仅仅与他们是否"走心"有关，严老师认为也与他们以自我为中心的想法有关。一个人有过度的优越感，就会产生以自我为中心的念头，这会使得其过于自信，有时甚至是自负。这样就很难倾听他人，喜欢以自己的方式且通常是不正确的方式来行事。所以我们要学会接纳他人积极正确的指导和引导，要清楚地认识到自己并非"宇宙中心"，这样才能让自己变得谦逊，并设身处地为他人着想。

（67）对于难题，一定要有自己的摸索过程，很多同学反馈经常会卡在某一个点上，不管是老师还是同学只要把这个点点出，自己便会"恍然大悟"。严老师认为这并不代表自己真正会了，唯有自己下过苦功夫，把自己的"卡"点攻克消化琢磨透，方能真正掌握，所以平时做作业的过程中不经过思考马上就跟同学讨论的行为也是十分不可取的。

（68）人犯错误是不可避免的，重要的是面对错误时的态度。勇于面对自己所犯的错误也是一种负责任的体现。不能选择用一个一个接踵而来的错误来掩盖自己先前所犯的错误，这种逃避、不负责任的思想本身就是在犯错误，所以同学们要清醒、理智地看待犯错误这个问题。

（69）不管是语文还是英语考试，写作都是一个"输出"的过程，而背诵、阅读则是"输入"的过程。若平时输入的量不足,肚中无墨水,那么想写出佳作就是难上加难。只有肚里有货,作文写起来才不会像挤牙膏一般吃力。所谓"文思如泉涌",想要有泉水般涌出的作文,至少得有"水"。正所谓"读书破万卷,下笔如有神""熟读唐诗三百首,不会作诗也会吟",只有当输入了一定量时,输出才会有所突破。

(70)提前学对大部分同学来说并非好事,这将会使他们误以为自己耳朵里听到过这个点就懂了,从而上课不认真听了,结果其实这个点只是听到过而已,并没有真正学会,所以这是非常错误的学习方法。初中的学习,学校是学习主战场,如果你学有余力,提前学自然无可厚非,若是影响到了校内的正常学习,便可谓是"舍本逐末"了,故而提前学、不提前学都是一种策略,只有适合自己的才是最好的。

(71)学习难度提高后,部分同学光靠上课听掌握不了,课后还需要一遍一遍"磨",这样一来,时间和精力都是不够用的。严老师认为一切知识要抓住其本源,万变不离其宗,这样才能高效学习,以不变应万变。唯有提升自己的学习方式和能力,方能面对浩如烟海的知识,这样才能做到"兵来将挡,水来土掩"。

(72)今天的英语默写一部分同学没有顺利通过,严老师认为还是时间和力气投入得不够,没有追求精细化的学习意识,总感觉背得差不多了,错了十来个也没有关系,正是在这种心理驱使下与那些追求"极致"的同学渐渐拉开了差距。如今国家很重视"工匠精神",我们当学生的也要如此,以一颗匠心要求自己努力把每天的各项学习任务落实到位,努力做到最好。

（73）希望同学们放下内心莫名其妙的骄傲和优越感。骄傲有两种：一种是有实力有资本的骄傲，他(她)确实有能令他(她)产生优越感的实力；还有一种是没有资本的骄傲，这多是由于他(她)无法认清自己，不敢面对真实的自己。我们目前没有资本更不能骄傲，即使有了骄傲的能力，也要谦逊，而不能产生优越感。请同学们记住，越有能力的人越谦逊，因为他们明白自己的无知，越肤浅的人越狂妄，因为他们以为自己什么都知道。

（74）关于食堂就餐后擦桌子的事情，严老师一直在观察，有些组每天一位同学，有序轮流(大部分组是这样的)擦，大部分组能做到井井有条，有时有小组会出现遗忘事件。严老师观察到有一组每天并没有固定擦桌子的同学，任何成员只要想到了就去做，即便如此，这一组的同学的桌子在就餐结束后都保持得干干净净的，这一组的小黄同学基本上非常自觉，总会检查一下桌子擦干净没，还有其他同学总是一起帮忙收走饭盆，一起把餐余垃圾带走，使最后一个留下来擦桌子的同学擦起来十分轻松，在大家齐心协力的相互感染下，这一组的同学从来没有因为谁擦桌子而产生摩擦，反而经常性大家抢着干，从来都没有出过状况。严老师为温暖的你们感动高兴。希望所有的同学都能多付出一些，使自己处在一个温暖的班集体中而感到快乐。

（75）今天严老师讲讲细节这一方面，这一方面很多同学都有比较大的问题。例如听课时转笔、挠头、抖腿等，这些事情很多同学会经常性做,有些时候就是下意识、不由自主地做出来,所以坏毛病,特别是细节上的,一旦养成了就很难改正。对于这种问题,只能处处注意,时时刻刻提醒自己。因为这些动作很容易分散注意力,例如咬指甲,人的注意力就在指甲上,老师所讲的知识信息很有可能就没有接收到。尤其是数学、科学老师在讲证明题时,解题的思维是连贯的,如果走神了,即便重新聚集起注意力来,也是听不懂了。一个小小的细节问题,可能对自己的学习造成很大的影响。只有上课一直跟着老师的所有教学节奏并有响应互动,才能保持注意力的集中。

(76)关于亲子关系,亲子关系是我们每天都要面对的问题,有些同学跟严老师抱怨自己的父母脾气不好,一言不合就动手。严老师想说,我们经常要这样想,父母脾气不好,有没有我们的问题?我们是不是应该经常反省自己?我们能否自己认真点,少让父母操点心,不要经常折腾,不要经常跟他们"针尖对麦芒"对着干?我们应该经常去理解父母,毕竟天下的父母都是为了孩子好。我们要少让他们操点心,管理好自己,遇到意见不合时不要暴躁,坐下来好好与父母沟通。希望你们一直努力走在懂事优秀的路上。

(77)许多重大成就并不是一个人单枪匹马创造的,而是一个团队的共同成果,可见一个团队的重要性。一个班就是一个团队,团队就是一艘大船,若船在下沉,如何扬起风帆去远航?我们每个人都要热爱自己的班级,任何时候都要维护班级的荣誉、秩序等等,而不能"事不关己,高高挂起",要时时刻刻与班集体共进退。

（78）从河滩中捞出的玉石的原石，要经历切割、打磨、雕刻、抛光，才能成为一件艺术品，学习生活中也要面对各种困难、挫折，不断地磨砺自己才能不断进步。同是木头，有的饱经磨难成了顶天立地的大梁，有的拘于现状而成了任人踩踏的门槛。困难磨炼人，却也成就人。

（79）俗话说："将军额上跑马，宰相肚里撑船。"讲的是凡是有大成就者，都是气度开阔之人。他们不会斤斤计较于一城一池的得失，而能纵观全局。我们在学习生活中也一样，一些无伤大雅、无关痛痒的小事不必计较。试想，如果大家把时间和精力都花在这些鸡毛蒜皮的小事上，怎么还有时间去做一些有意义之事呢？

（80）所谓读书有三到：心到、眼到、口到。文科的背诵要一心专于所背对象，切不可口中"小和尚念经"，脑子处于神游状态，这样的背诵貌似认真，其实效率低下。我们在背诵时要集中精力，全神贯注，才能背得又快又好。

（81）学习要善于思考、善于质疑，不能只一味接受，不懂装懂。善问的人学习"如攻坚木，先其易者，而后其节目"。我们都要培养自己独立思考的意识，不仅要知其然，还要知其所以然，这样才能够达到有效的学习效果。

（82）"夯实"，"夯"在字典中为砸地基用的工具。夯实原意是指用夯砸实（地基）。学习生活中也是这样，只有夯实了，一步一步路才走得稳。学习的每个环节都夯实了，才能一步一步环环突破，才能有一点一滴的进步。我们要努力将自己的学习之路"夯"平,厚积薄发,根基雄厚了,学习的道路才会越走越顺,最终才能达到成功的顶峰。

(83)俗语有云:"口开神气散,舌动是非生。"历史上有不少本可以避免的惨剧或是失败都是因为多嘴,走漏风声。江东霸主孙策要拜访一名士,身边小人搬弄是非口舌,使他大怒,那位名士掉了脑袋不说,一群为他求情的大臣也一命呜呼。能守住机会,是一个人沉得住气的表现。林肯当上总统后,一位早年的朋友来向他打听有关国家机密之事,林肯便问:"你能保守秘密吗?"在得到对方的肯定回答之后,林肯笑笑说:"我也能。"入党誓词中有一句:"保守党的秘密,永不叛党。"生活中,有许多矛盾也是因为多嘴而引起的。因此,我们应当从这些历史的悲剧和身边的矛盾中汲取经验教训,记住言多必失,使自己成为一个值得他人信任的人。

(84)为人要具有"弱德",即像铜板一样,天圆地方,外柔内刚,在逆境中要承受住种种苦难,在磨炼中坚守住原则和底线,这样才能不断地被生活打磨出光芒,弱之表象,德之本心。

(85)同学之间有矛盾很正常,但是每个同学都要吸取教训,处理事情时要冷静,要有智慧,自己解决不了的事情要及时求助老师,不能以"莽夫"的行为,"李逵"式的解决方式解决问题。遇事要三思!不要盲目逞强,任何时候都不要忘记自己学生的身份,要有班级全局观,少做于事无补之事。

(86)不要因为困难而退缩,更不要因为有时简单而掉以轻心。学习的过程要严谨、仔细。严谨、仔细是任何时候都不能忘记的根本。

（87）大丈夫当忠君爱国，咱巾帼也当不让须眉。为期四天的国防教育会是一个极好的机会，能更深层地认识我们国家，能提升心智和体魄。严老师希望你们尽最大努力去拼、去搏、去坚持！希望你们收获一个更好的自己。

（88）学习不能一味追求速度，更要讲究质量，对新知识务必掌握、弄透，再到学深、悟透。每一步都要走实，才能稳步向前。

（89）在严老师的学生时代曾流行这样一句话："学好数理化，走遍天下都不怕。"现在看来，光学好数理化还不够。其实每门学科都有它独特的魅力和能量，帮助我们去发现这个世界的人文之美、自然之美、科学之美。无论哪一门课，大家都要"雨露均沾"，努力学好。

（90）身体是革命的本钱，任何时候，身体健康都是第一位的。要在身体健康的情况下竭尽所能学习。学习本身就是一场终生的修行，每一次小测验就像是一个驿站，让你停下脚步，整理衣冠，拂去尘埃，补充粮草，待更踏实地去走之后的路。

（91）其实，古诗词是很美的一种文学表达形式。严老师希望你们能去感悟它的义，领略它的美，而不仅仅是背下这首诗能得几分，写出那个作者能得几分。每首诗词古文背后都有时代的印迹，都饱含作者的喜怒哀乐，希望同学们可以尝试用"感同身受"的想象和欣赏多加阅读、反复阅读，这样自然水到渠成。

（92）"师父领进门，修行靠自身。"初中的学习不能再是

"守株待兔"式地等着老师投食;也不能"挤牙膏"式的挤一点就学一点,在反思问题时尽量避免"归咎于"这点老师没教过,而是要多多思考老师讲过的内容中有哪些是可以拓展延伸到此题的解答的。同时,要不断提升"自学"的有效价值。

(93)似乎前几天都还在说刚上初一如何如何,转眼一个学期即将进入尾声,白驹过隙。我们随着时间洪流感受生命每一分每一秒的印记。学习不只在书本,在字里行间,更多的,在生活的每一阵风、每一片叶、每一个微笑、每一滴泪水里。学会在生活的点滴中去"求证""换算""翻译""描绘"语数英科社,用"奔跑""跳跃""色彩""歌声"去充实你们的初中生活内容。"学活"可以理解为学会和生活。

(94)"赢得起"很难,"输得起"更难。"赢"是一种能力,"输"要输出品格。球赛如此,学习亦如此。坦然接受自己有时的力不从心、力不能及。把暂时的"落败""退步"转化成前进的基石,重新出发。请同学们相信,无论班中现在成绩如何,即使球赛输了,严老师对你们的爱始终不变。

(95)"滴水穿石,不是力量大,而是功夫深。"初中三年说长不长,说短不短,给自己一套有规律、行之有效的学习方法去"沉浸式"读书,莫指望临考前突击。同时,希望你们把读书当作一种享受而不是负担,希望你们努力,但不要压力过大,"欲速则不达"。

(96)在中餐和晚餐的饮食方面,希望同学们的胃口能和学习上的思维一样发散、多样,多尝试,心甘情愿地吸收各种各样的食材。有时,觉得不好吃的往往是对身体很有益的,而那些看着精致、油炸、香气喷鼻的食物,不一定健康。希望同学们学会健康饮食,多样化饮食。

(97)严老师把我们班命名为"潇潇"中队——一个倍感亲切和大气的名字。一是严老师的小名叫"潇潇",二是岳飞的《满江红》中说:"怒发冲冠,凭栏处,潇潇雨歇。抬望眼,仰天长啸,壮怀激烈。三十功名尘与土,八千里路云和月。莫等闲,白了少年头,空悲切!"《水经注》:"潇者,水清深也。"严老师喜欢自然大方、不呆板、不拘束;水深而清,水深则静;品高乃和。静者,不为外物所动也。

(98)有同学说严老师的话总是很精辟,这应该是多年班主任经验凝结出来的字字珠玑。有些话,通俗易懂而道理很深刻,有朴实的美;有些话,悦耳动听让人马上能铭记,有细腻的美;还有一些话,听起来怒气冲冲,开始并不服气,后来仔细一想,发现尽是真理。这就是说话的艺术啊,随时都可以欣赏、学习。严老师也希望同学们学会说话,智慧地说话。

(99)有时阻碍一个人前进的,不是别的,而是那个"心魔"。有学者评论《西游记》之真假美猴王时,认为六耳猕猴就是孙悟空的心魔。孙悟空打败心魔后,温顺了很多,再也不会被唐僧赶走。人打败了心魔,能让事情发展得更好。学习也是如此,有一门学科长期考不好,难免会让人产生心魔,想回避它。所以我们要善于打败心魔,直视薄弱学科。

(100)严老师了解到今天的语文教研公开课比上个学期顺利很多,同学们都能积极举手发言。我们慢慢发现其实不只是理科需要大家一起探讨、一起分享,在文科学习中互相探讨也是极为重要的。就像召开会议一样，许多结论和决定都是在不断探讨中得出的。只不过文科的答案有时不确定不唯一，每个人看待问题的方式不同，得出的结果也是不一样的。